10대에 꼭 만나야 할 20가지 인생의 태도

너는 어떤 사람이 될래?

바바라 A. 루이스 지음

안기순 옮김 | 이소희·이정화 감수

10대에 꼭 만나야 할 20가지 인생의 태도

너는 어떤 사람이 될래?

2023년 3월 28일 개정판 1쇄

지은이 | 바바라 A. 루이스
옮긴이 | 안기순
펴낸이 | 김철종

펴낸곳 | (주)한언
출판등록 | 1983년 9월 30일 제1-128호
주소 | 서울시 종로구 삼일대로 453(경운동) 2층
전화번호 | 02)701-6911 팩스번호 | 02)701-4449
전자우편 | haneon@haneon.com
ISBN 978-89-5596-987-0 (43190)

10대에 꼭 만나야 할 20가지 인생의 태도

너는 어떤 사람이 될래?

What Do You Stand For?

바바라 A. 루이스 지음 / 안기순 옮김 / 이소희, 이정화 감수

인내 선택과 책임 용기 문제
정직 관계 해결
리더십 정의
용서 존중 지혜
양수 자기인식
배려
상상력 의사
건강 소통
보존

ㅎㄴ

푸커Pooker에게 이 책을 바칩니다.
훌륭한 성품을 가진 당신.
당신은 '훌륭한 성품'이란 무엇인지 직접 보여주었습니다.

어떤 것도 참아내지 못하는 사람들은 무엇에든 속아 넘어간다.
– 알렉산더 해밀턴

일러두기
이 책은《너는 무엇을 위해 살래?》(2005)의 개정판입니다.

멋지고 강한 나를 만나는 여행

우리의 가장 깊은 두려움은 무능함이 아닙니다. 우리의 가장 깊은 두려움은
우리가 가진, 가늠할 길 없이 강한 힘입니다.　　　　　- 넬슨 만델라

　여러분은 완벽합니까? 걱정하지 마십시오. 완벽한 사람은 아무도 없
답니다. 사실, "완벽한 것이란 무엇인가?"라고 물으면, 그에 대한 답도
제각각일 것입니다.

　여러분은 강하고 긍정적인 성격의 소유자, 독특하고 놀라운 개인입
니다. 비록 완벽하지 않더라도 말이죠. 여러분 안에는 아직 완전히 계
발하지 못했거나, 아직 발견조차 하지 못한 면이 있을 것입니다.

　여러분이 얼마나 강하고 멋진 존재인지 짐작도 하지 못할 것입니다.
여러분은 눈치 채지 못했을 수도 있지만, 여러분 안에는 진정 멋진 '자
기'가 숨어 있습니다. 어디론가 사라져 버릴까봐 두려워서, 혹은 다른 사
람의 기대가 부담스러워서 세상 밖으로 나오지 않으려 하는 것이지요.

　긍정적인 성격은 여러분 스스로 계발해야만 하고, 또 그것은 분명
가능한 일입니다. 인간이라면 누구나 꼭 가져야만 하는 핵심적인 성격
적 특징이 있습니다. 그게 무엇인지에 관해서는 이견이 있지만 대부분

의 전문가들은 사랑과 배려, 삶을 존중하는 마음, 정직과 신뢰감, 책임, 정의, 공정함 등을 꼽습니다. 이 책에 수록된 이러한 특징 외에도 여러분 스스로 더 많은 긍정적 특징을 찾아낼 수 있을 것입니다.

여러분은 초콜릿과 아이스크림 중 무엇을 먹을지 선택할 수 있습니다. 피아노를 연주할지 축구를 할지 선택할 수 있고, 신경외과 의사가 될지 사자 조련사가 될지 선택할 수 있습니다. 상냥하고 친절할 것인지, 행복할 것인지, 심술을 낼 것인지도 선택할 수 있지요(어느 쪽을 선택하느냐에 따라 친구를 끌어들일 수도 내쫓을 수도 있지만). 하지만 정상적인 '인간'이라면, '정직하고 싶은지 아닌지'는 선택사항이 아닙니다. 사람의 생명에 가치를 둘지 아닐지도 선택할 문제가 아닙니다. 붉은 신호등이 켜졌을 때 길을 건널지 말지 또한 마찬가지죠.

왜 그럴까요? 사람들이 핵심적인 긍정적 성격을 소유하지 않으면 사회 자체가 붕괴해버릴 수도 있기 때문입니다. 맥아더 장군의 말처럼 "도덕적으로 부패한 나라가 정치·경제적으로 성공한 예는 역사상 단 한 번도 없었습니다. 도덕적 타락을 극복하려는 자구적인 노력이 있지 않으면 결국 나라에 재앙이 닥치게 됩니다."

즉 도덕적으로 부패한 모든 나라는 변화해야만 재앙을 막을 수 있다는 것이지요. 긍정적인 성격이야말로 나라와 가족, 여러분 자신에게 이로운 역할을 합니다.

'나는 약해, 나는 이런 점이 부족해.' 같은 생각을 하고 있나요? 이는 지극히 정상적인 생각입니다. 여러분의 약점은 사실 아직 잠자고 있는 강점일지도 모르고, 나쁜 습관 같은 부정적인 인성은 충분히 바꿀 수 있습니다.

긍정적인 성격을 계발하는 일은 아무것도 없는 무(無)의 상태에서 실행하거나 완전히 혼자서 할 수 있는 일이 아닙니다. 여러분의 성격은 자신의 양심, 도덕적 확신, 신념, 개인적인 경험, 교육, 권리, 책임과 연결되어 있고, 문화와 법, 기대에 연결되어 있으며, 자기 자신과 다른 사람, 세계와 맺는 관계에 연결되어 있습니다. 여러분 성격의 많은 부분은 여러분이 존경하고 그 진가를 인정하는 사람, 즉 여러분의 역할모델이 갖는 성격적 특징과 일치할 것입니다. 긍정적인 성격을 계발한다는 것은 자신과 다른 사람, 세계를 존중한다는 뜻입니다. 가치란 경험에서 발견되는 법입니다. 그러므로 삶 자체가 여러분의 스승인 셈입니다.

이 책의 목적은 여러분이 자기 자신을 더욱 잘 이해하고 여러분의 성격을 파악하도록 돕는 것입니다. 어떤 성격특징을 가지고 있는지 이해하고 나면, 여러분은 더욱 자신감을 갖고 자신과 세계를 받아들여 재능, 능력, 기술, 흥미를 공유할 수 있을 것입니다. 그리고 더욱 강하고, 더욱 다듬어지고, 더욱 행복한 사람이 될 수 있습니다.

이 책을 이용하는 방법

고대 그리스 철학자들은 가장 중요한 4가지 미덕으로 절제, 정의, 용기, 지혜를 꼽았습니다. 그들은 이러한 미덕이 서로 연결되어 있어서 어느 하나만을 소유할 수는 없다고 믿었습니다. 중세의 기독교 철학자들은 여기에 신앙, 희망, 자비를 덧붙였습니다. 긍정적인 성격의 목록은 계속 불어났지만, 대부분은 일반적인 범주로 묶을 수 있고 이 책은 바로 이러한 범주에 따라 구성되었습니다.

각 장은 인용문을 비롯, 배경정보, 정의, 관련용어의 설명, 기타 연구나 지식 등을 실어 특정한 성격에 대해 생각하는 데 도움을 주고 있습니다. 인용문과 본문 중간 중간 나오는 유명한 사람들, 위인들에 대해 더 알고 싶다면, 책 마지막에 있는 '인명사전'을 활용해보세요. 이를 참고하여 인터넷 검색이나 독서를 통해 스스로 알아보는 것도 귀중한 경험이 될 것입니다.

각 장에는 '만약 나라면 이럴 때 어떻게 할까?' 란이 있습니다. 여기에서는 일기쓰기, 글쓰기, 토론, 논쟁, 역할연기, 생각해보기 등에 활용할 수 있는 몇 가지 딜레마를 소개했습니다. 이러한 딜레마에는 정답이 없을뿐더러, 특정한 긍정적 성격이 더 높은 차원의 상황과 맞물려 균형을 잃을 수도 있음을 보여줍니다. 예를 들어, '선의의 거짓말'이 필요한 경우에는 어떻게 해야 할까요? 또, '죄는 미워하되 사람은 미워하지 말라'는 말도 있지 않습니까? '인간'이 되는 것은 그리 간단한 일이 아닙니다. '만약 나라면 이럴 때 어떻게 할까?'에 실린 딜레마에 대해 주위 사람들과 함께 생각해보려면, 다음과 같은 기본적인 지침을 명심하도록 합시다.

- 가능한 한 사실과 쟁점을 분명하게 한다.
- 서로 믿을 수 있는 안전하고 편안한 분위기를 조성한다.
- 모든 아이디어를 수용하고 각자의 통찰력, 영감, 전문적 지식을 공유한다.
- 어느 한 편의 입장을 옹호하려 하거나, 다른 사람의 생각과 말을

통제하거나, 의견에 영향을 미치려 들지 않는다.

- 찬성하지 않는 것은 괜찮지만 비판, 비난, 모욕, 불쾌감을 주는 언어를 사용해서는 안 된다.
- 단 한 가지 정답이 있는 것이 아니라는 점을 명심한다.

각 장의 마지막 부분에는 다양한 범주에 속한 '수행활동'을 제안하고 있습니다. 이러한 활동은 학교나 가정에서 배운 것, 흥밋거리, 학습 스타일, 일상생활, 친구나 이웃, 지역사회에서의 생활 등과 연결시켜서 긍정적인 성격을 계발할 수 있도록 도울 것입니다. 체크리스트, 퀴즈, 설문지 등을 활용하면 자신의 감정과 신념에 대해 생각하고, 질문해보고, 명확하게 이해할 수 있게 될 것입니다.

매주 한 가지 특징에 집중했던 벤저민 프랭클린의 전략을 시도해볼 수도 있을 것입니다. 아니면 책 속에 흠뻑 빠져서 인용문을 읽고, 딜레마에 대해 생각해보고, 시도해볼 만한 활동을 궁리하고 실천해봅니다. 특정한 장을 깊게 파고들 수도 있을 것입니다. 이 책을 어떻게 활용하느냐는 바로 여러분에게 달려 있습니다.

우리는 영적인 경험을 하는 인간이 아니라,
인간적인 경험을 하는 영적인 존재다.
- 피에르 테일라르 드 샤르댕

CONTENTS

CHAPTER 1

자기인식 : 나를 바로 보기

자각·자아·자기수용·자존심·자아실현

세상에 이로운 일을 하기 위해서는 먼저 자신이 누구인지, 자신의 삶에 의미를 주는 것이 무엇인지 알아야 한다.
  — 폴라 P. 브라운리

여러분은 누구입니까? 무엇이 되고 싶나요? 무엇이 되어야 합니까? 옥수수 자루를 처음 본 사람은 특별한 특징이 없고 촉감도 거칠며 직사각형에 녹색 기운이 도는 노란색 물체라고 묘사할 것입니다. 그 안에 달콤하고 고소하고 부드러운 옥수수가 들어 있다는 것을 알아채려면, 우선 껍질을 벗겨내야 하겠지요.

사람도 마찬가지입니다. 여러분을 둘러싸고 있는 껍질을 벗겨버리세요. 그러면 다른 사람과 구별되는 자신만의 재능과 능력, 관심사를 발견하게 될 것입니다. 행복의 비밀을 알고 싶습니까? 껍질을 벗겨내어 여러분의 잠재력을 발견하고 이를 표현할 수 있는 인성을 계발할 수 있다면, 진정한 행복에 한발 다가서게 된답니다! 거울을 들여다보세요. 어떤 모습이 비칩니까? 그건 다른 사람에게 '보이는' 여러분의 이미지입니다. 맛있는 속 열매를 덮고 있는 껍질의 모습이지요. 지금까지 여러분도 자기 자신을 거울에 '보이는' 모습대로만 생각하지는 않았나요? 오늘 거울 앞에서 여러분의 '껍질'을 보았다고 해서 세상이 끝난 건 아닙니다. 이제부터 여러분은 긍정적인 '진짜 모습'을 발견하고 계발하여 자신감 있게 세상에 내보일 수 있을 것입니다.

자신의 모습을 받아들이고 좋아하는 것은 '훌륭한 모습'을 갖추는 데 필수적인 부분입니다. 스스로를 알기 위해서는 먼저 자신을 둘러싸고 있는 껍질을 벗겨내서 안에 무엇이 있는지 발견해야 합니다. 그러면 여러분은 다음의 사항을 깨달을 수 있게 됩니다.

• 나는 나만의 가치, 의견, 신념을 가지고 있다.
• 나는 강렬한 감정을 느낄 수 있고, 두려움과 불안감도 어느 정도 가지고 있다.
• 나는 특별한 방식으로 생각하고 배운다.
• 나의 개성은 다른 사람의 개성과 다르다.
• 나에게는 특별한 흥미, 독특한 재능, 비밀스런 꿈과 욕망이 있다.

24~35쪽에 있는 체크리스트를 활용해보면 자신에 대해 좀더 잘 파악할 수 있을 것입니다. 자기 자신에 대해 이미 잘 알고 있다고 생각한다면 지금은 생략해도 좋습니다. 하지만 목록에 있는 사항을 체크하고 나면, 예상치 못한 결과에 깜짝 놀라게 될지도 모릅니다. 일단 체크를 한 후에 자신에게 필요한 인성을 계속 계발하면서 한 달이나 1년 후쯤 다시 체크해봅시다. 그 결과를 모두 모으면 여러분의 현재 모습과 미래의 모습, 희망하는 모습을 나타내는 멋진 자화상을 만들 수 있을 것입니다(34쪽에 있는 '자화상 만들기'를 활용하세요).

다음은 체크리스트 결과를 해석하는 방법과 이를 활용할 수 있는 몇 가지 아이디어입니다. 읽기 전에 먼저 목록을 완성하고, 이 해석과 자신의 모습이 일치하는지 살펴보세요.

'자기인식' 체크리스트

다음의 해석과 제안은 여러분의 모습을 어떤 특징에 한정시키려는 게 아니라는 사실을 꼭 명심하세요. 이 해석은 여러분이 스스로를 더욱 정확한 모습으로 잘 이해할 수 있도록 돕는 것입니다. '나는 이런 사람'이라는 꼬리표에 연연하는 것은 긍정적인 인성을 계발하는 데 방해만 될 뿐입니다. 어느 누구도 평생 한 가지 모습으로 고정되지는 않습니다.

나의 성격 알아보기

※먼저 24쪽에 있는 체크리스트를 완성하세요.

체크리스트를 완성한 소감이 어떻습니까? 여러분은 자신에게 필요한 성격특징을 모두 갖추고 있습니까? 아니면 계발하고 싶은 특징이 있나요? 체크리스트를 완성한 후에 자기 자신을 보는 시각에 어떤 변화가 있습니까? 이제 자신이 갖고 싶거나 발전시키고 싶은 성격의 목록을 작성하도록 합니다. 어떤 특성을 먼저 계발할 것인지 결정하고, 이 책의 목록에서 그 특성에 해당하는 부분을 찾아서 읽어보세요. 하루나 한 주, 한 달 후에 목록으로 다시 돌아가서 다음에 계발할 특성

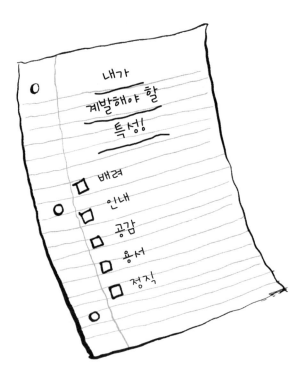

을 선택합니다. 혹은 한 번에 여러 개의 특성을 계발할 수도 있습니다.

나는 무엇이 두려운가

※먼저 26쪽에 있는 체크리스트를 완성하세요.

자신이 무엇을 가장 두려워하는지 살펴보면 자신에 대해 많은 것을 배울 수 있습니다. 심리학자들은 두려움이 성격과 행동에 영향을 미치고, 심지어 이를 통제할 수도 있다고 믿습니다. 긍정적인 성격이 계발되지 못하는 것도 두려움 때문이지요.

때로 사람들은 두려움에 맞서는 대신에 핑계를 만들어내기도 합니다. 정신분석학의 창시자인 지그문트 프로이트는 이 핑계를 '방어기제'

라고 불렀습니다. 분석심리학의 창시자인 칼 융은 깨어 있을 때 직면하기 두려운 것이 꿈으로 나타난다고 했습니다(아마도 우리가 악몽을 꾸는 이유가 이 때문이겠지요). 즉 자신의 두려움을 확인하는 것이야말로 자기인식이라는 비밀스런 일기를 여는 열쇠가 될 수 있습니다.

'약간 두렵다' 혹은 '두렵다'에 표시한 항목을 살펴보세요. 그것이 두려운 이유를 파악해봅시다. 무슨 일이 있었기 때문인가요? 두려워해야 한다고 누가 말했기 때문인가요? 두려움을 감소하고 싶은지, 아니면 완전히 없애버리고 싶은지 결정하십시오. 그러기 위해서 할 수 있는 일은 무엇일까요?

두려움에 철저하게 맞서고, 달려들고, 씨름한다면 두려움이 오히려 강점으로 발전할 수도 있습니다. 두려움을 시인하고 대처하려는 바로 그 행동으로 인해 두려움을 더욱 잘 통제할 수 있게 되는 것이지요.

내가 재미있어 하는 것

※먼저 28쪽에 있는 체크리스트를 완성하세요.

체크리스트에 있는 각 알파벳은 같은 범주의 관심사를 다루고 있습니다. 그 종류는 다음과 같습니다.

ⓐ 음악, 예술   ⓑ 글쓰기

ⓒ 오락, 엔터테인먼트   ⓓ 컴퓨터, 기술

ⓔ 동물(돌보기 또는 연구)   ⓕ 공공 서비스(의학, 상담, 취업 서비스 등)

ⓖ 가르침   ⓗ 아이 돌보기

ⓘ 환경, 야외활동, 삼림, 농업   ⓙ 기계공학, 기술공학, 전기공학

ⓚ 요리   ⓛ 사업(사업을 시작하거나 사업에 개입하기)

ⓜ 법의 집행   ⓝ 운동

ⓞ 건물, 건축

체크리스트의 결과를 봅시다. 1에 표시한 첫번째 선택항목은 여러분이 가장 강하게 흥미를 갖는 분야입니다. 1에 표시한 알파벳 글자가 두 개 이상 같거나, 모든 숫자에 같은 알파벳 글자를 표시했다면 특별히 그 분야에 관심이 많다는 의미입니다. 결과에 한 번도 표시되지 않은 글자는 어떨까요? 여러분이 별 흥미를 갖지 않거나 전혀 관심 없는 분야란 뜻입니다. 아마도 그 분야를 대수롭지 않게 생각하거나 그에 관한 경험이 거의 없어서일 것입니다.

관계 맺기
※먼저 31쪽에 있는 체크리스트를 완성하세요.

이번만은 점수가 낮을수록 좋습니다! 점수가 30점 이하라면 다른 사람과 좋은 관계를 유지하고 있을 것입니다. 점수가 31~40점이라면 때로 몇몇 사람들과의 관계를 개선해야 할지도 모르겠네요. 점수가 41~60점이라면 여러분이 믿고 의지할 수 있는 어른을 만나서 관계개선을 위해 도움을 요청하는 것이 좋습니다. 왜 또래의 친구가 아닌 어른에게 부탁해야 하느냐고요? 친구에게는 여러분에게 꼭 필요한 도움을 줄 수 있는 기술이 없을 수도 있고, '내가 도움이 될까?' 하고 생각할 정도로 자신감이 없을 수도 있기 때문입니다.

설령 점수가 높다고 해도 걱정할 필요는 없습니다. 하필이면 이 목록을 체크한 날이 기분이 별로 좋지 않은 날이었을지도 모르니까요. 또는 자신이 생각하는 것보다 실제로는 더 나은 관계를 맺고 있을 가능성도 있습니다. 어느 쪽이든 실제 점수는 낮아질 수 있겠지요. '나의 성격 알아보기' 체크리스트 결과를 보면서 계발하거나 강화하고 싶은 특징의 목록을 결정하십시오. 그런 다음 이 책의 각 부분을 파고 들어가 이해하고, 여기에 제시된 활동을 즐기면 됩니다. 여러분의 성격적 특징이 다른 사람과의 관계에 영향을 미칠 수도 있답니다. 그 반대의 경우도 마찬가지입니다.

나의 학습 스타일
※먼저 33쪽에 있는 체크리스트를 완성하세요.

표시한 항목의 숫자가 무엇입니까?

- 1번에 표시했다면 창조적 사고법, 말하기, 여러 명이 모여 함께 공부하기, 정보수집, 듣기 등을 통한 학습이 가장 효과적입니다.
- 2번에 표시했다면 분석, 분류, 이론화, 조직화, 관찰, 실험이론, 듣기 등을 통한 학습이 가장 효과적입니다.
- 3번에 표시했다면 조작, 실험, 실제 활동, 만지작거리기, 목표설정, 목록작성 등을 통한 학습이 가장 효과적입니다.
- 4번에 표시했다면 이끌고, 협력하고, 영향을 주고, 적응시키고, 위험을 감수하고, 수정하는 과정을 통한 학습이 가장 효과적입니다.

어떤 번호에 체크했더라도 '틀린 답'은 없습니다. 사람들은 각기 다른 방식으로 학습하게 마련입니다. '잠깐, 난 여러 항목에 해당되는걸.' 이렇게 생각했다면, 그것도 맞는 생각입니다. 여러분이 체크한 항목은 특정한 학습 스타일을 선호한다는 의미입니다. 그것이 다른 사람보다 더 쉽게 배우는 이유일 것입니다. 공부를 하는 데 이 정보를 활용하면 틀림없이 큰 도움이 될 것입니다. 예를 들어서, 수학 때문에 골치가 아프다고 가정해봅시다. 이 체크리스트에서 3번에 표시했다면, 이제 자신에게는 실제 활동을 통한 학습이 가장 효과적이라는 사실을 알았을 것입니다. 따라서 수학의 개념을 학습하기 위해서는, 만들기나 실험을 할 수 있는 학습도구를 사용하는 것이 유용합니다. 아마 곧 수학성적이 쑥쑥 오를 것입니다.

자화상 만들기
※먼저 34쪽에 있는 체크리스트를 완성하세요.

이 체크리스트는 원하는 대로 해석할 수 있습니다. 솔직하게 대답하고 해석한다면, 현재 자신의 모습을 잘 파악할 수 있을 것입니다. 긍정적인 성격을 계발하고 발전시켜가면서 언젠가는 새로운 자화상을 완성하고 싶을지도 모르겠네요.

만약 나라면 이럴 때 어떻게 할까?

하나 당신은 자신을 표현하거나 완성하는 데 무척 관심이 많다. 이런 관심이 지나친 나머지 하고 싶은 일, 하고 싶은 말이 너무 많아서 어쩔 줄 몰라하는 경우가 있을까? 만약 그렇다면 어떻게 할 것인가?

둘 당신은 자신의 관심거리 중 한 가지에 '중독'되어 있을지 모른다. 재미있어 하는 일을 즐기는 데도 '적당한' 정도가 있을까? 그렇다면 어느 정도가 적당한 것이며, 왜 그런가? 무엇인가에 푹 빠진다는 게 좋은 것인가, 나쁜 것인가?

셋 당신은 자신의 개성과 능력에 대해 매우 자신만만하다. 자신감이 너무 많은 것도 문제가 될 수 있을까? 그렇다면 그 이유는 무엇인가? 자신의 답변에 대해 설명해보자.

넷 당신은 자신이 원하는 성격적 특징을 선택해서 이를 즉시 계발할 수 있는 힘을 부여받았다. 만약 당신이 경찰관이 되고 싶거나, 시장, 선생님, 부모님, 친구, 운동선수, 배우자, 의사, 엔지니어가 되고 싶다면 어떤 특성이 도움이 되겠는가? 자신이 가진 아이디어를 설명해보자.

다섯 당신은 자기 자신에 대해 높이(혹은 낮게) 평가한다. 자신에 대한 생각이 삶에 어떤 영향을 미치겠는가? 예를 들어보라.

나의 성격 알아보기

각 쌍의 문장을 읽고 자신에 대해 가장 잘 묘사하고 있는 쪽에 체크합니다. 또는 특정한 특징을 이미 가지고 있다고 생각하지만 더욱 발전시키고 싶다면 두 문장에 모두 체크합니다.

1. 나는 긍정적인 태도를 가지고 있다. ·· (　)

　좀더 나은 태도를 가지고 싶다. ·· (　)

2. 나는 친절하고 다른 사람을 돕는 일에 관심이 있다. ·············· (　)

　좀더 친절해지고 다른 사람들에게 좀더 관심을 가질 필요가 있다. ········· (　)

3. 내가 한 선택에 대해 책임이 있음을 인정한다. ····················· (　)

　내 선택에 대한 책임을 인정하는 법을 배우고 싶다. ················ (　)

4. 나는 다른 사람과 원활하게 의사소통한다. ···························· (　)

　의사소통을 좀더 잘 하고 싶다. ·· (　)

5. 나는 물건과 자원을 보존하기 위해 힘쓰거나 절약하는 습관이 배어 있다. ······· (　)

　지금보다 좀더 보존에 힘쓰고 절약할 필요가 있다. ················ (　)

6. 나는 원하는 인물이 되기 위해 행동할 용기를 가지고 있다. ······ (　)

　좀더 용기를 갖고 싶다. ··· (　)

7. 나는 다른 사람에 대한 공감(깊은 이해)력을 갖고 있다. ·········· (　)

　공감력을 좀더 기를 필요가 있다. ··· (　)

8. 나는 비록 힘든 시기라도 참을 수 있는 인내심을 가지고 있다. ···· (　)

　좀더 인내하고 참을 필요가 있다. ··· (　)

9. 나는 다른 사람과 나 자신을 용서할 수 있다. ······················· (　)

　더욱 쉽게 용서하는 방법을 배우고 싶다. ······························· (　)

10. 나는 신체적으로, 정신적으로, 감정적으로 건강하다. ············· (　)

　신체적으로, 정신적으로, 감정적으로 좀더 건강해지고 싶다. ·········· (　)

11. 나는 정직하고 믿음직하다. ·· (　)

　좀더 정직하고 믿음직할 필요가 있다. ···································· (　)

12. 나는 위험을 감수하고, 훌륭한 상상력을 가졌다. ····················· (　)

　　긍정적인 위험을 두려워하지 않고 상상력을 향상시키고 싶다. ············· (　)

13. 나는 다른 사람에게 관대하고 공정하다. ····························· (　)

　　좀더 관대하고 공정할 필요가 있다. ······························· (　)

14. 나는 리더십이 탁월하다. ····································· (　)

　　훌륭한 리더십을 기르고 싶다. ·································· (　)

15. 나는 훌륭한 리더를 따르고 지원해준다. ··························· (　)

　　훌륭한 리더를 따르고 지원해주고 싶다. ··························· (　)

16. 나는 문제가 생겨도 척척 해결해낸다. ···························· (　)

　　문제에 좀더 잘 대처하고 해결할 수 있는 사람이 되고 싶다. ············· (　)

17. 나는 삶의 방향과 목표를 가지고 있다. ···························· (　)

　　삶의 방향과 목표를 갖고 싶다. ·································· (　)

18. 나는 다른 사람들과 친밀하고 건강하며 긍정적인 관계를 맺고 있다. ············ (　)

　　다른 사람에게 좀더 친근한 이미지를 주고 좀더 나은 관계를 맺고 싶다. ······· (　)

19. 나는 다른 사람을 존중하고 예의를 갖추어 대우한다. ··················· (　)

　　다른 사람을 좀더 존중하고 좀더 예의를 갖출 필요가 있다. ·············· (　)

20. 나는 지혜를 가지고 있다. ···································· (　)

　　더욱 지혜로워지고 싶다. ····································· (　)

나는 무엇이 두려운가

다음의 목록은 사람들이 두려워하는 것들을 모은 것입니다. 각각에 대한 자신의 느낌을 가장 잘 표현한 항목에 체크합니다. 마지막에 있는 빈칸에는 여기에는 없지만 자신이 두려워하는 것을 쓰고 체크합니다.

	두렵지 않다	약간 두렵다	두렵다	몹시 두렵다
곤충(거미, 벌, 벌레 등)	☐	☐	☐	☐
동물(쥐, 비둘기, 개 등)	☐	☐	☐	☐
파충류(뱀, 개구리 등)	☐	☐	☐	☐
병원(의사, 주사, 약 등)	☐	☐	☐	☐
질병	☐	☐	☐	☐
질식/호흡곤란	☐	☐	☐	☐
부상	☐	☐	☐	☐
피	☐	☐	☐	☐
죽음	☐	☐	☐	☐
폭력	☐	☐	☐	☐
자동차 사고	☐	☐	☐	☐
비행기 타는 것	☐	☐	☐	☐
물	☐	☐	☐	☐
높은 곳	☐	☐	☐	☐
어둠	☐	☐	☐	☐
좁은 장소	☐	☐	☐	☐
혼자 있는 것	☐	☐	☐	☐
사람들 틈에 끼어 있는 것	☐	☐	☐	☐
악몽/유령	☐	☐	☐	☐

	두렵지 않다	약간 두렵다	두렵다	몹시 두렵다
놀이공원 놀이기구(청룡열차 등)	☐	☐	☐	☐
혹독한 기후/재앙(폭풍, 화재, 홍수, 지진 등)	☐	☐	☐	☐
신(보이지 않는 전지전능한 존재·힘)	☐	☐	☐	☐
선생님/교장선생님/선배	☐	☐	☐	☐
부모님/보호자	☐	☐	☐	☐
이성친구	☐	☐	☐	☐
불량배	☐	☐	☐	☐
말다툼	☐	☐	☐	☐
실수/실패	☐	☐	☐	☐
다른 사람에게 말 거는 것	☐	☐	☐	☐
비난받는 것/괴롭힘 당하는 것/창피한 일을 당하는 것	☐	☐	☐	☐
나의 재능/능력	☐	☐	☐	☐
책임/담당	☐	☐	☐	☐
공연(발표, 노래 등)	☐	☐	☐	☐
어른이 되는 것	☐	☐	☐	☐
	☐	☐	☐	☐
	☐	☐	☐	☐

내가 재미있어 하는 것

각 '하고 싶다' 항목을 읽고, 하고 싶은 일을 4가지 골라 가장 하고 싶은 일부터 순서대로 1~4의 숫자를 적어보십시오.

1 하고 싶다

ⓐ 풍경화를 그리고 싶다. ·· (   )

ⓑ 일기를 쓰고 싶다. ··· (   )

ⓒ 연극에 참여하고 싶다. ··· (   )

ⓓ 인터넷을 검색하고 싶다. ·· (   )

ⓔ 이웃의 개를 돌봐주고 싶다. ··· (   )

ⓕ 다친 사람의 상처를 치료해주고 싶다. ·· (   )

ⓖ 어린 아이들을 위해서 셈 카드를 만들어주고 싶다. ·························· (   )

ⓗ 아기를 돌보고 싶다. ·· (   )

ⓘ 꽃을 심고 싶다. ··· (   )

ⓙ 전등 스위치를 고치고 싶다. ··· (   )

ⓚ 과자를 만들고 싶다. ·· (   )

ⓛ 마라톤 대회에 참가할 친구를 불러 모으고 싶다. ···························· (   )

ⓜ 아이들이 뛰지 못하게 하기 위해서 학교복도를 순찰하고 싶다. ············· (   )

ⓝ 꼬리잡기 놀이를 하고 싶다. ··· (   )

ⓞ 레고블록으로 멋진 집을 만들고 싶다. ··· (   )

2 하고 싶다

ⓐ 교향곡을 듣고 싶다. ·· (   )

ⓑ 이야기를 해주고 싶다. ··· (   )

ⓒ 새로운 춤을 추는 방법을 시범 보이고 싶다. ·································· (   )

ⓓ 컴퓨터를 하고 싶다. ·· (   )

ⓔ 동물원에 가고 싶다. ························· (　　)

ⓕ 다른 사람의 심장박동 소리를 듣고 싶다. ························· (　　)

ⓖ 기상예보를 하고 싶다. ························· (　　)

ⓗ 어린 아이들에게 공놀이하는 방법을 가르쳐주고 싶다. ················· (　　)

ⓘ 젖소의 젖을 짜는 방법을 배우고 싶다. ························· (　　)

ⓙ 자전거에 새 바퀴를 달고 싶다. ························· (　　)

ⓚ 친구를 위해서 요리를 하고 싶다. ························· (　　)

ⓛ 자동차 범퍼에 붙이는 스티커를 만들어서 팔고 싶다. ················· (　　)

ⓜ 이웃 경비에게 도움을 주고 싶다. ························· (　　)

ⓝ 수영하러 가고 싶다. ························· (　　)

ⓞ 이웃에 사는 아이들을 위해서 장난감 집을 지어주고 싶다. ············· (　　)

3 하고 싶다

ⓐ 벽을 장식하고 싶다. ························· (　　)

ⓑ 책을 읽고 싶다. ························· (　　)

ⓒ 학교 행사의 프로그램을 짜고 싶다. ························· (　　)

ⓓ 전화기를 분해해보고 싶다. ························· (　　)

ⓔ 버려진 동물에게 집을 만들어주고 싶다. ························· (　　)

ⓕ 사람들이 직업을 찾도록 돕고 싶다. ························· (　　)

ⓖ 사람들에게 감동을 주는 발표를 하고 싶다. ························· (　　)

ⓗ 아픈 아이를 위로하고 싶다. ························· (　　)

ⓘ 도보 여행하는 사람의 안내자가 되고 싶다. ························· (　　)

ⓙ 연장을 가지고 뚝딱뚝딱 일하고 싶다. ························· (　　)

ⓚ 일주일치 식단을 짜고 싶다. ························· (　　)

ⓛ 친구와 조경사업을 하고 싶다. ························· (　　)

ⓜ 학교에 청소년 범죄 감시단을 만들고 싶다. ························· (　　)

ⓝ 스포츠 경기에 참가하고 싶다. ························· (　　)

ⓞ 벽에 페인트칠을 하거나, 벽지를 바르고 싶다. ·· ( )

4 하고 싶다

ⓐ 악기를 연주하고 싶다. ··· ( )

ⓑ 시를 쓰고 싶다. ··· ( )

ⓒ 사람들을 웃기고 싶다. ·· ( )

ⓓ 아동용 장난감 차를 조립하고 싶다. ·· ( )

ⓔ 고릴라의 습성에 대한 비디오를 보고 싶다. ·· ( )

ⓕ 어려움을 겪고 있는 사람에게 상담을 해주고 싶다. ···································· ( )

ⓖ 어떤 주제를 연구하여 더 많이 배우고 싶다. ··· ( )

ⓗ 아이들과 놀아주고 싶다. ·· ( )

ⓘ 헐벗은 언덕을 아름답게 꾸미고 싶다. ·· ( )

ⓙ 지시사항에 따라 기계를 조립하고 싶다. ··· ( )

ⓚ 음식에 맛있게 양념하는 방법을 배우고 싶다. ·· ( )

ⓛ 학교에서 재활용 프로그램을 시작하고 싶다. ··· ( )

ⓜ 안전을 위해서 동네를 순찰하고 싶다. ·· ( )

ⓝ 텔레비전으로 축구경기를 관람하고 싶다. ··· ( )

ⓞ 붙박이장을 만들고 싶다. ·· ( )

결과   각 항목은 알파벳 글자로 시작합니다. 당신이 1, 2, 3, 4로 표시한 각 항목에 해당하
는 글자를 아래에 씁니다. (예)1: a, a, b, c)

내 결과

1: ___, ___, ___, ___   2: ___, ___, ___, ___

3: ___, ___, ___, ___   4: ___, ___, ___, ___

관계 맺기

다음을 읽고 자신이 맺고 있는 관계에 대한 느낌을 가장 잘 묘사한 항목에 표시합니다.

	대부분	가끔	거의 아님
1. 친구들이 대부분 나를 좋아하는 것 같다.	☐	☐	☐
2. 부모님은 내 의견을 존중한다.	☐	☐	☐
3. 친구들은 나와 즐겁게 지내는 것 같다.	☐	☐	☐
4. 가족들은 나와 함께 있는 것을 즐기는 것 같다.	☐	☐	☐
5. 친구가 나를 칭찬하거나 존경한다.	☐	☐	☐
6. 친구와 함께 지내는 것이 즐겁다.	☐	☐	☐
7. 선생님을 좋아한다.	☐	☐	☐
8. 부모님에게 인정을 받고 있다고 느낀다.	☐	☐	☐
9. 가족 때문에 신경이 거스르는 일은 없다.	☐	☐	☐
10. 부모나 보호자와 함께 대화할 수 있다.	☐	☐	☐
11. 친구와 하는 활동에서 제외된다는 느낌은 들지 않는다.	☐	☐	☐
12. 내 친구에 만족한다.	☐	☐	☐
13. 가족과 나는 책임을 공유한다.	☐	☐	☐
14. 내 나이 또래와 함께 있을 때 자신감이 넘친다.	☐	☐	☐
15. 친구와 의견을 나눌 수 있다.	☐	☐	☐
16. 다른 사람을 깔보지 않는다.	☐	☐	☐
17. 노인들과 말하는 걸 좋아한다.	☐	☐	☐
18. 어린 아이들과 쉽게 이야기할 수 있다.	☐	☐	☐
19. 부모나 보호자가 나를 이해하고 있는 것 같다.	☐	☐	☐
20. 이웃이나 지역사회에서 알고 있는 대부분의 사람들과 친하게 지낸다.	☐	☐	☐

점수 '대부분'에 표시가 되어 있으면 1점, '가끔'에는 2점, '거의 아님'에는 3점을 줍니다.

- '대부분'에 응답한 수　　　(　) × 1 = ＿＿＿＿
- '가끔'에 응답한 수　　　(　) × 2 = ＿＿＿＿
- '거의 아님'에 응답한 수　　(　) × 3 = ＿＿＿＿
- 합계　　　　　　　　　(　) ＿＿＿＿＿＿

나의 학습 스타일

다음의 글을 읽고, 자신에 대해 가장 잘 설명한 글에 표시하십시오.

1. 상황이 발생하게 된 이유가 궁금하다. 여러 가지 아이디어를 많이 생각해내고 싶다. 나는 상상력이 풍부하고, 좋은 아이디어를 떠올리는 경우가 많다. 문제와 주제에 대한 실질적인 해결책을 찾는 걸 좋아한다. 계획표를 세우는 것을 좋아하지 않고, 매우 융통성이 많다. ··· ( )

2. 개념에 대해 생각하기를 좋아한다. 강연 듣기를 좋아한다. 사물을 움직이는 원리를 알려주는 이론을 선호한다. 열심히 공부하는 것을 좋아하고, 해결책을 찾기 위해서 차근차근 단계를 밟으려 한다. 원칙과 세부사항을 연구하는 것을 즐기고 숫자를 좋아한다. ·· ( )

3. 발표하는 것과 추상적인 아이디어를 즐긴다. 실험을 하고, 문제를 풀고, 결론 내리기를 좋아한다. '사람에 관련된 문제'보다는 '기술적인 일'을 즐긴다. 만지작거리기를 좋아하고 계획을 좋아한다. ···································· ( )

4. '만약'의 상황에 대해 생각하기를 좋아한다. 현실의 구체적인 경험을 즐긴다. 배운 것을 적용하는 것을 좋아한다. 논리보다는 본능적인 감각에 의존한다. 모험을 좋아하고 다른 사람이 창조성을 발휘하도록 돕는 일을 즐긴다. 아이디어를 행동으로 옮긴다. ·· ( )

자화상 만들기

자기 자신을 돌아보세요. 무엇이 보입니까?

이 자화상을 완성하고 나면 당신의 현재 모습에 대해 좀더 분명하고 완성된 견해를 갖게 됩니다. 각 항목에 가능한 한 정직하게 답변합니다. 공간이 부족하다면 종이를 덧붙일 수도 있습니다.

1. 나는 어떻게 생겼는가?

_____

2. 무엇에 대해 생각하고 싶어 하는가?

_____

3. 내가 생각하는 나의 장점은 무엇인가?

_____

4. 나의 최고의 성격적 특징은 무엇인가? (26쪽의 '나의 성격 알아보기' 체크리스트를 본다)

_____

5. 어떤 특징을 계발하거나 강화하고 싶은가?

_____

6. 내가 가장 두려워하는 것은 무엇인가? (28쪽의 '나는 무엇이 두려운가?' 체크리스트를 본다)

_____

7. 내가 가장 커다란 흥미를 느끼는 것은 무엇인가? (30쪽의 '내가 재미있어 하는 것' 체크리스트를 본다)

_____

8. 나는 다른 사람과 얼마나 잘 어울리는가? (33쪽의 '관계 맺기' 체크리스트를 본다)

_____

9. 내게 딱 맞는 최고의 학습법은 무엇인가? (35쪽의 '학습 스타일' 체크리스트를 본다)

_____

10. 가장 잘 발달된 나의 재능은 무엇인가?

_____

11. 내가 계발하고 싶은 재능은 무엇인가?

_____

12. 나의 비밀스런 꿈과 목적은 무엇인가?

_____

13. 지금부터 10년 동안 하고 싶은 일은 무엇인가?

_____

14. 목표에 도달하려면 어떤 단계를 밟아야 하는가?

_____

CHAPTER 2

긍정적 태도 : 행운을 부르는 좋은 생각

낙관주의·수용·융통성·쾌활함·열정·조심성·유머감각
훌륭한 스포츠맨 정신·겸손·감사·믿음·희망

불만을 갖지 말고 사물을 있는 그대로 인정하라. 과거는 역사고 미래는 미지
수지만, 이 순간은 '선물'이다. '이 순간'을 뜻하는 영어단어(present)에 '현
재'와 '선물'의 두 가지 뜻이 있는 이유가 여기에 있다.   - 디팩 초프라 박사

헬렌 켈러는 태어난 지 21개월이 되었을 때 병을 앓아서 눈이 멀고,
귀가 안 들리고, 말을 못하게 되었습니다. 그 후로 평생을 침묵과 어둠
의 세계 속에서 살았지만, 그녀는 희망과 빛을 전하는 목소리가 되었습
니다. 쉬운 일은 아니었겠지요. 그녀는 다른 사람과의 연결점을 찾고 세
상으로 나가는 문을 찾기 위해서 마음속으로 끊임없이 싸웠습니다. 마
침내 이 일을 이루어내고 나자 그녀는 다른 사람을 위해 문을 활짝 열
고 많은 사람들이 스스로를 믿을 수 있게 해주었습니다.

1946년부터 7년간 감옥에 갇혀 있었던 말콤 X는 수감중에도 자기
계발에 힘썼습니다. 그는 사전에 있는 단어를 모두 베껴 썼습니다. 흑인
이슬람교에 대해 공부하고 개종하기도 했습니다. 감옥에서 풀려난 후
그가 쓴 글과 그의 강력한 연설은 세계적인 관심을 끌었습니다.

요즈음 사용하는 "태도하고는…!"이라는 말은 주로 나쁜 태도를 뜻
합니다. "그 사람 태도하고는!"이라든가 "그런 태도는 안 돼!" 할 때 말입

니다. 이 장에서는 헬렌 켈러나 말콤 X와 같은 긍정적인 태도의 계발에 초점을 맞추려고 합니다.

태도는 곧 그 사람의 관점이자 삶에 대한 시야이고, 마음의 상태나 틀입니다. 그러므로 태도에 따라서 선택이 결정되고, 주위 사람, 사물, 사건에 대한 느낌이 결정되는 것이지요. 여러분이 "수학은 지겨워!" 하는 태도를 취한다면, 정말로 수학은 지겨워질 것이고 아마도 수업시간도 지루한 시간이 될 것입니다. 무슨 일이든, 어떤 태도를 가지느냐에 따라 고문이 될 수도 즐거움이 될 수도 있습니다. 그렇다면 굳이 즐거움을 마다할 이유가 없지 않은가요?

긍정적인 태도를 가진다면 자신이 부딪치게 되는 상황에 어떻게 반

긍정적인 태도를 가진 사람은 누구?

응할지 선택할 수 있습니다. 자신에게 일어나는 것을 모두 선택할 수는 없지만, 스스로 생각하고 느끼고 실행하는 것은 선택할 수 있습니다. 이렇게 되면 여러분은 막대한 힘을 갖게 될 것입니다. 스스로를 완전히 통제하고 자신의 미래를 정하는 힘을 말이지요.

긍정적인 태도를 갖기 위한 12가지 방법

1. 낙관적인 사람 되기

비관론자는 물 한 잔을 보고 '반이나 비었다'고 생각하는 반면에 낙관론자는 '반이나 찼다'고 생각한다는 얘기를 들어본 적이 있을 것입니다. 비관론자는 '없어진 물'이라는 부정적인 면에 초점을 두지만 낙관론자는 물이 '남아 있다'는 긍정적인 면에 초점을 두지요. 어떤 사람의 태도가 더 바람직한 것 같나요? 누가 더 행복하고, 자신감 있고, 확신에 차 보이나요?

2. 사물을 있는 그대로 인정하기

무기력하게 있거나 포기하라는 말이 아닙니다. 상황이 제대로 돌아가지 않을 때도 버둥거리거나, 찡찡거리거나, 벽에 머리를 쿵쿵 박지 말라는 뜻입니다. 즉 자기 자신을 무기력한 희생자로 만드는 행동을 하지 말라는 의미입니다. 자신의 영혼을 짓누르는 행동은 결국 자신을 잡아먹고 말 것입니다. 대신에 부지런히 자신의 삶을 꾸려나가면서 전진해야 합니다.

3. 융통성을 갖추기

폭풍우가 몰아칠 때 흔들거리는 나무를 본 적이 있습니까? 뻣뻣하게 서 있는 나무는 결코 바람에 맞서 이기지 못합니다. 살아남는 나무는 바람에 휘어지는 나무입니다. 여러분도 삶이 여러분을 때리고 깨뜨릴 때 나무처럼 휘어지고 흔들리다가 강하고 깊은 뿌리에 지탱해서 다시 튀어 올라야 합니다. 융통성을 갖춘다면 무엇이든 이겨낼 수 있습니다. 상처, 좌절, 실망을 안겨주는 것도 말이지요. 친구를 잃고 실수를 하고 훨씬 더 견디기 힘든 일을 당해도 말입니다. 폭풍 속에 서 있는 나무를 기억하십시오. 우리는 자연에서 많은 것을 배울 수 있습니다.

긍정적인 태도를 계발한다고 해서 고통을 느끼지 않거나 실망을 경험하지 않는 것은 아닙니다. 하지만 좋은 태도를 갖춘다면 그런 경험을 교훈삼아 배우고 성장할 수 있습니다.

그렇다고 문제를 무시하라는 건 아닙니다. 누군가 여러분의 자전거를 훔친다면 여러분은 "그게 뭐 어때서?" 하는 태도를 보이지는 않을 것입니다. 경찰에 자전거를 도둑맞았다고 신고할 테고, 자전거를 돌려받기 위해 무슨 일이든 할 것입니다. 하지만 돌려받을 수 없다면 자전거가 없어졌다는 사실을 인정해야 할 것입니다. 그래야 그 문제에 질질 끌려 다니지 않을 테니까요.

동전을 공중에 던져보세요. 어떤 면이 나왔나요? 앞면 아니면 뒷면이겠지요. 어떤 문제든 항상 '뒷면'이 있게 마련입니다. 시험을 못봤다면 더 열심히 공부하면 됩니다. 친구를 잃으면 우정을 회복하든지 새 친구를 찾으면 됩니다. 자신의 모습이 마음에 들지 않는다면 멋진 개성을 계발하면 되지요.

4. 쾌활해지기

쾌활한 사람 주위에 있었던 기억을 떠올려보세요. 그때 어떤 기분을 느꼈나요? 그들이 여러분에게 활력을 불어넣는다는 것을 느꼈을 것입니다. 그들은 마치 '인간 충전기'와 같습니다. 여러분도 그런 사람이 될 수 있습니다. 우울한 기분이 들 때면, 입을 꼭 다물고 우선 숫자를 1부터 10까지 세도록 합니다. 여러분이 긍정적인 말을 하고 긍정적인 생각과 느낌을 보내면, 긍정적인 사람과 사물이 여러분에게 끌려오게 되어 있습니다.

5. 열정을 품기

매일 매일을 짜릿한 흥분으로 맞이하십시오. 강한 흥미를 가지고 여러분이 해야 할 일과 일상의 자질구레한 일에 다가가세요. 열정은 전염성이 강하답니다! 여러분이 명랑할수록 주위 사람들도 똑같이 느끼고 행동하게 되니까요.

6. 신중하게, 조심성을 갖추기

문제란 언제 어디서 발생할지 모릅니다. 그에 대한 경계를 게을리 하지 않으면, 문제를 용케 피할 수도 있고, 문제가 생겨도 현명하게 대처할 수 있습니다. 어떤 친구가 여러분을 파티에 초대했다고 가정해봅시다. "주말에 우리 부모님이 여행을 가셔. 우리끼리 밤새도록 멋진 파티를 여는 거야!" 하지만 여러분이 생각하기에는 부모님이 안 계신 집에서 밤샘파티를 한다는 건 문제가 생길 소지가 있습니다. 그렇다면, "고맙지만, 사양할게."라고 대답하도록 합니다.

꼭 문제가 생길 일에 대해서만 신중해야 하는 것은 아닙니다. 구미가 당기는 동호회가 생겼다거나, 팀을 이루어 경합을 벌이는 대회에 참가하게 되었을 경우처럼 좋은 일이 생길 수도 있습니다. 새로운 일을 계획할 때면, 시간과 장소, 전략 같은 것들을 기록하여 차질이 생기지 않도록 해야 합니다.

7. 유머감각 갖추기

누구든 어리석은 일을 저지르게 마련입니다. 여러분이 그런 일을 저질렀다면, 기회를 놓치지 말고 그냥 웃어버리세요. 웃을 수 있다는 건 삶에서 누릴 수 있는 커다란 즐거움입니다. 실수로 이성의 화장실에 들어갔다든지, 외국인의 말을 잘못 알아듣고 엉뚱한 행동을 했다든지, 길 가다 아는 사람인 줄 알고 낯선 사람의 등을 세게 치며 명랑하게 "안녕!" 하고 인사했다든지, 지하철이나 버스에서 졸다가 내려야 할 곳을 그냥 지나치고 말았다든지, 웃을 수 있는 어처구니없는 일은 정말 많답니다.

많이 웃으면 더 건강해집니다. 웃으면 몸속에서 좋은 화학물질이 방출되어 여러분을 자극하고 성장시킵니다.

8. 훌륭한 스포츠맨 되기

이런 태도를 갖게 되면, 경기나 경쟁에서 졌다 해도 여러분은 친구를 얻을 수 있습니다. 훌륭한 스포츠맨이 되는 것은 '품위 있게' 지는 것을 의미합니다. 미소 짓고, 승자와 악수를 하고, 자신의 패배를 깨끗이 인정합니다. 이기지 못할 거라는 것을 알면서도 경기 자체에 의의를 두고 훌륭하게 경기에 임하는 선수들도 많습니다. 훌륭한 스포츠맨이 된다는 것은, 승리했을 때 잔뜩 들떠서 타잔처럼 가슴을 두드리며 "와아~!" 하고 소리치지 않는 것을 뜻하기도 합니다.

9. 겸손하기

자기 자랑을 늘어놓는 사람들은 듣는 사람의 관심을 끌지 못합니다. 진정으로 다른 사람에게 관심을 갖는다면, 광고하지 않아도 다른 사람들이 여러분의 훌륭한 점을 알게 됩니다. 겸손한 사람은 남들보다 한발 앞서려 애쓰지 않습니다. 그래서 사람들이 겸손한 사람 주위에 있는 것을 편안하게 여기고 자신의 본래 모습을 보여주는 것이지요.

10. 감사하는 마음을 표현하기

곰곰이 생각해보면, 감사할 일이 무척 많을 것입니다. 감사의 마음을 가지면 얼굴에 미소가 떠오르고, 자신의 삶에 대해 기분이 좋아집니다. 그러면 주위에 있는 사람의 기분까지도 좋아진답니다!

11. 믿음을 갖자

믿음을 갖는다는 것은 신이나 전지전능한 존재와 힘을 믿는 것이라고 생각하는 사람도 있습니다. 자기 나라, 다른 사람들, 사물, 자기 자신을 믿는 사람도 있습니다. 이 책이 말하는 '믿음'이란 '모든 상황이 날 위해 잘 풀려나갈 거야.'라고 믿는 것입니다. 여러분에겐 일이 잘 풀리게 할 수 있는 능력이 있습니다. 실패하리라 생각한다면 아마도 실패할 것입니다. 하지만 성취하리라 생각하면 목표에 도달할 가능성이 훨씬 높아집니다.

12. 희망을 품자

희망이 없다면 삶은 아무런 의미도 목표도 없습니다. 아무것도 기대하지 않고, 아무것도 계획하지 않고, 아무런 목표도 세우지 않게 되지요. 만사가 귀찮아질 것입니다. 하지만 희망은 다른 사람들 모두를 위한 기본적 태도이면서 아마도 여러분에게 가장 중요한 긍정적 태도일 것입니다. 여러분의 희망은 무엇입니까? 꿈은 무엇입니까? 야망은? 삶의 목적은? 이런 질문들에 대해 기꺼이 생각해보고자 한다면 여러분은 이미 희망을 갖춘 사람입니다.

희망은 한 마리 새
영혼 위에 걸터앉아
가사 없는 곡조를 노래하며
그칠 줄을 모르네
– 에밀리 디킨슨

만약 나라면 이럴 때 어떻게 할까?

하나 반장선거에 후보로 나선 친구가 반장으로 뽑히기 위해 투표함에 자기를 찍은 표를 몇 장 더 넣는 것을 보았다. 당신은 어떤 태도를 취해야 하는가? 받아들일 것인가, 거부할 것인가, 침묵을 지킬 것인가? 당신과 그 친구에게 가장 도움이 되는 태도는 무엇일까?

둘 가족 중 한 명이 불치병에 걸렸다는 사실을 알았다. 이러한 상황에 대해 당신은 어떤 태도를 취해야 할 것인가? 시간이 지나면 그 태도가 변할까? 어떤 태도를 취해야 당신과 가족들에게 가장 도움이 되겠는가?

셋 친한 친구 두 명이 농구부에 들어가고 당신만 떨어졌다. 친구들은 매일 방과 후에 연습을 하기 때문에 늘 붙어 다닌다. 함께 점심을 먹을 때도 그들은 농구 얘기만 해서 당신은 더욱 소외감을 느낀다. 이때 어떻게 반응해야 하는가? 기분이 나아지려면 어떤 태도를 계발해야 하는가? 어떤 태도를 취해야 친구들이 당신을 배려하고 받아들이겠는가?

넷 입학시험을 치를 대학에 면접을 보러 갔다. 면접관은 당신에게 "자신의 자질과 능력에 대해 말해보십시오."라고 말한다. 자신에 대해 얘기할 때, 어떻게 하면 겸손한 태도를 유지하면서 자신감을 보여줄 수 있겠는가?

다섯 당신이 다음의 상황에 처해 있다고 가정해보자. 부정적인 태도와 긍정적인 태도로 접근했을 때, 각각 어떤 일이 일어날지 생각해보자.

ⓐ 부모님이 여행을 가셔서 당신은 오늘밤 동생을 돌봐야만 한다. 그런데 평소에 너무 보고 싶었던 공연 티켓이 생겼다. 더구나 오늘이 아

니면 볼 수 없는 공연이다.

ⓑ 가장 친한 친구가 좋아하는 사람이 당신에게 데이트 신청을 했다.

ⓒ 당신은 태권도 학원에 다니는 것이 정말 좋다. 그런데 형의 대학 등록금 때문에 태권도 수업을 포기해야 한다는 얘기를 들었다.

ⓓ 가족을 위해서 저녁식사를 준비했다. 그런데 어머니가 집에 돌아오셔서는 부엌을 엉망으로 만들어놨다며 화를 내셨다.

수행활동 ··

긍정적인 태도를 기르기 위한 활동

1. 긍정적·부정적 태도에 대한 역할극 해보기

긍정적 태도와 부정적 태도가 실제로 어떻게 나타나는지 알아보기 위해서 아래에 나온 사람들의 입장이 되어 역할극을 해보자.

- 직원을 해고하는 사장
- 학생을 가르치는 테니스 코치
- 걸핏하면 소리를 빽빽 지르는 아이의 버릇을 고치려는 엄마
- 시험문제에서 선생님의 실수를 지적하는 학생

2. 태도에 대한 인용문 수집

인터넷을 뒤지거나 도서관을 찾아가 '태도'와 관련된 인용문이 있는지 알아본다. 이 장의 앞부분에 열거된 단어(낙관주의, 수용, 융통성, 쾌활함,

열정, 조심성, 유머감각, 훌륭한 스포츠맨 정신, 겸손, 감사, 믿음, 희망)를 가지고 키워드 검색을 한다. 아니면 인용문이 담긴 책을 훑어본다. 자신이 발견한 인용문으로 자신만의 책을 만들어보자. 복사를 해서 친구와 가족에게 선물한다.

3. 환경 프로젝트의 결과를 상상해보기

다른 태도를 취하는 것이 환경 프로젝트의 결과에 어떤 영향을 미치는지 상상해본다. 근처에 아카시아 나무가 많은 낮은 산이 있다고 가정해보자. 최근에 그 산을 깎아서 골프장을 만든다는 소식을 듣게 되었다. 하지만 당신은 봄이면 좋은 향기를 풍기며 하얀 꽃을 흐드러지게 피우는 아카시아 나무를 구하고 싶다. 이때, 어떤 태도로 접근하는 것이 효과적일까? 다른 태도가 어떻게 다른 결과를 초래하는지를 보기 위해서 마인드맵을 그려보자.

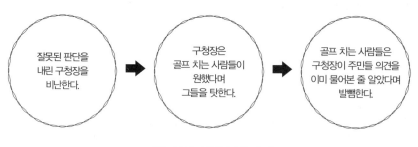

잘못된 판단을 내린 구청장을 비난한다. ➡ 구청장은 골프 치는 사람들이 원했다며 그들을 탓한다. ➡ 골프 치는 사람들은 구청장이 주민들 의견을 이미 물어본 줄 알았다며 발뺌한다.

마인드맵의 예(부정적인 태도)

4. '직장에서의 태도'에 대한 막대그래프 만들기

ⓐ 머릿속에 자유롭게 떠오르는 생각을 모아서 '긍정적인 태도 목록'을 만든다. 이 장의 앞부분에 있는 목록을 활용할 수도 있다. 집

중하고 싶은 항목을 6~8개 정도 선택한다.

ⓑ 주변에서 사업체를 운영하고 계신 어른 5~6명의 이름, 주소, 전화
번호를 알아본다. 그들에게 편지를 써서 직장에서의 긍정적인 태
도에 관련된 정보를 수집하고 있다고 한다. 전화를 걸어서 그들의
의견에 대해 인터뷰를 하고 싶다고 한다.

ⓒ 일주일 이내에 전화를 해서 구체적인 인터뷰 시간을 정한다.

ⓓ 전화 인터뷰를 통해서 당신이 작성한 '긍정적 태도 목록'을 큰 소
리로 읽어드린다. 그러고 나서 중역이 갖춰야 할 가장 중요한 태
도 3가지와 직원이 갖춰야 할 가장 중요한 태도 3가지를 선택하
고, 선택한 태도에 순위를 매겨달라고 부탁한다. 예를 들어, 인터
뷰에 응한 한 사업가는 다음과 같이 순위를 매겼다.

ⓔ 인터뷰 결과를 표로 작성한다. 막대그래프로 결과를 표시한다.

응용 선수와 팬의 태도에 대한 코치의 생각, 의사와 환자의 태도에 대한 병원 의료진의
생각 등을 조사하거나 스스로 응용을 한다.

중역에게 가장 중요한 태도	직원에게 가장 중요한 태도
1. 낙관주의	1. 열정
2. 조심성	2. 훌륭한 스포츠맨 정신
3. 유머감각	3. 유머감각

5. 유명인사의 태도 연구하기

다른 나라의 지도자를 몇 명 선택해서 그들이 자신의 나라에 대해
한 말과 쓴 글을 연구한다. 유명한 사람들의 간단한 전기를 찾는 일부
터 시작한다. 연구한 것을 친구들이나 가족들 앞에서 발표하여 자신이

배운 것을 다른 사람들과 공유한다. 인형극의 형태로 발표하는 것도 재미있을 것이다.

6. '짝 맞추기' 카드게임

긍정적인 태도와 부정적인 태도에 대한 설명과 각각의 예를 연결하는 짝 맞추기 카드게임을 만든다. 예를 들어서 카드 한 쌍에 '쾌활함'과 '트럭이 흙탕물을 튀기며 지나갈 때 웃어넘긴다.'를 적는다. 다른 쌍에는 '심술'과 '냉장고에 우유가 없다고 부모님에게 불평한다.' 등을 적을 수 있을 것이다. 자신이 만든 게임을 학교, 유치원, 사회복지 센터, 교회, 지역 병원이나 보호시설 등에 가져간다.

> **응용** 단어와 그 단어를 표현하는 얼굴표정을 연결하는 식으로 좀더 간단한 게임을 만들 수도 있다. 예를 들어서 '쾌활함'은 웃는 얼굴과, '심술'은 찡그린 얼굴과 짝을 짓는다.

7. 긍정적인 태도의 연습

자신을 좋아하지 않는 사람이나 제대로 대우해주지 않는 사람에 대해 긍정적인 태도를 갖는 연습을 한다. 그 사람은 같은 반 친구, 선생님, 형제나 동네 어른일 수도 있다. 그 사람과 같이 있을 때마다 긍정적인 태도를 갖도록 노력한다. 사람들의 태도가 변했거나 그들에 대한 자신의 느낌이 좋아졌다면 일기에 기록하거나 표로 작성한다.

CHAPTER 3

배려 : 나눌수록 커지는 것

베풂·서비스·공유·사랑·도움·관대함·이타성·희생

> 누군가가 밖으로 나가 사람들을 사랑하고 그 사랑을 보여줘야 한다.
> – 다이애나 황태자비

다른 사람에게 손을 뻗어주면 삶이 의미를 갖게 됩니다. 정말 위대한 것은, 주면 줄수록 더 많이 받게 된다는 사실입니다. 다른 사람에게 좋은 것을 준다면, 여러분이 가는 길에는 좋은 것들이 가득가득 들어찰 것입니다.

'흥! 친구 차비를 세 번이나 대신 내줬는데도 아직 돌려받지 못했는 걸!' 어쩌면 이렇게 미심쩍은 기분이 들지도 모릅니다. 베풀고 나누는 행위가 언제나 같은 종류의 것으로 되돌아오는 것은 아니라는 사실을 이해해야 합니다. 하지만 결국은 다른 사람에게서 사랑과 존경과 관대함 같은 더 큰 가치를 끌어낼 수 있게 될 것입니다. 여러분 자신이 긍정적인 생각과 행동을 이끌어내는 자석이 되는 것입니다.

진정한 배려에는 아무런 조건이 붙지 않습니다. 무언가를 주고 봉사할 때는 아무런 보답도 기대하지 말고 기꺼이 해야 합니다. 일일이 기록하며 언제 돌려받을지 전전긍긍하지 말고, 자유롭고 열린 마음으로 베풀어보세요. 사람을 배려하는 일에도 용기가 필요한 법이랍니다.

누군가를 배려할 때면, 그 사람을 판단하거나 무엇이 돌아올지 계산해서는 안 됩니다. 용돈을 올려준다고 해서 아버지를 사랑하는 것은 아니지 않습니까? 테레사 수녀는 가난에 찌든 나라의 궁핍한 사람들을 사랑하고 돌보는 데 일생을 바쳤습니다. 기아와 질병 때문에 태어나자마자 죽어가는 수많은 신생아의 몸을 한결같이 안아주고 토닥여주었습니다. 애정과 배려가 깃든 신체접촉은 몸속에서 좋은 화학물질을 방출시켜서 건강하게 성장하도록 도와줍니다. 그렇게 테레사 수녀는 수많은 신생아의 생명을 구해낸 것입니다.

다른 사람을 배려하고, 함께 나누고, 봉사할 수 있는 길은 정말 많습니다.

효과만점 배려의 방법

배려의 행동

잔디에 떨어진 낙엽을 쓸어내거나, 동생에게 글씨를 가르쳐주거나, 노인들을 위해 문을 열어주거나, 부모님의 집안일을 도와드릴 수 있습니다. 외로운 사람의 말을 들어주는 데 한 시간만 할애해보세요. 도움이 필요한 사람에게 도움을 주고, 상냥하게 대하도록 합니다.

배려의 말

다른 사람에게 상냥한 말을 건네고, 누군가의 험담을 하지 않습니다. 필요할 때 조언을 해주고 관심을 보여주세요. 가장 상냥한 말은 꼭 말로 표현되는 것이 아닐 때도 있습니다. 누군가에게 해가 되는 소문은 퍼뜨리지 마세요. 설령 사실이라 해도 말입니다.

배려의 생각

긍정적인 생각과 기도는 의외로 무척이나 강력합니다. 좋은 생각을 하는 것만으로도 친절한 행동이 저절로 나오게 됩니다. '나보다 농구를 더 잘하긴 하지만, 그애는 괜찮은 아이고 난 그애가 좋아.' 이렇게 생각해보세요. 손을 내밀어 친구와 함께 초코바를 나누어 먹기도 한결 쉬워질 것입니다. 여러분이 발산하는 긍정적인 생각은 다른 사람에게도 전달이 된답니다.

배려의 선물

노숙자에게 장갑을 주고, 동생에게 아끼던 셔츠를 주고, 친구에게 아이스크림을 사줍니다. 선물은 특별한 날에만 하는 것이 아닙니다. 하고 싶을 때, 하고 싶지 않을 때도 선물을 주도록 합시다. 원래 그런 게 선물입니다.

배려와 봉사에는 때로 희생이 따릅니다. 다른 사람을 위해 여러분에게 중요한 것을 포기하는 희생 말입니다. 그것은 여러분의 시간이나 돈일 수도, 재능일 수도, 에너지와 노력일 수도, 심지어 여러분의 피일 수도 있습니다.

한 소녀가 자동차사고로 심하게 다쳐 급히 수혈이 필요한 상태가 되었습니다. 그런데 그 소녀는 희귀한 혈액형을 갖고 있었고, 당장은 어린 남동생이 혈액형이 일치한다는 결과가 나왔습니다. 의사는 소녀의 남동생에게 다가가 누나에게 피를 기증해줄 수 있는지 물었습니다. 소년은 마치 유령처럼 얼굴이 창백해졌지만, 잠시 후 그러겠다며 머리를 끄덕였습니다. 누나에게 피를 나누어주고 난 후, 소년은 엄마를 올려다보며 크고 촉촉한 눈으로 이렇게 물었습니다. "엄마, 이제 난 얼마나 더 살 수 있어요?"

자신의 문제에서 관심을 거두어 다른 사람을 돕는 일에 집중하다보면, 어느덧 자신의 문제는 놀랄 만큼 작아져 있음에 놀라게 될 것입니다. 다른 사람을 위해 여러분의 재능과 능력을 사용한다면, 분명 그보다 더 큰 기쁨과 만족감을 얻게 됩니다. 물론, 자기 자신을 사랑하는 사람만이 다른 사람도 사랑할 수 있답니다.

모두가 팔을 걷어붙이고 돕는다면, 골칫거리는 어디에 가서 사나?

아픔을 느낄 때까지 사랑하면,

그 다음엔 더 이상의 아픔은 없고 더 많은 사랑만이 존재한다.

– 테레사 수녀

만약 나라면 이럴 때 어떻게 할까?

하나 당신의 여동생은 늘 옷을 벗어던진 채로 방에 늘어놓아 어머니께 혼이 난다. 그래서 당신은 동생을 위해 대신 옷을 걸어주기로 결심했다. 당신은 동생을 돕고 있는 것이다…. 그런데 정말 동생을 도와주고 있는 것일까? 왜 그런가? 아니면 왜 아닌가? 다른 사람을 도와주는 일이 도움이 되지 않을 수도 있는 경우를 예로 들어보자.

둘 대학교에 가려면 고등학교 때 40~70시간의 봉사활동을 해야 한다. 이러한 조건의 장점과 단점은 무엇인가? 봉사에 대한 학생들의 태도에 어떤 영향을 미치겠는가?

셋 당신은 봉사가 항상 보상을 받는 세계에서 살고 있다. 누군가를 도와주면 즉각적인 보상으로 감사의 인사를 받거나, 칭찬을 받거나, 돈을 받는다. 이런 분위기가 당신과 다른 사람에게 어떤 영향을 미치겠는가?

넷 당신은 국가의 사회복지 시스템을 평가하기 위한 국가위원회의 의장이다. 현재의 시스템은 사회복지금을 받는 대상자의 가족들(자녀, 손주, 심지어 증손주까지)도 전부 혜택을 받게 되어 있다. 하지만 대상자가 아닌 사람들은 이런 시스템 때문에 내야 할 세금이 너무 많다고 불평한다. 위원회 의장으로서 당신은 현 시스템을 바꿀지 그냥 둘지 결정해야 한다. 어떻게 하겠는가? 그 이유는 무엇인가?

배려심을 기르기 위한 활동

1. 일기 쓰기

누군가가 당신에게 친절을 베풀거나 당신을 위해 봉사했다면 일기에 기록하자. 어떤 기분이 들었는가? 당신을 불편하거나 당혹스럽게 만들었던 배려를 받아본 적이 있는가? 왜 그런 느낌이 들었는가? 그러한 경험에서 무엇을 배울 수 있는가?

2. 박애주의자에 관한 전기 읽기

다른 사람을 위해 자신의 삶을 헌신했던 유명한 박애주의자에 관한 전기를 읽어보자. 간디, 테레사 수녀, 슈바이처 박사 등 많은 위인들이 있다. 그 사람의 업적을 그린 포스터를 만들자.

3. 사회복지 시스템 학습

우리나라의 사회복지 체계에 대해 배운다. 인터넷 검색이나 도서관을 이용하여 당신이 살고 있는 지역에서 1년에 어느 정도의 사회복지 비용을 책정해두는지 알아본다. 국가 차원으로 확대하여 조사해볼 수도 있다. 꺾은선그래프를 작성하여 지난 10년간 사회복지 비용의 증감 추이를 알아본다. 아동(5~18세), 성인(19~76세), 노인(66세 이상)에게 지출되는 비용을 각각 개별적인 그래프로 만들 수도 있다. 사회복지 혜택을 받는 사람의 수가 증가했는지, 감소했는지, 제자리에 머물러 있는지 살펴보자.

4. 다른 나라에 대한 연구

다른 나라들이 역사에 걸쳐서 자신의 국민을 어떻게 배려했는지 연구하자. 미국, 스위스, 중국, 아프리카의 여러 나라들, 캐나다, 일본 등을 조사할 수도 있다. 각 나라의 사회복지 시스템을 조사해보는 것도 좋다.

5. 마니또

좋은 일을 해주고 싶거나 뭔가를 주고 싶은 사람을 선택한다. 그 사람 몰래 선물을 현관이나 사물함, 책상 서랍 등에 놓아둔다. 그 사람에 대한 칭찬과 격려의 메시지를 담은 익명의 메모를 쓴다.

응용 외롭거나 궁핍한 사람을 위해서 '12일간의 크리스마스 깜짝선물'을 준비한다. 그들을 위해 12일 동안 매일 선물을 남겨놓거나 도움을 준다. 크리스마스 때까지 기다릴 필요가 있겠는가?

6. 필요 목록 작성

부모님, 형제, 자매, 할아버지, 할머니 등 가족에게 필요한 것들을 생각해본다. 또한 선생님, 수위아저씨, 급식실 직원, 학교, 학부형회, 노인, 불우이웃, 동물 등에게 필요한 것들을 생각해본다. 목록을 검토해서 필요에 맞추어 프로젝트를 선정한다.

7. 친절 연쇄반응

학교, 집, 클럽 등에 '친절상자'를 비치하고, 상자 옆에 종이와 펜을 놓아둔다. 상자 위에는 '당신이나 다른 사람이 남몰래 친절한 행동을 했다면 여기에 적어주세요.'와 같은 간단한 지시사항을 적은 종이를 붙인다. 매주 상자에서 종이를 꺼내어 벽에 일렬로 전시한다. 혹은 남을 배려하는 내용의 메시지나 배려에 대한 인용문으로 게시판을 장식한다.

8. 배려용품 수집

여행자를 돕기 위해 빗, 칫솔, 비누, 수건 등과 같은 개인용품들을 모은다. 또는 노숙자 보호소에 보낼 의류, 장갑, 신발 등을 수집한다. 병원에 입원해 있는 아이들을 위해 펜, 연필, 크레파스, 종이, 휴대용 게임기 등을 모은다. 학교에 전학 온 학생들을 위해 학교지도, 시간표, 클럽에 대한 정보, 버스 시간표 등을 모은다.

9. '도와줄게요' 게임

너무 어렵지 않은 장애물 코스를 만든다. 두 사람씩 짝을 지어, 한 사람은 눈을 가리고 나머지 사람은 조수가 된다. 처음에는 눈을 가린 사람이 아무런 도움 없이 혼자서 장애물 코스를 통과해본다. 그들은 게임을 하지 않겠다고 할지도 모르고, 시도해보다가 웃음을 터뜨릴지도 모르고, 장애물에 걸리거나 넘어질지도 모른다. 다음에는 조수가 눈을 가린 사람을 안내하며 코스를 통과하도록 한다. 이때, 조수는 눈을 가린 사람을 만지지 않은 채 말로만 안내할 수도 있고, 말은 않은 채

손으로만 안내할 수도 있다. 혹은 말과 행동을 모두 사용할 수도 있다. 도움을 주고받으면 얼마나 기분이 좋은지를 참가자 모두가 경험할 수 있도록 역할을 바꾸어본다.

CHAPTER 4

선택과 책임 : 결과 받아들이기

결정하기 · 자신의 선택에 책임지기 · 신중함

삶이란 의식적으로든 무의식적으로든 자신이 내린 모든 선택이 가져온 결과
의 결정체다. 선택의 과정을 통제할 수 있다면, 삶의 모든 측면을 통제할 수
있다. 그리고 스스로를 책임지는 데서 오는 자유를 발견할 수 있다.
- 로버트 F. 베넷

선택

미국의 한 파티용품 상점. 20대 청년 여러 명이 상점에 들어섰습니
다. 이것저것 만져보며 왁자지껄 떠들던 그들은, 갑자기 목소리를 줄여
"주인 몰래 폭죽에 불을 붙이면 재미있겠다! 참, 넌 겁쟁이라 못하지?
할 수 있으면 어디 한번 해봐!" 하며 무리 중에서 가장 소심해 보이는
한 남자를 꼬드기기 시작했습니다. 친구들의 장난에 발끈한 그 청년은
"내가 못할 줄 알아?"라며 의기양양하게 폭죽에 불을 붙였습니다. 쉭쉭
소리를 내며 날아가던 폭죽은 수십 개의 폭죽이 진열된 선반에 부딪혔
고, 연이어 연쇄적으로 격렬한 폭발이 일었습니다. 그 사고로 아이 두
명을 포함한 몇 명의 사람이 죽었고, 그 청년은 과실치사혐의로 구속되
고 말았습니다. 결정을 내리기 전에는 반드시 결과에 대해 신중하게 생
각해야만 한다는 교훈을 아주 호되게 배운 것입니다.

여러분에게는 많은 선택권이 있습니다. 학교에 무슨 옷을 입고 갈지, 무엇을 먹을지, 누구와 친구가 될지 등 하루에도 수십 번씩 선택할 일이 생기지요. 하지만 그렇게 한 선택의 결과는 자신이 통제할 수 없습니다. 때로는 그러한 결과가 여러분에게 무거운 짐을 지울 수도 있답니다. 그 예를 한번 살펴볼까요?

- 여러분은 먹고 싶은 것을 선택할 수 있습니다. 하지만 야채를 많이 먹어야 한다는 부모님의 생각은 감자칩과 양파링도 '야채'에 속한다는 여러분의 생각과는 다를 것 같네요. 자신이 먹을 음식을 직접 사거나 만들지 않는다면, 선택에는 제한이 생길 수밖에 없습니다. 설령 여러분이 좋아하는 햄버거와 콜라를 매일 직접 사먹는다 해도, 그에 따른 결과, 즉 패스트푸드가 여러분의 몸과 건강을 해치는 것까지는 통제할 수 없지요.
- 여러분은 친구를 선택할 수 있습니다. 하지만 사귀고 싶은 친구가 여러분을 친구로 선택하지 않는다면 어떡하나요? 또는 여러분이 선택한 친구가 늘 말썽만 피우는 문제아라면? 그들과 친하게 지내면서 그로 인한 고통스러운 결과까지도 기꺼이 감수할 것입니까?
- 여러분은 알몸에 표범 가죽을 허리에 두르고 물안경을 쓴 채로 학교에 가기를 선택할 수 있습니다. 하지만 그 상태로 학교에 남아 있지는 못할 것입니다. 아마 정신과의사의 치료를 받으라는 말을 듣게 될 가능성이 크지요.
- 여러분은 오늘 숙제를 하지 않기로 선택했습니다. 하지만 나중에 형편없는 성적표를 집에 가지고 갔을 때의 상황은 여러분의 선택

사항을 벗어나는 일이지요. 부모님께서 아무런 벌도 주지 않거나, 준다 해도 아주 잠깐으로 끝날 거라는 생각은 여러분의 바람일 뿐입니다.

가장 이상적인 선택은 '지식에 바탕을 두고 의식적으로' 하는 것입니다. 지식에 바탕을 둔다는 것은 여러분이 미리 수집한 정보와 사실, 경험에 기초한다는 말입니다. 의식적이라는 것은 여러분이 무슨 선택을 하고 있는지, 그 결과는 어떠할지 이미 다 알고 있다는 의미입니다. 즉 선택을 하기 전에는 가능한 한 많은 것을 알고 있어야 하며, 부정적인 결과에 대한 경계를 늦추지 않고 신중하게 모든 측면을 생각해야만 한다는 것이지요.

가령 선생님께서 내일까지 해오라며 숙제를 내주셨는데, 오늘은 할머니 생신이어서 온 가족이 외식을 할 예정이라면? 여러분은 숙제를 하는 것과 할머니의 생신을 축하해드리는 것 중 하나를 선택해야만 합니다. 선택의 몫은 여러분에게 있지요. 어떻게 하면 좋을까요?

1. 속속들이 생각한다

집에 남아서 숙제를 하겠다고 선택했다면 숙제를 완성할 수는 있지만 할머니께서 섭섭해하실 겁니다. 외식을 하기로 선택했다면 할머니께서는 기뻐하시겠지만 숙제를 못하게 되겠죠. 어느 선택도 완벽하지 않습니다.

2. 정보를 수집한다

학교를 나서기 전에 선생님께 사정을 말씀드립니다. 하루 늦게 숙제를 제출할 수 있을까요? 그렇지 않다면 학기말에 받을 성적표에는 어떤 점수가 나올까요? 부모님에게 이 문제를 말씀드려봅시다. 여러분이 무엇을 해야 한다고 생각하는지 여쭤봅니다. 혹은 할머니께 전화해서 사정을 설명할 수 있겠습니까? 그래서 나중에 할머니를 뵙고 생신을 축하해드리면 어떨까요?

3. 선택사항과 있을 수 있는 결과를 저울질한 후에 결정을 내린다

결정이 완벽하지 않을 수도 있습니다. 하지만 주어진 상황에서 내릴 수 있는 최선의 결정이 될 것입니다. 의식적이고 지식에 바탕을 둔 결정이라면 말입니다.

가끔은 습관적으로 '선택이 아닌 선택'을 할 때가 있습니다. 매일 똑같은 길로 학교에 걸어가지 않나요? 가장 빠르고 가장 효율적인 길일지 모르지만 의식적인 선택은 아닙니다. 다른 길로 걸어가겠다고 결정하면 어떨까요? 언덕이나 계단을 올라가지 않아도 될지도 모르고, 가는 길에 친구 집에 들러 친구와 함께 등교할 수 있을지도 모릅니다.

최악의 선택은 귀찮아서 대충 해버리는 선택입니다. 그냥 일이 흘러가는 대로 내버려두는 것이죠. 가령 학교급식이 너무 맛이 없어서 좀 바뀌었으면 좋겠다고 생각한다고 칩시다. 하지만 새 메뉴를 결정하기 위해 투표를 하는 날, 그만 투표하는 것을 깜빡 잊어버렸습니다. 투표를 하지 않은 다른 학생도 많다고 합니다. 결국 새 메뉴는 통과되지 않았고, 학교급식은 계속 맛없는 메뉴만 나올 것입니다. 여러분은 선택하지 않음으로써 원하지 않은 결과를 만들어낸 것입니다.

책임감

'책임감이 있다'는 말은 자신이 내린 선택에 대해서 책임을 진다는 뜻입니다. 최선의 선택이 아니었을 수도 있고, 실수를 했을지도 모릅니다. 미리 충분한 시간을 갖고 자신의 선택에 대해 생각해보지 못했을 수도 있습니다. 혹은 자신도 어쩔 수 없는 다른 일들이 끼어들었을지도 모릅니다. 하지만 어떤 경우든 선택을 한 건 바로 자기 자신입니다.

"나보고 그렇게 하라며? 네가 시켰잖아!"라든가 "너 때문이야!" 하는 말을 많이 들어봤을 것입니다. 책임감이 있는 사람은 자신의 행동에 대해 다른 사람을 탓하지 않습니다. 다른 사람의 말이나 행동을 통제할 수는 없는 법입니다. 오로지 자기 자신만을 통제할 수 있지요. 자신의 행동에 대해 변명하거나 거짓말하기를 좋아하는 사람은 아무도 없을 것입니다. 그러니 언제나 신중하게 생각해본 후에 선택을 해야만 합니다. 예를 들어볼까요?

- '이 만화 정말 재미있다. 한 권만 더 볼까? 하지만 이미 밤이 깊었는걸. 내일 늦잠을 자게 될지도 몰라. 학교에 지각하면 벌을 받을 거야. 게다가 하루 종일 피곤할 테고. 그럴 만한 가치는 없어. 대신 내일 학교 갔다 와서 숙제를 마친 후에 봐야겠다.'

- '오늘은 방 정리를 하기로 엄마랑 약속했으니까, 정리를 마친 후에 숙제를 하면 잘 시간이 될 거야. 아아, 인터넷 게임도 하고 싶은데…. 하지만 한 번 게임을 시작하면 밤을 꼬박 샐지도 몰라. 그러면 내일은 학교에서 하루 종일 꾸벅꾸벅 졸겠지. 선생님께 혼나고 수업도 제대로 받지 못할 거야. 오늘은 인터넷 게임을 포기해야겠어.'

자신의 행동뿐만 아니라 자신의 생각, 느낌, 반응, 태도 등도 선택하고 책임을 져야 합니다. 예를 들어 여러분이 '한국인'이야말로 세계에서 가장 우수한 민족이라고 믿기로 결정했다고 가정해봅시다. 여러분은 우수한 민족의 일원으로 태어난 것이 무척 자랑스럽다고 생각할 것입니다. 하지만 이러한 선택에 대해 책임을 져야 한다면 어떨까요? 그 선택은 정확한 지식에 바탕을 둔 것입니까? 누구라도 받아들일 수 있게 증명해 보일 수 있나요? 혹은 어디선가 듣고 읽은 내용을 단순하게 받아들인 것입니까? 아니면 그냥 그렇게 믿고 싶은 건가요? 자신에게 편리한 대로만 생각하거나 주위에서 떠들어대는 것을 그대로 받아들이고 믿어버리면, 빗나간 선택을 하게 될 가능성이 높습니다. 그런 태도를 고수하면 앞으로도 계속 빗나간 선택을 하게 되겠지요.

학교의 '싸움짱'이 괜히 여러분을 괴롭히고 못살게 군다면 어떻게 해야 할까요? 그 아이를 한 방 때리고 엎치락뒤치락 싸움을 시작할 수도 있습니다. 아무런 반응도 보이지 않고 마음속으로 원한을 품을 수도 있지요. 아니면 선생님께 말씀드려서 조치를 취하도록 할 수도 있습니다. 그 사람이 하는 행동을 여러분 마음대로 할 수는 없지만, 그 행동에 어떻게 반응할 것인가는 여러분의 선택에 달려 있는 것입니다.

좀더 나은 선택을 하기 위한 방법

삶이란 지금이나 앞으로나 선택과 결정의 연속입니다. 최선의 결정을
내렸다고 확신할 수 있으려면 어떻게 해야 할까요?

- 선택은 언제나 의식적이어야 하고 지식에 바탕을 두어야 한다.
- 자신의 선택이 누군가에게 도움이 될지 해가 될지 판단해봐야 한
  다. 다른 사람이나 자기 자신, 세계에 도움이 되는 선택을 하도록
  노력한다.
- 신뢰하는 사람과 자신의 선택에 대해 얘기해본다. 당신을 걱정하
  고 아끼는 사람을 뜻한다. 적어도 한 명 이상의 어른이 포함되어
  야 한다는 사실을 잊지 말자.
- 선택을 하고 난 후에는 자신이 한 일과 그 결과에 대해 재검토한
  다. 누군가에게 도움이 되었는가? 무언가를 개선했는가? 다음에는
  다른 선택을 해야 하는가?
- 자신의 선택으로부터 배운다. 자신이 무엇을 했는지, 그 결과가 무
  엇이었는지 기억한다. 이를 활용해서 앞으로 훌륭한 선택을 하도
  록 한다.

빗나간 선택을 했다면?

- 인정한다. 책임감을 갖고 정직한 태도를 취한다.
  ⇨ '나도 모르게 그만 친구의 게임기를 훔치고 말았잖아. 아무리

탐 났어도 이건 분명 잘못한 거야.'

- 결과를 받아들인다.

  ⇨ '아, 마음이 너무 불편해. 그 친구는 나의 사과를 받아주지 않
    을지도 몰라. 다른 친구들도 나를 믿지 못하게 될 거야.'

- 빗나간 선택을 만회하고 이를 긍정적으로 변화시킬 수 있는 일을
  한다.

  ⇨ '어쨌든 그 친구에게 게임기를 돌려주고 사과를 하겠어. 게임
    기가 너무 탐났다고 솔직히 얘기해야지. 다시는 이런 말썽을
    일으키지 않을 거야. 그래서 친구들에게도 믿음직한 친구가 돼
    야지!'

- 자신의 선택으로부터 배운다.

  ⇨ '돈 문제에 좀더 조심스러워야겠어. 원하는 것을 살 수 있을 만
    큼 돈을 벌 때까지 갖고 싶은 것이 있어도 꾹 참고 기다릴 거
    야. 그 물건이 꼭 필요한 것은 아니잖아.'

- 당신이 믿는 사람에게 당신의 발전과정을 지켜보고 격려해달라고
  부탁한다.

  ⇨ '제일 친한 친구와 부모님께 무슨 일이 있었는지 말해줄 거야.
    그리고 이 일로 내가 배운 점과 앞으로 어떻게 하기로 결심한
    것까지 모조리 말할 거야. 그리고 앞으로 잘 봐달라고, 언제든
    충고해달라고도 부탁할 거야.'

- 앞으로는 항상 더 나은 선택을 하기 위해 노력한다.

만약 나라면 이럴 때 어떻게 할까?

하나 매우 부자인 친척 한 분이 당신에게 "배우고 싶은 것이 있다면 무엇이든 배우렴. 1년 동안은 모든 비용을 내가 다 대주마."라고 말했다. 당신은 그 제안을 받아들일 것인가? 그렇다면 당신은 무엇을 배울 것인지 어떻게 결정하겠는가? 최선의 선택을 하려면 어떻게 해야 하는가?

둘 인라인 스케이트를 사기 위해서 돈을 모으고 있다. 살 모델도 봐두었고, 가격이 얼마인지도 정확하게 알고 있다. 지난 1년간은, 정말 지독하게 용돈을 모았다. 만화책도 보지 않고, 군것질도 하지 않았다. 인라인 스케이트를 살 돈을 거의 다 모았는데 그만 끔찍한 일이 일어났다. 친한 친구의 집이 화재로 모두 불타버린 것이다. 당신은 어떻게 해야 하는가?

셋 2주 전에 같은 반 친구가 가출을 했는데, 어제 그 아이를 동네 오락실에서 보았다. 그 친구는 부모님이 자신을 학대하기 때문에 더 이상은 참을 수가 없었다고 말하며, 자기를 봤다는 사실을 아무에게도 말하지 말라고 부탁했다. 이제 당신은 무엇을 해야 하는가?

넷 학교에서 항상 '왕따'를 당하는 아이가 있다. 어느 날 학교 친구들이 그 아이에게 야비한 장난을 치려고 계획을 세우는 것을 엿듣게 되었다. 그 무리 중에는 당신과 친한 친구가 있을 뿐만 아니라 당신도 그 친구들과 친하게 지내고 싶다. 당신이 할 수 있는 선택은 무엇인가? 무엇을 해야 하는가?

올바른 선택을 할 수 있도록 도와주는 활동

1. 선택 목록 작성

오늘, 이번 주, 올해 안에 해야 할 가장 중요한 선택의 목록을 작성한다. 어떻게 하면 최선의 선택을 할 수 있을지 생각한다. 있을 수 있는 결과 몇 가지를 메모한다. 이 과정을 매일, 매주 반복하려고 노력한다. 한 달이 지나면 목록과 메모를 재검토한다. 이 일이 당신의 삶에 긍정적인 변화를 가져왔는가? 더 나은 선택을 하는 데 도움이 되었는가?

2. 일기 쓰기

빗나간 선택을 한 경우에는 일기를 쓴다. 선택의 결과를 기록한다. 그 결과를 통해 무엇을 배웠는가? 훌륭한 선택을 했을 때에 대해서도 기록한다.

3. 과거의 예를 통한 학습

다음에서 설명하는 빗나간 선택의 예에서 무엇을 배울 수 있을지 생각해보자.

서기 150년 경, 프톨레마이오스는 '지구가 우주의 중심'이라는 이론을 세웠다. 그는 다른 이론과 증거가 있음에도 자신의 이론을 고집하기로 선택했다. 다른 과학자들도 프톨레마이오스의 이론을 믿기로 선택하는 바람에 이 분야의 지식은 수년간 진보하지 못했다. 한편, 지그문트 프로이트는 코카인 이 두뇌활동을 향상시킨다는 사실을 발견하고는 '마법의 약'이라 불렀다. 사람들은 유명한 학자인 프로이트의 주장을 그대로 믿고는 코카인을 널리 사용하였다. 하지만 코카인은 마약이고, 많은 사람들이 코카인에 중독되어 건강을 해쳤다.

이외에도 다른 예가 있는지 찾아보고, 빗나간 선택이 사람들에게 미 친 결과에 대해 좀더 조사해보자.

4. 어떤 일이 일어나는지 알아보기

세금을 내지 않기로 선택한 사람에게 어떤 일이 일어나는지 알아보 자. 지역의 세무담당자에게 연락해보고, 인터넷이나 신문을 통해 정보 를 찾아본다. 세금을 내지 않는 사람이 얼마나 되는가? 그런 사람들을 찾아내고 세금을 내게 하기 위해 정부에서 지출하는 돈은 어느 정도인 가? 세금을 내지 않다가 발각된 사람에게는 어떤 일이 일어나는가?

5. 성공한 사람 인터뷰

주위 어른들의 도움을 받아 성공적인 사업가와 연락하여 인터뷰를 해본다. 다음과 같은 질문을 한다.

- 그동안 어떤 종류의 선택을 했습니까?
- 여태껏 내린 선택 중에서 최선의 선택은 무엇이었습니까? 최악의

선택은 무엇이었습니까?

- 선택의 결과를 예측할 수 있었습니까? 정말 예상하지 못했던 일이 일어났습니까?
- 과거로 돌아가서 한 가지 선택만을 바꿀 수 있다면 어떤 선택을 바꾸겠습니까? 선택이 어떻게 달라지겠습니까? 결과는 어떻게 달라지겠습니까?

6. 토론그룹 결성

'선택과 결과'라는 이름의 토론그룹을 결성한다. 선생님께 말씀드려서 학교에서 토론시간을 마련해볼 수도 있고, 친구들과 모여서 토론해볼 수도 있다. 다음과 같은 선택에 대해서 토론한다. 각 선택마다 있을 법한 결과를 3가지 이상 생각해본다. 아니면 지금 자신이 실제로 직면해 있는 선택에 대해 생각해본다.

- 대학에 가는 것과 가지 않는 것
- 규칙적인 운동을 하는 것과 웬만하면 움직이지 않는 것
- 어려움에 처한 사람을 돕는 것과 무관심한 것
- 그다지 인기가 없는 아이와 친하게 지내는 것과 친하게 지내지 않는 것

7. 만화책 만들기

선택, 결과, 책임감에 관한 내용의 만화책을 만든다. 캐릭터를 만들어서 특정한 장면을 보여줄 수 있다. 또는 당신 자신의 삶이나 다른 사

람의 삶을 예로 들 수도 있다. 당신이 좋아하는 만화책을 따라 해도 좋다.

8. 유명한 운동선수의 전기 읽기

잡지, 신문, 뉴스에 나온 인터뷰나 기사를 찾아서 운동선수의 삶에 대해 학습한다. 그는 운동선수의 길을 걸으면서 어떤 선택을 해왔는가? 자신의 선택에 대해 책임을 졌는가? 살면서 있었던 힘든 시기에 다른 사람이나 환경을 탓했는가?

9. '진리 막대기' 게임

여러 사람이 모여 동그랗게 원 모양으로 앉아서 막대기를 돌린다. 막대기를 쥔 사람은 자신이 훌륭한 선택을 했을 때와 빗나간 선택을 했을 때, 각각의 결과에 대해 얘기한다. 할 얘기가 없는 사람은 "통과"라고 말하며 다음 사람에게로 막대기를 넘긴다.

요령 순서는 최소한 두 번 돈다. 처음에 '통과'한 사람은 두번째에는 반드시 말해야 한다.

CHAPTER 5

의사소통 : 표현의 기술

효과적으로 말하고 듣기·대중 앞에서 말하기

옷감은 염색에서, 술은 냄새에서, 꽃은 향기에서, 사람은 말투에서 그 됨됨이
를 알 수 있다.   - 독일 속담

'돌과 막대기는 내 뼈를 부러뜨릴 수 있지만, 말은 결코 나에게 상처
를 입히지 못한다.' 여러분은 이 격언을 믿습니까? 아마도 아닐 것입니
다. 때로는 말이 부러진 팔보다 더 아플 수도 있습니다. 말이란 서로에
대한 감정을 표현하기 때문에, 상냥하지 못한 말은 듣는 사람과 말하
는 사람 모두를 다치게 하기도 하지요.

반대로 상냥한 말은 다른 사람의 기운을 북돋워주고, 말하는 사람
을 치켜세워주는 역할을 합니다. 의사소통을 잘 하는 사람 주위에는
친구들이 몰립니다. 그런 사람은 주위 사람들에게 깊은 인상을 남기고,
취업할 때도 유리할 것입니다. 그러므로 분명하고 효과적으로 의사소
통하는 방법을 배워야 합니다.

바다에 던진 나무막대기는 파도를 타고 다시 돌아옵니다. 부메랑을
공중에 던져도 다시 돌아오지요. 말도 마찬가지입니다. 여러분이 던진
말은 언젠가는 여러분에게 돌아오게 되어 있습니다.

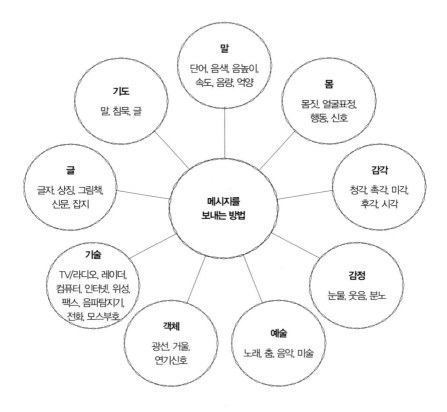

우리가 의사소통을 하는 방법은 무척이나 다양합니다. 이를테면, 몸짓, 말, 표정 같은 것을 통해 다른 사람에게 메시지를 보내는 것이지요. 위에 예로 든 것들 외에 또 어떤 방법이 있을지 생각해봅시다.

의사소통을 잘하기 위한 12가지 방법

① 분명하게 말한다. 말하는 사람을 쳐다본다.

② 상대방의 말에 귀를 기울이고 그에 따라 반응한다. 상대방을 쳐

다본다.

③ 서로 편안한 정도에서 눈을 맞춘다. 상대방의 눈을 뚫어지게 쳐다보거나 시선을 피하지 않는다. 어떻게 하면 상대방이 편안해하는지 파악한다.

④ 상대방의 말을 이해하기 위해 최선을 다한다. 이해할 수 없는 내용은 물어본다.

⑤ 서로의 신체언어나 말로 나타나는 단서에 민첩하게 반응하여 상대방이 하는 이야기에 흥미가 있다는 것을 보여준다. 상대방이 흥미를 잃거나, 주제를 바꾸고 싶어 하거나, 대화를 끝내고 싶어 하는 등의 신호를 놓치지 않는다.

⑥ 필요할 때 피드백을 준다. 또한 피드백을 요청한다.

⑦ 말하는 내용을 지지해줄 수 있는 예를 든다.

⑧ 필요하면 자신의 의견을 말한다.

⑨ 교대로 말한다.

⑩ 말을 상대방의 수준과 언어에 일치시킨다. 예를 들어서 어린 아이들에게 말할 때는 어른에게 말할 때와 달라야 한다. 같이 어리광을 부리라는 게 아니라, 더 단순하고 쉬운 단어와 문장을 써야 한다는 말이다.

⑪ 부탁에 귀를 기울인다. 직접 말로 표현하기 어려운 문제이기 때문이다.

⑫ 상황에 따라 적절한 방법을 사용한다. 때로는 말이 필요 없이 감정, 얼굴표정, 몸짓 등으로 의사소통할 수 있다.

이제 의사소통할 때 '하지 말아야 할 일'들을 알아봅시다. 상대방이 말을 하고 있는데 참견하거나 끼어들지 마세요. 험담하거나 꼬치꼬치 캐묻는 것도 나쁜 습관입니다. 주제를 바꾸거나, 상대방의 말에서 잘못된 점을 바로잡으려 하지 마십시오. 허풍떨지도 마시고요. 그리고, 졸지 마세요!

의사소통의 장애물을 돌파하기 위한 12가지 방법

① 분노, 실망, 좌절 등을 표현할 때는 '네'가 아닌 '나'를 주어로 하는 문장을 사용한다. 즉 "넌 거짓말을 하고 있어."라고 말하지 말고 "나는 거짓말을 하는 사람을 좋아하지 않아."라고 말한다.

② '사람'이 아닌 '문제'에 초점을 맞춘다. "너랑 같이 사물함 쓰기 싫어."라고 말하지 말고 "내 사물함이 엉망이 되는 게 싫어."라고 말한다.

③ 구석에 몰린 동물은 물거나 할퀸다는 사실을 기억하라. 상대방을 구석으로 몰지 말고, 언제나 출구를 남겨준다. 즉, "너, 일부러 그랬지?"라며 다그치기보다는, "네가 나한테 악감정이 있어서 그런 건 아니라고 생각해."라고 말한다.

④ 일일이 변명하지 말고 일단 들으라. 사람들은 모두 실수를 한다. 당신조차도.

⑤ 스스로 피해자가 되지 마라. 자신이 하지 않은 일에 대해서는 비난 받지 마라. 상대방을 공격하지 않으면서 자신을 변호하라.

⑥ 할 필요가 있다면 미안하다고 말한다.

⑦ 다른 사람에게서 좋은 점을 찾는다. 심지어 그러기가 어려운 경우라도 말이다. 당신이 상대방을 염려하고 있다는 사실을 분명히 알려준다. "너는 내 친구니까 정말 돕고 싶어." 하는 식으로 말이다.

⑧ 당신이 동의할 수 있는 부분을 찾는다.

⑨ 어떤 일이 발생하든 침착하려 노력한다.

⑩ 함께 모여서 해결책을 모아본다. 최상의 결론에 도달하도록 노력하고, 동의한 계획을 실천한다.

⑪ 최대한 노력했는데도 대화하는 데 성공하지 못했다면 제3자를 개입시킨다. 문제해결에 도움을 줄 수 있는 친구나 어른을 찾는다.

⑫ 대화를 통한 의사소통이 효과가 없다면 편지나 이메일을 써라. 하지만 편지나 이메일을 보내기 전에 최소한 하루 정도 기다린다. 말하려는 내용에 대해 마음이 바뀔지도 모르니까.

대중 앞에서 말하기

사람들 앞에서 발표나 웅변을 해야 한다고 생각해봅시다. 으~ 식은 땀이 쭉 나고, 온몸에 소름이 돋습니까? 천지개벽이 일어나서 발표가 무산되었으면 좋겠습니까? 많은 사람들 앞에서 말하는 게 싫어도, 누구도 그런 기회를 피할 수는 없습니다. 그때마다 어디론가 사라질 수도 없는 노릇이지요. 기왕에 하는 발표, 훌륭하게 해내는 데 도움이 될 만한 몇 가지 요령이 있습니다.

계획을 짜고 기록한다

- 인상적인 서두로 청중의 관심을 사로잡도록 한다.
    - ⇨ "얼마 전 아침, TV의 뉴스 속보를 보고는 그만 깜짝 놀라고 말았습니다."
- 사실을 가지고 연설문의 내용을 전개한다.
    - ⇨ "강원도에서 큰 산불이 나서 막대한 피해를 주고 있다고 하는 것이었습니다. 날씨가 건조하고 바람이 많이 부는데다, 산세가 험해서 이틀 동안이나 불길을 잡는 데 애를 먹었다고 합니다."
- 인용문과 통계자료를 포함시킨다.
    - ⇨ "그 끔찍한 산불로 600명도 넘는 그 지역주민이 삶의 터전을 잃어버렸습니다. 게다가 그 산에 있던 유명한 절도 불타버려 국보급 유산이 사라져버렸다고 합니다."
- 일화와 예를 포함시킨다.
    - ⇨ "담배꽁초를 함부로 버리고 확인을 하지 않는 어른들을 많이 보았습니다. 한 번은 그러한 어른들의 부주의로 우리 동네 공원에 불이 나기도 했었습니다. 큰 피해는 없었지만, 공원 잔디밭이 까맣게 타버려서 아직도 보기가 흉합니다."
- 자신의 주된 생각을 요약한다.
    - ⇨ "어른들에게만 큰 불에 대한 책임이 있는 것은 아닙니다. 어린이나 청소년들도 장난감 화약을 가지고 놀거나 불장난을 하는 위험한 행동을 합니다. 조금만 방심하면 큰 불로 번질 수 있는 일이지요."
- 적절하다면 자신의 의견을 제시한다.

⇨ "우리 학교에서는 정기적으로 불조심 포스터 만들기, 글짓기 대회 등을 실시해서 학생들이 화재의 위험성을 잘 알고 있는 편이라고 생각합니다."

- 멋진 결론으로 연설을 마무리한다.

⇨ "어른과 아이들 모두 함께 노력한다면 우리에게 큰 피해를 주는 화재를 없앨 수 있을 것입니다."

문장 전체가 아닌 아이디어를 외운다

연설문을 써놓고 달달 외우면 막상 발표할 때 머릿속이 하얘집니다. 간단히 요약한 아이디어만 정리해서 외워두면, 정확한 단어를 기억해내려고 머리를 쥐어짜지 않아도 되겠지요.

연설문의 내용	외워둘 아이디어
"고대 로마인에게 위생은 커다란 문젯거리였습니다. 그들은 아직 박테리아에 대해서 알지 못했지요. 하지만 그들은 사람들이 버리는 쓰레기를 방치해두거나 잘못 처리하면 질병이 발생한다는 사실을 점차 깨달았습니다."	로마인들: 위생문제 박테리아 사람이 버리는 쓰레기 → 질병

연설연습을 한다

먼저 혼자서 연습합니다. 거울을 보고 연습하거나 애완견 앞에서 연습해도 좋습니다. 둘 다 여러분의 연설에 대해 흉을 보지는 않을 테니까요. 좀더 자신감이 붙으면 가족이나 친구들 앞에서 연습을 합니다.

말이 꼬여도 걱정하지 마라

그저 웃어넘기고 다시 시작하세요. 최고의 연설자라도 때로는 말이 꼬이는 법이랍니다.

말할 때 청중을 쳐다본다

당당하게 고개를 들고, 자신감 넘치는 모습을 보여줍니다. 긴장하지 말고 미소를 지으세요. 그런 태도를 유지하면 실수도 대수롭지 않게 넘길 수 있습니다.

장애요소를 극복하는 방법을 배운다

공사판에서 들려오는 소음이나, 사람들이 속닥거리는 소리 때문에 주의가 산만해지면, 잠시 연설을 멈춥니다. 다시 조용해지길 기다렸다가 연설을 계속합니다.

'LSC 원칙'에 따라 말한다

'LSC 원칙'이란, 크게Loudly, 천천히Slowly, 명확하게Clearly 말하는 것입니다. 운동장에서 말할 때의 목소리로 연설합니다. 장소가 넓을수록 여러분의 말이 청중의 귀에 닿을 때까지의 시간이 길어집니다. 마이크를 사용하는 경우에는 마이크에 바싹 대고 말합니다.

질문하고 대답할 시간을 남겨둔다

여러분의 연설이 제대로 전달되었는지 판단하는 데 큰 도움이 된답니다.

"제가 당선된다면, 학교 급식메뉴가 개선되도록 열심히 노력할 것입니다!"

될 수 있는 대로 흥미로운 요소를 첨가한다

얘기, 농담, 깜짝 놀랄 만한 통계 등을 인용합니다. 그림이나 사진, 음악, 그래프, 도표, 비디오 등을 사용합니다. 이런 자료를 준비할 때는 청중 모두가 보고 들을 수 있도록 하는 데 만전을 기해야 합니다.

연설에 대한 한 쪽짜리 전단을 준비한다

연설의 주요 사항이나 연설 내용을 요약하여 전단에 담고, 좀더 자세한 사항을 알고 싶은 경우 연락할 수 있는 연락처를 남겨둡니다. 연설하기 전이나 후에 나눠줍니다.

만약 나라면 이럴 때 어떻게 할까?

하나 어려운 문제가 생겨서 선생님과 얘기를 나누려 한다. 하지만 선생님이 당신의 말을 들으려 하지 않고 중간에 끼어들어 잔소리만 하신다. 선생님과의 대화를 원활하게 하려면 어떻게 해야 하는가?

둘 부모님이 말다툼하는 것을 들었다. 끼어들어서 부모님이 대화할 수 있도록 애써야 하는가, 아니면 물러나 있어야 하는가? 형제가 말다툼하는 것을 들었다면 어떻게 해야 하는가? 친구라면? 낯선 사람이라면?

셋 당신이 한 도시의 시장이 되었다. 그런데 신문기자가 계속 당신의 말을 왜곡하여 보도하는 바람에 사람들이 당신을 부정직하다고 생각하게 되었다. 기자에게 접근하여 관계를 개선시키려면 어떻게 해야 하는가? 공무원이 시민들과의 의사소통을 원활하게 하려면 어떤 방법을 취할 수 있을까?

넷 당신이 딸을 낳고 기르는데, 그 딸이 도무지 당신의 말을 듣지 않는다. 행동을 고치라는 말을 꺼내기만 하면 딸은 쿵쿵거리며 문을 쾅 닫고 방에서 뛰쳐나가버린다. 딸과의 의사소통을 개선하려면 어떻게 해야 하는가? 딸을 어떻게 가르칠 수 있겠는가? 대화의 문을 열어놓으려면 어떻게 해야 하는가? 딸의 나이가 관련이 있는가? 딸이 유치원생이라면 어떻게 하겠는가? 초등학교 4학년이라면? 고등학교 학생이라면?

효과적인 의사소통을 위한 응용활동

1. 일기 쓰기

잘못된 의사소통 때문에 기분이 상했거나 오해가 생겼던 경우가 있다면 일기에 기록한다. 해결을 위한 아이디어를 적는다. 그런 다음 상대방에게 앉아서 대화를 나누자고 요청한다. 이 장에서 배운 기술들을 활용한다.

2. 여러 가지 문자체계 학습

길고 짧은 신호를 배합해서 전기나 빛으로 전달하는 모스부호, 도드라진 점으로 표시하여 시각장애우들이 사용하는 점자, 청각장애우들이 사용하는 손동작인 수화 등을 배운다. 친구와 함께 배워서 서로에게 메시지를 보내는 연습을 한다. 다음은 이 3가지 체계의 예다. 인터넷을 검색해보면 여기에 나온 기본적인 체계 외에도 더 많은 것을 알 수 있다.

① 한글 모스부호: •('돈'으로 읽는다), —('스'로 읽는다)의 2가지 기호로 이뤄져 있다.

ㄱ	·—··	ㄴ	··—·	ㄷ	—···	ㄹ	···—	ㅁ	——
ㅂ	·——	ㅅ	——·	ㅇ	—·—	ㅈ	·—··	ㅊ	—·—·
ㅋ	—··—	ㅌ	——··	ㅍ	———	ㅎ	·———		
ㅏ	·	ㅑ	··	ㅓ	—	ㅕ	···	ㅗ	·—
ㅛ	—·	ㅜ	····	ㅠ	·—·	ㅡ	—··	ㅣ	··—
ㅐ	——·—	ㅔ	—·——						

예를 들어 '안녕하세요'를 모스부호로 쓴다면, 안(―•―•••―•)녕
(••―•••―•―)하(•―――•)세(――•―•――)요(―•――•)다.

② 한글점자: 한 칸을 구성하는 점 여섯 개(세로측 3, 가로측 2)가 조
합하여 만드는 64개의 점형으로 적는다.

자음	ㄱ	ㄴ	ㄷ	ㄹ	ㅁ	ㅂ	ㅅ	ㅇ	ㅈ	ㅊ	ㅋ	ㅌ	ㅍ	ㅎ
첫소리 글자														
받침 글자														

모음	ㅏ	ㅑ	ㅓ	ㅕ	ㅗ	ㅛ	ㅜ	ㅠ	ㅡ	ㅣ	ㅐ	ㅔ
글자												

예를 들어, 꼬마는 [점자], 마을은 [점자]다.

③ 한글 수화: 'ㄱ, ㄴ, ㅏ, ㅑ'처럼 글자를 나타내는 '지화'와 단어를
나타내는 '수화'로 나뉜다.

응용 점자나 수화를 배운다면, 시각장애우나 청각장애우가 다니는 학교를 찾아 수업시
간에 교사나 보조자로 봉사한다. 부모님의 승낙과 지원을 받고 학교나 선생님의 승
낙을 요청한다.

3. 동물과 식물의 의사소통 연구

동물들의 의사소통 방법에 대해서 인터넷이나 책, 다큐멘터리를 찾

[자음]

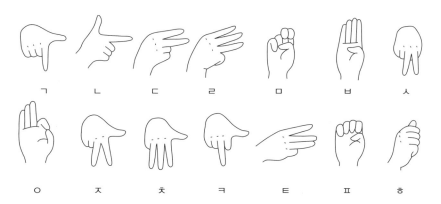

ㄱ ㄴ ㄷ ㄹ ㅁ ㅂ ㅅ

ㅇ ㅈ ㅊ ㅋ ㅌ ㅍ ㅎ

[모음]

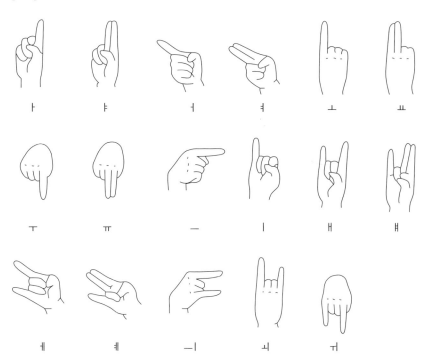

ㅏ ㅑ ㅓ ㅕ ㅗ ㅛ

ㅜ ㅠ ㅡ ㅣ ㅐ ㅒ

ㅔ ㅖ ㅢ ㅚ ㅟ

아본다. 전문가들이 발견한 점은 무엇인가? 동물들은 소리를 사용하는가? 움직임은? 식물도 의사소통을 하는가? 우리가 식물과 의사소통할 수 있는가? 자신이 관심을 가지고 있는 주제에 대해서 보고서를 작성해보자.

응용 반려동물과 의사소통해본다. 반복과 보상을 사용하여 개를 훈련시켜 물건을 가져오게 하고 고양이를 훈련시켜 무릎 위에 앉게 한다. 또는 식물과의 의사소통을 시도해보자. 식물에게 말을 걸고, 음악을 틀어주는 등의 시도를 해보고 무슨 일이 일어나는지 관찰하자.

4. 시간 계산

같은 마을이나 도시, 다른 도, 다른 나라, 태양계의 다른 혹성, 다른 은하계의 누군가와 의사소통하는 데 걸리는 시간을 계산한다. 편지, 전화, 휴대폰, 팩스, 이메일, 위성, 광선 등 어떤 의사소통 방법을 사용할지 결정한다.

5. 휴대폰에 대한 정보 수집

통신과 전화를 판매하는 회사에 전화한다. 자신이 거주하는 지역에서 휴대폰을 소유한 인구의 비율을 파악한다. 휴대폰을 가장 많이 사용하는 연령대를 알아본다. 통화량이 가장 많은 시간대는 언제인가? 남녀의 통화량 비율을 조사해본다.

6. 세계 언어의 개수 알아보기

오늘날 통용되고 있는 주요 세계 언어의 개수를 알아본다. 원형그래프를 그려서 각 언어를 사용하는 세계 인구의 비율을 표시한다.

7. 외국어 배우기

관심이 있는 외국어를 선택해서 일상적인 표현을 배우기 시작한다. 도서관에 책과 카세트테이프, CD-ROM 등이 비치되어 있는지 알아본다.

응용 해당 언어의 학습에 도움을 줄 수 있는 사람이 주위에 있을 수도 있다. 그런 경우라면 각자 가르쳐줄 수 있는 것을 교대로 가르쳐준다.

8. 새로운 언어 만들기

고대 상형문자처럼 생각을 표현하는 상징을 고안하거나 글자마다 다른 상징을 고안해볼 수 있다. 새로 고안한 언어를 가족, 친구, 동호회 회원들과 함께 검토한다.

9. 친구들의 중재자 되기

다른 친구들이 의사소통 기술을 향상시킬 수 있도록 도와서 갈등을 평화적으로 해결한다. 중재를 위한 기본 규칙은 아래와 같다.

- 각자 자신의 견해를 표현할 기회를 동등하게 준다.

- 방해하지 않는다.

- 나쁜 언어를 사용하지 않는다.

- 신체적 싸움을 하면 안 된다.

- 논쟁이 끝날 때 그 결론과 협상내용을 담은 동의서에 서명하도록 한다.

10. 예술작품 해석

유명한 그림이 수록된 책을 찾아서, 좋아하는 작품 2~3점을 선택한다. 화가가 그림을 통해서 무슨 메시지를 전달하려 했는지 궁리해본다. 그런 후에 화가나 작품에 대한 글을 읽고 자신의 생각이 옳았는지 점검한다.

11. 안무

분노, 기쁨, 두려움, 놀람, 경이, 기타 감정을 나타낼 수 있는 춤을 안무한다. 그런 후에 클럽, 학급, 학교에서 공연한다.

12. 제스처 게임

노래제목, 단어, 영화제목, 책, 이름 등을 하나의 제스처로 나타낸다. 예를 들어 '고요한 밤'을 제스처로 표현한다면, 집게손가락을 입술에 갖다 댄 후에 머리의 한쪽 면에 손을 모으고 머리를 기울이고 눈을 감는 것이다.

CHAPTER 6

보존 : 소중한 것을 아끼는 마음

자연보호·보관·절약·절제

우리는 지구를 남용하고 생명체를 죽이는 행위에 대해 언젠가는 보복을 당할 것이다. 그들의 존재를 착취하는 것은 곧 우리의 미래를 축소시키는 일이기 때문이다.
— 마리아 매니스

가끔 뉴스에 등장하는 위험 폐기물에 대한 보도를 보면 경악을 금할 수가 없습니다. 위험한 화학물질, 병원에서 쓰던 주사바늘, 썩지 않는 일회용 플라스틱 제품, 공장 폐수 등 독성물질이 그대로 자연에 버려지고 있는 것입니다. 산더미처럼 쌓인 위험 폐기물들을 보고 있노라면 이집트 피라미드가 떠오릅니다. 고귀한 신분이었던 사람의 무덤인 피라미드에는 그 사람이 살아생전에 썼던 물건과 귀한 보물들이 가득 차 있게 마련입니다. 우리 시대의 '피라미드'를 발견한 미래의 우리 후손들이 그 안에서 찾아낼 수 있는 것이라곤 독성 폐기물들뿐이라면…? 생각만 해도 끔찍합니다. 도대체 자신의 선조에 대해 어떻게 생각하겠습니까?

버린 물건들을 보면 그것을 사용하던 사람에 대해 많은 것을 알 수 있는 법입니다. 요즈음 버려지는 물건들은 아주 가관입니다. 일회용 기저귀에서 일회용 접시까지, 온갖 것이 버려지고 있지요. "정말 버려야 하는 건 무엇일까?" 하고 항상 자문해보아야 합니다.

보존

보존이란 사물을 의식적으로 보호하고 아끼는 태도입니다. 보통 자연환경을 아끼는 태도를 의미하지만, 사실 우리가 보존해야 할 것은 훨씬 더 많답니다. 다음에 예를 든 것 외에 또 무엇을 보존해야 할까요?

- 옷, 건물, 집, 가구 등 물질
- 우정
- 평화
- 건강
- 음식
- 에너지
- 재능
- 시간

당신은 인생을 사랑하는가? 그렇다면 시간을 낭비하지 마라.
인생은 시간으로 이루어져 있기 때문이다.
- 벤저민 프랭클린

삶 속에 존재하는 것은 무엇이든 보존의 대상이 됩니다. 그러므로 자신에게 가장 중요한 것이 무엇인지 결정하고, 이를 보존하거나 현명하게 사용하기 위해 노력해야 합니다.

절약

부자가 되고 싶습니까? 그럼, 부자가 될 수 있는 방법을 알려드리겠

끝까지 쓰자
닳을 때까지 쓰자
그렇게 하자
아니면 물건 없이 지내자

습니다. 바로 '버는 것보다 적게 쓰는 것'입니다. 1년에 5억 원을 벌면 부자가 될 수 있을까요? 반드시 그렇지만은 않습니다. 저택 같은 으리으리한 집에서 살고, 최고급 자동차를 다섯 대 굴리고, 유명 디자이너의 옷만 입고, 해외의 그림 같은 호수에서 요트를 타고 별장에서 파티를 하며 휴가를 보낸다면? 돈을 많이 벌어도 그보다 더 많이 쓴다면 결국 파산하게 될지도 모를 일입니다.

검소하려면 지출을 되도록 미뤄야 합니다. 필요한 물건이 있으면 미리 계획을 짜서 돈을 주의 깊게 분배합니다. 유명 메이커의 옷을 입지 않고서는 살 수 없다면, 세일할 때까지 기다리세요. 쿠폰을 모으고, 저

렴한 곳을 찾아다니고, 중고품 할인점에서 물건을 사고, 창고세일을 이용하는 것도 좋은 방법입니다.

순간순간은 아껴 쓴다고 해도, 자신도 모르는 사이에 꽤 많은 돈을 쓰게 됩니다. 그러니 자신이 어디에 얼마나 돈을 쓰는지 파악해야 합니다. 용돈기입장을 정리하고, 생기는 돈의 일부분을 계획을 세워 저축하세요. 그러면 곧 부자가 되는 길로 들어서게 될 것입니다!

절제

절제란 한계를 설정하고 너무 극단으로 치닫는 것을 자제하는 것입니다. 절제를 하면 삶이 균형을 이루게 됩니다. 운동을 하되 지나치게 하지 않습니다. 잠을 자되 하루에 12시간을 꿈속을 헤매며 보내지 않고, 먹되 과식하지 않습니다. 관심사를 추구하고 재능을 계발하되 그것에만 매달리지 않습니다. 최선을 다하되 완벽주의자가 되지 않습니다.

간단한 예로 '물마시기'를 들어보지요. 물은 아무리 마셔도 괜찮다는 말이 맞을까요? 아닙니다. 몸무게를 줄이거나 늘리려고 매일 물을 엄청나게 마셔대는 사람들이 있습니다. 물로 배를 채우면 다른 음식물 섭취량이 줄어들고, 몸에서 영양분이 고갈되어 결국 건강을 해치고 맙니다. 반대로 물을 충분히 마시지 않으면 현기증이 나고, 허약해지고, 결국 기절할 가능성도 있답니다. 즉, 물도 절제해서 마셔야 한다는 것이지요. 물은 하루에 대여섯 잔 정도 마시는 것이 적당합니다. 다이어트를 하고 싶다면, 여기에 규칙적인 식습관과 운동습관을 들여야 합니다.

자신의 삶이 불균형 상태에 있는 것 같다면, 하던 일을 멈추고 자신의 몸이 무엇이라고 말하는지 눈으로 보고 귀를 기울이십시오. 두통이나 근육통이 있습니까? 눈 밑에 기미가 생겼나요? 여러분의 마음이 무엇이라 말합니까? 미칠 것 같습니까, 걱정스럽거나 마음이 무겁습니까? 친구나 가족, 선생님들은 무엇이라고 말하나요? 여러분을 걱정하면서, 천천히 하라고, 긴장을 풀라고, 주위 사람들을 위해 시간을 내달라고 말합니까? 무언가 삐걱거리는 것 같다면, 심호흡을 하고 두 발을 땅에 붙이고 최선을 다하여 절제를 실천하십시오.

하지만 때로는 절제가 필요하지 않은 부분도 있답니다. 예술, 과학, 의학, 정치, 철학, 종교처럼 인간의 삶과 문화의 여러 영역에서 위대한 공헌을 한 사람들은 자신의 재능, 능력, 관심, 열정을 쏟아 부으며 온 힘을 다해 열중했습니다. 언제 물러서고 언제 도약할지는 스스로 결정해야 하는 것입니다.

만약 나라면 이럴 때 어떻게 할까?

하나 당신이 살고 있는 도시에는 많은 사람들이 일자리를 얻지 못하고 실업자로 살아가고 있다. 그런데 도심에 공장을 짓겠다는 계획이 발표되었다. 공장을 지으면 수백 가지의 새 일자리가 창출되겠지만, 도시의 토양과 공기가 오염될 것이다. 당신의 도시에서는 어떻게 해야 하는가? 당신은 무슨 일을 할 수 있는가?

둘 당신이 사는 도시에 있는 오래된 건물이 수년째 비어 있다. 그 건물은 역사적으로 의미가 있는 곳이다. 그런데 시 위원회에서 그 건물을 부수고 주차건물을 건축하겠다는 계획을 발표했다. 당신은 무슨 일을 해야 하는가? 할 수 있는 일은 무엇이겠는가?

셋 돈을 버는 족족 모두 저축하는 친구가 있다. 그 친구는 굉장한 구두쇠라서 그 친구와 같이 외출하면 결국 당신이나 다른 친구가 그 친구의 몫까지 지불하게 된다. 절약에도 정도가 있을까? 어느 정도가 적당한 선일까?

넷 남동생이 음악에 특별한 재능이 있다. 그러한 재능을 집중적으로 계발해야만 하는가? 매일 몇 시간이고 공부하고 연습해야 하는가? 부모님은 최고의 선생님과 남동생을 연결시켜주기 위해 노력해야 하는가? 이것이 당신과 당신 가족에게 무엇을 뜻하는가? 남동생은 어떤 삶을 살아가게 될 것인가? 반대로, 재능을 계발하지 않기로 결정한다면 어떤 일이 일어나겠는가?

보존을 생활화하기 위한 활동

1. 영상물 제작

학생, 선생님, 직원 등 학교에 있는 사람들을 카메라로 찍어 학교 조회시간에 방영한다. 보존, 절약, 절제 등 한 가지 주제를 정한다. 녹화할 사람에게 할 질문을 준비한다. 다음과 같은 질문을 할 수 있을 것이다.

- 에너지를 보존하기 위해서 학교에서는 무엇을 하고 있습니까? 학교에서 해야 할 일은 무엇이라고 생각하시나요? 여러분이 특별히 제안할 만한 아이디어가 있습니까?
- 절약을 하기 위해 학교에서 하고 있는 일은 무엇인가요? 학교가 좀더 절약을 할 수 있게 하기 위한 아이디어가 있습니까? 여러분은 절약하는 생활을 하고 있나요? 어떻게 하고 있습니까?
- 학교가 절제에 가치를 두고 있다고 생각하십니까? 어떻게 그런지 설명해주시겠습니까?

2. 세계의 천연자원 학습

관심이 가는 나라들을 선택하여 그 나라가 보유한 천연자원을 조사해본다. 각국에서 보유하고 있는 중요한 천연자원은 무엇인가? 각국에서는 이러한 천연자원으로 무엇을 하고 있는가? 보존하고 있는가, 현명하게 사용하고 있는가, 낭비하고 있는가? 발견한 결과를 표로 나타내본다.

3. 멸종위기에 있는 동물이나 식물 학습

전 세계적으로 멸종위기에 처한 한 가지 종을 선택해서 깊이 있게 연구한 다음, 결과를 예술적 형태로 나타낸다. 노래, 시 등을 쓰거나 극본을 만들어 연극으로 꾸민다. 무용을 안무하거나 미술 전시회를 준비한다. 입체모형을 제작한다. 슬라이드 쇼를 준비한다. 원하는 형태로 자유롭게 표현해보자.

4. '환경·자원 보존 프로젝트'의 계획과 실행

학교, 이웃, 사회에 이익이 되는 환경·자원 보존 프로젝트를 계획하고 실행한다. 환경단체나 대학의 환경전문가를 초빙한다. 환경전문가의 도움을 받아 당신이 속한 지역에 어떤 프로젝트가 필요한지 파악한다. 그런 후에 할 수 있는 프로젝트 하나를 선택해서 단계적인 실행계획을 세운다.

응용 자유롭게 떠오르는 아이디어를 바탕으로 자신만의 프로젝트를 찾는다. 프로젝트를 위한 아이디어 몇 가지를 다음에 열거했다.

- 학교 근처나 공원에 나무를 심는다.
- 버려진 반려동물에게 집을 찾아준다. 반려동물 동호회나 동물 보호소와 협력한다.
- 쓰레기를 치운다.
- 다 읽은 신문을 재활용한다.

5. 장식품 만들기

재활용 재료로 장식품을 만든다. 스티로폼, 비닐봉지, 깡통, 페트병, 뚜껑, 종이, 신문, 잡지, 쇼핑백, 오래된 보석, 오래된 옷, 접시, 계란판 등이 있을 수 있다. 교실이나 집을 장식한다.

6. 자신의 삶을 분 단위로 계산하기

사람이 75년을 산다고 가정하면 3,900만 분 이상을 사는 셈이다. 지금부터 75세 생일까지 몇 분이나 남았는지 계산한다. 남은 시간을 어떻게 사용할지 계획을 세워서 원형그래프에 표시한다. 잠자는 데는 몇 분을 사용하겠는가? 목욕 등 자신의 몸을 돌보는 데는? 학교에 가는 데는? 공부하고 숙제를 하는 데는? 허드렛일을 하는 데는? 일하는 데는? 취미생활을 하거나 놀거나 휴식하는 데는? 기도하고 생각하고 명상하는 데는? 자원봉사하는 데는? 빈둥거리는 데는? 또 어떤 일이 있을 수 있을까? 당신이 만든 원형그래프의 각 부분에는 대략적인 분을 적는다. 그런 후에 그래프를 분석한다. 삶의 계획이 균형 잡혀 있는가?

7. 시간 분배방법 학습

하루 동안 자신이 하는 모든 활동의 목록을 작성한다(101쪽에 있는 표를 참고하여 자신만의 시간표를 만들어본다). 그런 다음 일주일 동안 실제로 각 활동을 하는 데 들인 시간을 기록한다. 그런 후에는 각 활동에 얼마만큼의 시간을 들이고 싶은지 기록한다. 그 후에는 검토를 하여 더 필요한 점을 보완한다.

8. 돈 분배방법 학습

용돈, 선물, 아르바이트 비용 등의 수입과 쇼핑, 오락, 간식거리 등 지출을 정확하게 모두 기록한다. 102쪽에 있는 '수입-지출표'를 사용해도 좋고, 자신에게 편리한 대로 표를 만들어도 좋다. 필요하다면 부모님이나 선생님께 도움을 요청한다. 약 한 달간 꼼꼼히 기록한 후 자신의 소비습관과 저축습관을 분석한다. 돈을 너무 많이 쓰는가? 더 저축할 수는 없는가?

요령 지출항목이 너무 많다면, 다음과 같은 전략을 활용해보자. 갖고 싶은 것이 눈에 띌 때마다 최소한 24시간은 기다리는 것이다. 그런 후에 정말 그 물건을 살 것인지를 결정한다. 일주일을 기다릴 수 있다면 더욱 효과적일 것이다. 그렇게 한다면 처음 그 물건을 보았을 때보다 갖고 싶은 마음이 좀 덜해질 수도 있고, 객관적으로 그 물건이 필요한지 따져볼 여유도 생긴다. 남는 돈으로 저축을 늘릴 수도 있을 것이다!

응용 어디를 가든 자그마한 수첩을 항상 가지고 다닌다. 이 수첩을 이용해서 수입과 지출을 기록하고, 기록한 사항을 표로 옮긴다.

9. 쇼핑

여러 상점의 음식값, 옷값 등을 비교한다. 어떤 제품이 가장 경제적인가? 쇼핑하기에 최적의 장소는 어디인가? 이렇게 알게 된 것을 가족과 친구에게 말한다.

10. 공짜로 즐길 수 있는 놀이와 게임

돈을 쓰지 않아도 얼마든지 재미있는 시간을 보낼 수 있다. '공짜로' 할 수 있는 놀이를 친구나 가족과 함께 한다. 예를 들어보자.

- 할머니, 할아버지에게 '옛 시절' 얘기를 해달라고 부탁한다.
- '돌멩이 친구'를 만든다. 페인트를 칠하고 눈을 붙이고 종이 발을 만들어서 돌멩이를 장식한다.
- 모래나 눈으로 성 쌓기를 하거나 조각품을 만든다.
- 쓰레기 사냥을 한다.
- 웃음 대회를 연다.
- 물총 쏘기를 한다.
- 간지럼 태우기 대회를 연다.
- 줄다리기를 한다.
- 팔씨름 대회를 한다.
- 종이비행기를 만들어 날린다.
- 종이사슬을 만들어 걸어놓는다.
- 종이배를 만들어 물에 띄운다.
- 숨바꼭질을 한다.
- 꼬리잡기 놀이를 한다.
- 낙엽을 모아 더미를 만들고 더미 속에 뛰어든다.
- 어린 아이들에게 책을 큰 소리로 읽어준다.
- 과일과 채소에서 씨를 빼내어 심는다.
- 계곡이나 강의 수면을 돌이 스쳐지나가게 던지는 놀이('물수제비 뜨기'라고 한다)를 한다.
- 공원에서 그네를 탄다.
- 새를 관찰한다.
- 별똥별을 관찰한다.

11. '극단의 경우'에 관한 포스터 그리기

아무리 좋은 것이라도 극단의 경우를 선택했을 때 어떤 문제가 발생할 수 있는지 포스터로 표현해본다. 예를 들어서 포스터의 중앙에 운동기구 그림이나 사진을 배치한다. 왼쪽에는 과자를 먹고 청량음료를 마셔서 몸이 엄청 뚱뚱해진 아이의 모습을 표현한다(운동을 너무 안 했음을 나타낸다). 오른쪽에는 엄청나게 과장된 근육을 가진 아이를 표현한다(운동을 너무 많이 했기 때문이다). 포스터에 '너무 많거나 혹은 너무 적거나: 어느 쪽을 선택하든 후회할 것입니다'라는 제목을 붙여볼 수 있을 것이다. 다음과 같은 주제를 예로 들 수 있다. 또 어떤 예를 들 수 있는지 생각해보자.

- 의사소통
- 보존
- 친구
- 숙제
- 잠
- 절약
- 일

- 컴퓨터
- 오락/게임
- 습관
- 레크리에이션
- 재능
- 자원봉사/서비스

시간표

―――― 년 ―― 월 ―― 일부터 ―――― 년 ―― 월 ―― 일까지

	월	화	수	목	금	토	일
잠자기							
먹기							
집안일							
학교수업							
숙제							
놀기							
TV시청							
재능단련							
운동							
씻기							
기도, 생각, 명상							
자원봉사							

수입-지출표

날짜	수입(출처)	지출(용도)	잔액

CHAPTER 7

용기 : "덤벼라, 세상아!"

용감함·대담함·자신감·의지

항상 멋진 일만 경험한 사람은 결코 용감해질 수 없다. - 메리 타일러 무어

어렸을 적, 두발 자전거 타는 법을 처음 배웠던 때를 떠올려봅시다. 보조바퀴를 떼어버린 자전거에 익숙해지려면 많은 연습이 필요합니다. 처음 타보는 아이들은 균형을 잃고 쓰러져 바닥에 곤두박질치기 일쑤지요. 무릎이 까지고 팔꿈치에 멍이 든 아이들은 엉엉 울면서 "다시는 자전거 따위 타지 않을 테야!"라고 말하고는 합니다. 하지만 자전거에 다시 올라타지 않는다면, 시원한 바람을 맞으며 씽씽 달려보는 기쁨을 영원히 누릴 수 없을 테지요.

여러분의 모든 꿈과 목표도 마찬가지입니다. 지금 이 순간의 고통을 이기지 못하고 그대로 모든 것을 포기해버린다면 여러분 앞에 펼쳐진 훨씬 멋진 세계를 모두 놓치게 됩니다. 까진 무릎에 묻은 흙을 툭툭 털어내고, 자전거에 다시 올라타는 용기야말로 진실로 위대한 것이랍니다.

용기의 의미

용기는 '무모함'과 다릅니다. 무슨 일이든 다 덤벼야 용감한 거라고 여기는 것은 잘못된 생각입니다.

진정한 용기란 해내기 어려울 것 같거나 무서울지라도, 올바른 일을 해내는 것입니다. 그리고 최선을 다하는 것이지요. 사실 굉장한 용기를 발휘해도 실패로 끝나는 경우가 종종 있습니다. 설령 그렇다 해도 완전히 실망하고 좌절하면 안 됩니다. 다시 시작하면 되니까요!

진정한 용기란 자신이 두려워하는 것에 당당하게 맞서는 것입니다. 귀신이나 괴물처럼, 진짜로 있는 것이든 상상 속에 존재하는 것이든, 아무튼 무엇이든 말이죠.

> 당신의 얼굴에 진정 두려움이 깃들 때,
> 그 모든 경험에서 힘과 용기, 자신감을 얻게 된다.
> – 엘리너 루스벨트

용기에는 여러 가지 종류가 있습니다. 항해중에 배가 뒤집혀버려서 해안까지 수영을 해야 한다면 신체적인 용기가 필요합니다. 하지만 거의 탈진상태에 있을 때 '조금 더' 수영을 하려면 정신적인 용기가 필요하지요.

도덕적인 용기가 있다면 친구에게라도 "나에게 시험 답을 보여 달라고 하지 말아줘. 그건 속임수야."라고 말할 수 있습니다. 설사 친구가 여러분을 괴롭히고 냉대하더라도, 자신의 신념에 충실하고 훌륭한 선택을 할 수 있도록 도와주는 것이 바로 도덕적인 용기입니다. 이러한 용기가 있다면 "내가 잘못했어."라든가 "내 실수야. 미안해."라고 인정할 수 있는 힘을 갖게 됩니다.

부당한 일에 반대하여 목소리를 높이는 데도 용기가 필요합니다. 새학교를 다니기 시작하든 새 친구를 사귀든, 새로운 경험이나 모험을 시작하는 데도 용기가 필요합니다. 나쁜 습관을 깨고 세상에 중대한 영향을 미치려면, 문제를 해결하고 사랑하는 사람을 잃는 고통을 견뎌내려면 용기가 필요합니다.

아무런 기술도 없이 절벽처럼 가파른 경사면을 따라 스키를 타는 것은 용기가 아닙니다. 또 가장 높은 바위에 올라가 얕은 호수로 뛰어내리는 것이나, 신나게 과속운전을 하는 것도 용기가 아닙니다. 자신을 위험에 빠뜨리는 것은 용감한 게 아니라 어리석은 짓입니다. 어른들은 자신의 신념에 따라 어느 정도의 위험을 무릅쓰는 일을 하기도 합니다. 하지만 이것도 물론 충분한 기술을 익히고 여러 가지 상황을 고려한 후입니다. 특히 청소년들은 쓸데없는 만용을 경계해야 합니다.

사람에 따라 용감한 모습도 각기 다릅니다. 예를 들어서 수업시간에 아무런 메모도 없이 10분씩이나 발표를 할 수 있는 사람이 있는 반면, 수줍거나 자신감이 부족하여 손을 들고 질문에 답하는 것에도 엄청난 용기가 필요한 사람도 있습니다.

무엇보다도, 자신의 꿈을 성취하기 위해 용기가 필요합니다. 다른 사람의 일화나 자신의 실수로부터 무언가를 배우는 데도 용기가 필요합니다. 넘어진 후에 다시 일어나는 데도, 실수 후에 다시 시도하는 데도, 몸이 천근만근 무거울 때 공부를 하는 데도, 혼자 있는 것을 견뎌내는

데도 용기가 필요합니다. 배우고, 성장하고, 삶을 만들어가는 데도 용기
가 필요합니다.

> 삶은 한 사람의 용기에 비례해서 줄어들거나 팽창한다.
> – 아나이스 닌

용기 있는 인물

- 아이작 뉴턴은 학교성적이 좋지 않았습니다. 하지만 가족농장을
  운영하는 데 실패했기 때문에 학교에 머무를 수 있었지요. 그는
  당대의 가장 유명한 철학자이자 수학자로 성장했습니다.
- 리처드 E. 버드 사령관은 '공무에 부적합'하다는 이유로 해군에서
  은퇴해야 했습니다. 그는 비행기를 타고 1926년에는 북극을, 1929
  년에는 남극을 탐험하여 전설적인 인물이 되었습니다.
- 토머스 에디슨을 가르쳤던 선생님들은 그의 엉뚱한 행동을 보고
  는 그를 '바보'라고 규정지어버렸습니다. 하지만 그는 혼자서 지역
  도서관에 있는 책을 모두 읽었고, 자신의 이름으로 1,000개 이상
  의 특허권을 소유한 당대에 가장 위대한 발명가가 되었습니다.
- 흑인이었던 로사 파크스는 백인에게 버스 자리를 양보해야 한다
  는 관습을 거부하여 경찰에 끌려갔습니다. 이 사건은 버스승차 거
  부운동의 계기가 되었고, 그녀는 훗날 미국 민권운동의 어머니로
  알려졌습니다.

• 아웅산 수지 여사는 평생을 자신의 조국인 미얀마(옛 버마)에서 민주주의와 인권을 위해 일했습니다. 1989~1995년까지 집밖에서는 무조건 감시를 받아야 했던 그녀는 1990년 사하로프 사상자유상과 1991년 노벨 평화상을 수상했습니다.

만약 나라면 이럴 때 어떻게 할까?

하나 방과 후 집으로 돌아가는 길목에 항상 불량배가 당신을 기다리고 있다. 그들은 당신을 이리저리 밀치고, 책을 바닥에 내동댕이치고, 욕설을 퍼붓는다. 불량배의 이러한 행동을 중지시키는 동시에 변화시키려면 어떻게 해야 하는가? 어떤 종류의 용기가 필요한가?

둘 친구들과 함께 쇼핑센터에 놀러갔다. 그런데 그 친구들이 당신에게 물건을 몰래 훔치자고 하는 것이 아닌가. 우정에 금가지 않고 문제도 일으키지 않으려면 어떻게 해야 하는가? 어떤 용기가 필요한가?

셋 당신은 수영 팀에 소속되어 있고, 수영을 무척 사랑한다. 그런데 코치가 당신은 결코 훌륭한 수영선수가 될 수 없을 거라고 말했다. 이제 어떻게 해야 하는가? 어떤 용기가 필요한가?

넷 당신의 형제가 골수이식 수술을 받아야 한다. 그런데 그의 골수와 당신의 것이 정확하게 맞는다며 골수를 기증하라는 부탁을 받았다. 하지만 그 수술은 당신에게도 무척이나 고되고 고통스러울 것이다. 게다가 당신은 배구부의 스타선수로 일주일 후면 리그우승을 거머쥘 예정이다. 골수 기증을 하게 된다면 결승전에는 출전하지 못할 것이다. 이런 경우에 올바른 결정을 내릴 용기를 어떻게 얻을 수 있겠는가?

다섯 학교에서 '시 낭송 대회'를 개최할 예정이다. 당신은 시를 쓰는 특별한 재능이 있고 분위기에 맞춰 읽기도 잘 한다. 하지만 단 한 가지 문제가 있다. 대중 앞에서 읽는다는 생각만 해도 무릎이 덜덜 떨리는 것이다. 이러한 두려움을 극복하려면 어떻게 해야 하는가?

용기 있는 사람이 되기 위한 활동

1. 용기의 의미 탐구

다음에 제시한 상황에 대해서 생각해본다. 그런 후, 용기 있는 행동과 그렇지 못한 행동이 어떤 모습일지, 그 결과는 어떠할지 이야기하고 써본다. 가령, 부모님이 정한 규칙을 따르려면 친구와 영화 보러 가는 것을 포기해야 할지도 모른다. 부모님 생각에 당신이 보면 안 되는 영화라면 말이다.

- 부모님의 규칙을 따르는 경우
- 학교 규칙을 따르는 경우
- 입사지원을 하는 경우
- 데이트 신청을 하는 경우
- 악기 연주하는 법, 춤추는 법, 그림 그리는 법 등 평소 배우고 싶었던 새로운 것을 배우는 경우
- 실수를 인정하는 경우
- 새로운 사람을 만난 경우
- 사람들이 거의 좋아하지 않는 사람과 친구인 경우
- 친구의 압력에 맞서는 경우
- 선생님, 부모님, 친구의 말이나 행동을 고치려는 경우
- 누군가를 변호하려는 경우
- 자신의 신념이나 확신을 변호하려는 경우

2. 역할연기

위에서 서술한 상황 중 몇 가지를 선택해서 친구나 소그룹과 함께 역할연기를 한다. 각자가 가능한 접근방법 3가지, 즉 용기가 없는 경우, 미지근한 용기만 있는 경우, 용기 있는 경우를 표현한다. 예를 들어보자. 누군가에게 데이트 신청을 하고 싶다. 용기가 없는 경우에는 아예 데이트를 신청하지 못한다. 미지근한 용기만 있는 경우에는 상대방에게 전화를 걸지만 정작 데이트 신청은 못한다. 한편 용기 있는 경우에는 데이트 신청을 한다. 또한 거절을 당하면 다른 사람에게 데이트를 신청하는 용기를 보여줄 수도 있다.

3. 용기 있는 과학자 학습

다음과 같은 예가 있을 수 있다. 또 어떤 사람이 있을지 생각해보고 그에 관해 조사한다.

- 스티븐 호킹 박사가 그의 삶을 통해서 보여주고 있는 것은 어떤 종류의 용기인가? 블랙홀에 대해 그는 무엇을 깨달았는가? 우주와 우주의 기원에 대한 우리의 지식에 그가 공헌한 점은 무엇인가? 당신이 깨달은 것을 글로 써서 공유한다.
- 퀴리 부인은 자신의 삶과 직업에서 어떤 용기를 보여주었는가? 그녀의 삶과 투쟁에 대해 알아본다. 그녀의 일과 백혈병으로 인한 사망과의 연관성을 찾아본다. 이 노벨상 수상자에 대한 간단한 전기를 써보자.

4. 작은 사업가 되기

ⓐ 하고 싶은 일을 결정한다. 그리고 그 일이 이웃과 사회에 필요한 것인지 알아본다. 예를 들어서 청소, 눈 치우기, 아기 돌보기, 정원 가꾸기, 개 산책시키기, 창문 닦기 등이 있을 수 있다.

ⓑ 자신만의 사업을 시작하는 데 필요한 비용을 알아본다. 재료구입에 필요한 돈은 얼마인가? 광고는? 장비를 보관할 장소는? 출장은? 기타 비용은?

ⓒ 당신이 제공한 서비스에 대한 비용 청구액을 결정한다. 같은 사업을 하는 다른 사람들은 얼마를 청구액으로 설정했는가? 사람들이 기꺼이 지불하고자 하는 금액은 얼마인가?

ⓓ 시작 비용을 충당하고 수익을 내기 시작하는 데 걸리는 시간을 추정한다.

5. 역사상의 영웅 조사

전제정치에 대항했거나, 인권을 위해 싸웠거나, 중요한 것을 발명했거나, 지도자였던 남녀를 연구한다. 그 사람처럼 옷을 입고 가족이나 친구들에게 그 사람 얘기를 해준다.

6. 오늘날의 영웅 조사

자신이 존경하는 사람을 선택해서 그 사람에 대해서 가능한 한 많은 사실을 알아낸다. 유명한 사람일 수도 있고, 할아버지, 할머니, 부모님, 선생님, 친구, 이웃 등 당신의 삶에 본보기가 되는 사람일 수도 있다. 그 사람이 용감하게 행동했던 때에 대해서 살펴본다. 유명한 사람

을 선택했다면 그의 전기를 읽거나 그에게 편지를 쓴다. 개인적으로 알고 있는 사람을 선택했다면 그 사람을 인터뷰한다. 그런 후에 배운 것에 대해서 생각해본다. 이것이 살아가면서 내리는 결정에 어떤 영향을 미치겠는가?

7. 시상식

학교, 집, 마을회관 등에 '용기 상자'를 비치한다. 상자 옆에는 종이를 쌓아두고 펜을 준비한다. 상자 위에 간단한 지시사항을 기록한 종이를 붙인다. '남몰래 용기 있는 행동을 한 사람을 추천해주십시오.'라고 기록할 수 있을 것이다. 용기를 보여준 사람에게 매주 수여할 상을 만든다.

8. 모형 만들기

좋아하는 영웅이나 존경하는 사람이 용기 있게 행동했던 역사상의 순간을 묘사하는 모형을 만든다. 여기에 간단한 설명을 덧붙인다. 모형을 학교 도서실에 놓아두거나 지역 도서관이나 마을회관에 기증한다 (친구들과 함께 몇 가지 입체모형을 만든다면 더욱 깊은 인상을 남길 수 있다).

9. 새로운 운동이나 운동기술 배우기

자신이 없는 운동종목이나 가장 겁을 내는 운동종목을 선택한다. 두려움을 극복하고 편안하고 자신감이 넘칠 때까지 연습한다.

CHAPTER 8

공감 : 다른 사람, 같은 생각

공감·이해·동정·자선·감수성·관심

다른 사람의 신발을 신고 걸어보기 전까지는 결코 그들을 이해할 수 없다.
– 인디언 격언

TV 화면이나 사진으로 열대우림 지역의 모습을 본 적이 있습니까? 그곳에는 하늘을 가릴 정도로 울창한 숲이 우거져 있지요. 열대우림에 서식하는 나무 중에 '가문비나무'라는 아름다운 나무가 있습니다. 하고 많은 나무 중에 가문비나무를 이야기하는 이유는, 이 나무에게 특이한 점이 있기 때문입니다. 흙 속에 묻혀 있는 가문비나무의 씨는 홀로 싹을 틔우기 위해 힘든 시간을 보냅니다. 바닥을 따라 카펫처럼 펼쳐져 있는 촘촘한 이끼와 생명력 넘치는 식물들과의 생존경쟁이 워낙 치열하기 때문입니다. 씨가 싹이 트려면, 넘어진 가문비나무 위에 떨어져 썩어가는 가지로부터 양분을 섭취해야 한답니다. 죽어가는 나무가 새로운 씨의 '유모나무'가 되는 셈이지요. 씨는 나무토막 속과 주위에 뿌리를 내리고, 남아 있는 양분을 나눠주던 오래된 나무토막은 결국 사라져버리고, 새로운 가문비나무가 남게 됩니다.

공감을 지니고 있는 사람은 '유모나무'와 같습니다. 썩어가는 나무와

그로부터 자라나는 새로운 씨 사이에는 깊은 연관성이 있지요. 공감은 봉사보다 한 단계 높은 차원이랍니다. 다른 사람의 생각이나 감정을 알지 못한 상태라도 그들을 위해 봉사할 수는 있습니다. 예를 들어 매주 이웃집 할머니에게 책을 읽어주는 친구가 있다고 합시다. 좋은 일을 하고 있네요. 하지만 그 친구는 할머니가 잃어버린 자식 때문에 혹은 죽음이 두려워서 속으로는 울고 있다는 사실은 모를 수도 있습니다.

공감은 다른 사람의 느낌을 감지하고, 알아차리고, 이해하는 것입니다. 그 사람의 머리와 가슴 속에 들어가는 것과 같습니다. 그 사람과 대화하고, 그 사람이 필요로 하는 것을 갖도록 도와주고, 계속 관계를 맺어나갈 수 있습니다. 예를 들어서 할머니에게 책을 읽어주는 친구가 할머니의 마음을 공감하고 있다면,《아낌없이 주는 나무》를 읽어드리지는 않을 것입니다. 한 사람을 위해서 자신의 삶을 송두리째 희생한 나무에 관한 이 이야기는, 너무 고통스러워서 할머니가 참기 힘들어하실 것이기 때문입니다. 공감을 잘하는 친구라면 누가 말해주지 않아도 이 점을 깨닫고 있을 것입니다.

높은 산에 올라가 소리를 지르면 그대로 메아리가 되어 돌아옵니다. 메아리는 여러분이 한 말을 똑같이 되풀이하지만, 그 소리는 훨씬 작습니다. 공감도 메아리와 같습니다. 감정을 바꾸거나, 그 느낌의 크기를 부풀리지 않습니다. 감정을 받아들이고 나누되 좀더 부드러운 방법을 택하는 것이지요. 다른 사람이 직접 경험한 것을 여러분이 똑같이 강렬하게 느끼기란 거의 불가능하기 때문입니다.

공감능력이 있는 사람은 다른 사람에 대한 배려의 마음도 갖고 있습니다. 그래서 친절한 행동, 선행, 호의 등의 자선을 베풀 수 있는 것입니

다. 자선의 대표적인 예로 테레사 수녀를 드는 경우가 많습니다. 테레사 수녀는 궁핍한 사람들을 위해 봉사했을 뿐만 아니라, 그들과 함께 살았기 때문입니다. 그녀는 '직접 다른 사람의 신발을 신고 걸었습니다.'

다른 사람에게 공감하는 것은 그 사람을 동정하거나 측은하게 여기는 것과는 다릅니다. 심지어 공감과 동정은 거의 반대되는 개념입니다. 누군가를 동정한다는 건, 그 사람을 내려본다는 의미입니다. '정말 형편없군.' 또는 '정말 끔찍한 상황에 처한 사람이야.' 심지어 '내가 저런 상황에 처해 있지 않은 게 천만다행이야.'라고 생각합니다. 동정은 다른 사람과 여러분을 완전히 분리시키지만, 공감은 모두를 한데 아우르는 것이지요.

만약 나라면 이럴 때 어떻게 할까?

하나 전학 온 학생이 보통 사람들이 입는 것과는 다른 이상한 옷을 입고 있다. 당신이 전학 온 학생이라면, 학급에서 인기 있는 학생이라면, 인기 없는 학생이라면, 선생님이라면, 전학생의 부모라면 어떻게 느끼겠는가?

둘 어떤 지역의 달동네가 재개발 지역으로 선정되어 원래 옹기종기 모여 있던 판잣집들이 모두 헐렸다. 당신이 그 달동네에서 살던 사람이라면, 그곳에 새로운 주택을 짓는 개발업자라면, 달동네가 보이는 옆 동네에서 살던 사람이라면 어떤 느낌이 들겠는가?

셋 몇 년 동안 둘도 없이 친했던 두 소녀가 있다. 그런데 한 소녀가 다른 소녀의 남자친구와 데이트를 하기 시작했다. 당신이 남자친구를 뺏긴 소녀라면, 가장 친한 친구의 남자친구와 데이트를 하기 시작한 소녀라면, 또 남자친구라면 어떤 느낌이 들겠는가?

넷 정부에서 노인을 위한 의료보험 혜택을 대폭 줄이겠다고 발표했다. 당신이 정부관리라면, 노인이라면, 중년층이라면, 아이라면 어떻게 느끼겠는가?

다섯 한 아이가 장기 기증서에 서명했다. 그 아이가 죽을 경우에 그의 장기는 필요로 하는 사람에게 이식될 것이다. 당신이 그 아이라면, 그 아이의 부모라면, 장기이식을 기다리고 있는 환자라면, 의사라면 어떻게 느끼겠는가?

공감능력을 키우기 위한 활동

1. 노인의 공감능력 배우기

노인에 대한 얘기를 접하거나, 책을 읽거나, 비디오를 본다. 그리고 가족, 이웃, 경로당 등에 있는 노인을 인터뷰한다. 노인이 된다면 어떨지 상상해본다(언젠가는 될 테니까!). 노인들에게 의료혜택, 음식과 주택보장제도, 가족관계, 건강과 질병, 미래 등 당신이 알고 싶은 것에 대해서 묻는다. 배운 것을 기록한 후에 가족, 학급, 친구들과 공유한다.

2. 다양한 계층의 요구 수집

여러 계층의 입장에서 진정 필요한 것이 무엇일지 배운다. 여성, 남성, 노인, 아이들, 보모, 가족, 장애우, 환자, 소수민족, 이민자, 편부모 가정 등 다양한 범주로 구분할 수 있다. 동회나 구청에 연락하여 정보를 요청한다. 지역신문을 읽고, 자선단체에서 일하거나 봉사활동을 하는 사람들에게 물어본다. 알아낸 정보들을 토대로 각 입장에 있는 사람들이 필요로 하는 것의 차이점과 유사점을 표로 엮어서 가족이나 학급, 친구들과 공유한다.

3. 일기 쓰기

선천적으로 장애를 갖고 태어났다면 어떤 기분이 들지 일기에 적는다. 혹은 후천적인 병이나 사고로 장애를 갖게 되었다면 어떨지 기록한다.

4. 소외받는 자들이 모인 장소 견학

보통 사람들과는 다른 삶을 사는 사람들에 대한 이해를 높이기 위해서 견학을 간다. 아동병원, 소년원, 고아원, 미혼모의 집, 양로원, 여성 보호소, 노숙자 보호소, 무료 급식소 등 관심 있는 장소를 방문할 수 있다. 견학에서 돌아오면 자신의 경험을 얘기나 시로 쓴다.

이때, 미리 부모님, 학교, 방문하고 싶은 장소의 책임자에게 허락을 받아야 한다. 부모님이나 선생님 등 감독인과 같이 가도록 한다.

5. 자원봉사

견학을 갔던 장소 중에서 하나를 선택하여 자원봉사를 한다. 다음의 과정을 밟는다.

ⓐ 봉사할 장소와 일을 결정한다. 이때 다음과 같은 사항을 고려한다.
- 대부분의 사람에게 이익이 되는 일은 무엇인가?
- 끝까지 포기하지 않을 수 있는가?
- 시간, 노력 등 자신이 제공할 수 있는 것은 무엇인가?
- 자신이 정말 할 수 있는 일은 무엇인가?

ⓑ 많은 단체는 자원봉사자의 강력한 지원으로 유지되기 때문에, 이미 자원봉사자를 받고 훈련시키는 체계를 갖추고 있다. 자원봉사 관리담당자에게 전화나 이메일로 연락을 취한다. 그들이 자원봉사자에게 원하는 일이 무엇인지 묻는다. 당신이 원래 생각했던 일과 다를 수도 있다. 그러므로 융통성 있게 대처하거나 다른 장소

를 물색한다.

ⓒ 자신에게 맞는 좋은 장소를 찾았다면 일을 추진하는 데 필요한 승인을 받는다. 장소에 따라서 부모님, 선생님, 교장 등의 승인이나 어른 감독자가 필요할지도 모른다.

ⓓ 자원봉사 기간과 이를 통해 달성하고자 하는 점을 결정하고, 스스로 계획을 세운다. 언제 시작할 것인가? 매주 또는 매달 몇 시간을 자원봉사에 할애할 것인가?

ⓔ 혼자 가고 싶지 않다면 다른 사람에게 같이 가자고 권한다. 당신과 같은 관심을 가지고 전념할 수 있는 사람을 선택한다.

ⓕ 세부적인 사항을 결정한다. 오가는 데 차편이 필요한가? 특별한 재료, 장비, 필수품, 의류, 기술 등이 필요한가? 할 수 있는 일이나 장소, 시간 등에 제약이 있는가?

ⓖ 자원봉사 기간이 끝나면 경험을 평가한다. 같은 팀 구성원, 가족, 선생님, 친구와 토론한다. 당신이 도움을 주었던 사람과 얘기를 나눈다. 다음과 같은 질문에 대해서 생각해본다.

- 나는 무엇을 배웠는가?
- 나는 무엇을 성취했는가?
- 내 감정, 두려움, 기쁨은 무엇이었나?
- 다시 할 것인가?
- 이 경험을 어떻게 활용할 수 있을까?

6. 부모님과 함께 공감연습

특정 주제에 대한 부모님의 느낌이 어떤지 매일 묻는다. 예를 들어서 가족의 규칙, 돈, 일, 자녀양육의 가장 쉬운 점과 좋은 점, 자녀양육의 가장 힘든 점과 나쁜 점, 현재의 사건, 당신의 미래에 대한 부모님의 희망과 꿈 등의 주제가 있을 수 있다. 이 일을 5일 동안 한다. 부모님의 말씀에 토를 달지 말고 그냥 듣기만 한다. 그런 후에 알게 된 사항에 대해 생각해본다. 부모님을 더욱 잘 알게 되었는가? 특정 주제에 대한 부모님의 견해를 알 수 있는가? 그러한 견해를 가지게 된 근거와 이유를 이해할 수 있는가? 부모님에게 당신의 느낌을 말하고 토론연습을 한다.

응용 형제자매나 친구들과 함께 공감하는 연습을 해본다. 그들을 가장 좌절시키는 것이 무엇인지, 가장 행복하게 만드는 것이 무엇인지 등을 묻는다. 당신에게 해줄 충고가 있는지 묻는다.

7. 국제클럽 만들기

학교나 인터넷을 통해 '국제클럽'을 만든다. 클럽을 알리는 전단을 붙이거나 인터넷 게시물을 올린다. 최대한 많은 사람의 관심을 끄는 것을 목표로 해야 한다. 특히 다양한 민족과 배경에 속한 사람들의 관심을 끌도록 한다. 공통의 관심사와 문제, 특별한 요구사항, 지원과 이해가 필요한 시기 등에 대해 말한다. 서로를 이해하고, 서로의 말에 귀를 기울여 공감대를 형성한다. 공통의 목표를 정하고 달성방법을 결정한다.

응용 국제 박람회를 개최해서 전시와 발표를 한다. 또는 국제 특기대회, 음악공연, 패션쇼, 음식 페스티벌, 예술과 공예 전시회 등을 갖는다. 학생과 부모, 클럽의 회원을 초대해서, 행사에 참가하거나 관람한 뒤 자신의 삶과 문화에 대한 정보를 나누게 한다.

8. 다양한 민속음악 연주

매일 아침 5~10분 동안 다른 나라의 민속음악을 연주해서 다양한 문화에 대한 이해와 감상을 증진시킨다. 연주할 음악의 악보를 입수할 수 있도록 부탁하거나 도서관에서 수집한다.

9. 스포츠를 통한 공감력 증진활동

당신이 속한 팀의 선수가 실수를 한다면 등을 두드려주거나 기운을 돋워준다. 다른 팀과 경쟁하는 경우, 그들이 승리하거나 패배할 때 어떤 기분이 들지 상상해본다.

어느 팀이 이기든 경기가 끝나면 악수를 한다. 패배한 팀 동료나 경쟁자를 돕는다. 팀 동료나 경쟁자에게 세심한 관심을 기울인다. 이것이 스포츠에 대한 당신의 태도와 감정을 어떻게 변화시키는지 관찰한다. 당신의 성과에 어떤 영향을 미치는가?

10. '느낌 맞추기' 게임

짝을 짓는다. 서로 얼굴을 마주한다. 먼저, 한 사람이 자신의 경험에 대해 간략하게 말한다. 나머지 한 명은 말하는 사람의 얼굴 표정을 보면서 듣고 이해하는 것에 집중한다. 이때 듣는 사람은 상대방이 행복, 슬픔, 분노, 기쁨, 공포, 상처, 안도, 좌절 등의 경험을 통해 느끼는 감정을 파악하려 애써야 한다. 경험을 말하는 사람은, 이야기를 마친 후 "내 느낌을 맞춰봐."라고 말한다. 그러면 이야기를 들은 사람이 상대방의 감정에 최대한 공감하면서 들은 내용을 반복한다. 그런 다음 역할을 바꾸어 다시 이야기를 나눈다.

CHAPTER 9

인내 : 역경과 고통에 깃든 힘

참을성·지구력·끈기·성실

> 겨울이 없다면 봄이 그토록 아름답지는 않을 것이다. 마찬가지로, 우리가 역
> 경을 맛보지 않는다면 번성이 그토록 반갑지 않을 것이다.
>
> — 앤 브래드스트리트

어떤 심리학자가 두 그룹의 쥐에게 전기충격을 가하는 실험을 했습니다. 한 그룹은 전기충격을 막는 방법을 배울 수 있도록 허용되었던 반면, 다른 그룹은 속수무책으로 전기충격을 고스란히 받아야만 했습니다. 실험 결과, 두번째 그룹의 쥐들은 암세포와 싸우는 능력이 크게 뒤떨어졌다고 합니다.

자신에게 일어난 일에 대해 아무것도 할 수 없다면, 무기력감, 좌절감, 우울, 죄책감을 느끼고 걱정이 쌓이게 됩니다. 뿐만 아니라 정말 몸도 시름시름 앓게 되지요. 아무래도 상관없다는 생각에, 잠도 충분히 자지 않고, 운동도 하지 않고, 추운 데 그냥 서 있기도 하고, 제대로 먹지도 않으며 지낼 수도 있습니다. 그러면 감기에 자주 걸려서 휴지 한 통을 옆에 두고 시도 때도 없이 코를 팽팽 풀어야 할지도 모릅니다. 머리가 무겁고 아프기까지 하답니다. 지치고 피곤해진 면역체계가 더 이상 아무런 역할을 할 수 없게 되기 때문입니다.

인내란 역경과 고난을 참는 능력입니다. 어떠한 장애물이 있어도 포기하지 않고, 고통이나 불행을 겪으면서도 굴복하지 않고 굳게 버텨내는 태도를 말합니다. 인내하는 사람은 희망을 잃지 않고 신체·감정·정신적으로 균형을 유지하면서 강하게 버틸 수 있습니다. 감정의 소용돌이가 가라앉을 때까지 자신을 억제하고 기다리면서 인내해보세요. 누구에게나 나쁜 일이 일어나게 마련이라는 사실을 받아들이고, 누구의 탓도 하지 않는 것이 인내입니다. "엄마가 입원해야 하는 건 돌팔이 의사 때문이야!"라고 생각하지 않고, "그래, 엄마는 병원에 계셔. 그러니 이제 내가 뭘 해야 한담?"이라고 생각하는 것입니다.

참을 수 없는 일을 참아내고 있다는 생각이 우리를 앞으로 나아가게 한다.
– 몰리 하스켈

다음과 같은 상황을 상상해봅시다. 이런! 첫 데이트 바로 전날 이마에 여드름이 솟았습니다. 교내 축구 결승전에서 동점을 만들 수 있는 슛을 놓쳤습니다. 친구가 여러분에 대한 거짓말을 퍼뜨립니다. 아버지가 실직하셨습니다. 혹은 다리가 부러지거나, 심각한 질병에 걸렸습니다. 자, 무엇을 해야 하나요? 인내심을 가지고 있다면 건강하고 긍정적인 방법으로 대처할 수 있을 것입니다. 올바른 선택을 한다면 고통의 강도가 생각보다 세지 않을 거라는 사실을 알아두세요. 하지만 옳은 일을 한다고 해서 모든 불행을 막을 수 있는 것은 아니라는 사실 또한 이해해야 합니다.

30점짜리 대처법

문제로부터 도망가거나 회피한다

맞은 것보다 틀린 게 더 많은 시험지를 구겨서 쓰레기통에 버립니다. "에라, 모르겠다." 하고는 신나게 잠을 자버립니다(때로는 잠을 자두는 것이 도움이 되기도 하지만, 지나치면 문제가 되겠지요). 끊임없이 먹어대거나, TV나 컴퓨터에만 몰두합니다. 술이나 담배처럼, 중독성이 있어서 청소년에게는 금지된 약물을 취합니다. 정말 앞이 캄캄할 때는 "죽고 싶어."라며 자살을 생각하는 사람도 있습니다. 하지만 자살은 마지막 도피수단일 뿐, 절대 해결책이 될 수 없습니다. 자살을 선택해버린 뒤에는, 다시는 마음을 바꾸거나 되돌릴 수 없다는 사실을 명심해야 합니다.

스스로를 탓한다

이것은 자신의 행동과 선택에 대해 책임을 지는 것과는 다릅니다. 사실 스스로를 비난하는 것은 책임을 회피하는 것입니다. "시험성적이 형편없는 건 내가 너무 바보이기 때문이야."라고 말한다면, 스스로에게 더 이상 공부하지 않을 핑계를 주는 것과 같습니다. 게다가 앞으로 있을 시험에서 좀더 열심히 공부하여 더 나은 결과를 얻을 거라는 생각을 하지 않게 되지요.

다른 사람을 탓한다

"시험 보기 이틀 전에 친구가 같이 영화를 보러 가자고 했기 때문이야." 이런 주장은 옳지 못합니다. 친구가 여러분을 끌고 영화관에 간 것이 아니라, 여러분이 함께 가기로 선택한 것입니다.

우연히 일어난 일을 탓한다

"시험 보는 날 버스가 너무 늦게 와서 지각을 했기 때문이야. 너무 급하게 시험을 쳐야만 했다고." 우연히 발생하는 일은 여러분이 전혀 통제할 수 없는 일입니다. 하지만 이에 대해 어떤 반응을 보일지는 전적으로 여러분에게 달려 있답니다.

다른 일들, 영향력, 힘을 탓한다

"공부할 시간이 너무 없었어." 이 역시 그럴듯한 이유가 되지 못합니다.

"신이 나에게 벌을 주고 있는 게 틀림없어." 과연 그럴까요? 이런 생각이 든다면, 교회나 절을 찾아가서 목사님이나 스님과 대화를 나눠보는 것이 좋겠네요.

100점짜리 멋진 대처법

일어난 일을 직시하고 받아들인다

불리한 일에 대한 핑계거리를 찾지 않는다면, 여러분은 자신의 힘을 한데 모아서 앞으로 나아갈 수 있습니다. 때때로 우울해지고 용기를 잃게 되는 건 지극히 정상적인 일입니다. 하지만 늘 화가 나고 상처 받거나 슬프고 겁이 난다면, 제자리에서 옴짝달싹도 하지 못하게 되지요.

예를 들어서 심각한 병에 걸리는 등 자신이 잘못해서 일어난 일이 아니더라도 "왜 하필 나야?" 하고 분노하면서 에너지를 낭비하면 안 됩니다. 그런다고 병이 나아지는 건 아니지 않습니까? 오히려 더 악화될 수도 있지요. 모든 일이 공정하게만 돌아가는 법은 아니랍니다.

나는 우주를 받아들인다!
– 마거릿 풀러

자신의 감정을 표현한다

누군가가 여러분의 마음을 아프게 하면 직접 얘기하세요. 화를 내도 좋습니다. 이때 주의할 점은 '사람'이 아닌 '행동'에 초점을 맞추는 것입니다. 예를 들어 "나에 대한 거짓소문이 나돈다는 소리를 들으면 정말 화가 나."라고 말하도록 합니다. 여러분이 믿고 의지하는 사람, 여러분 말에 귀를 기울이고 이해해주는 진정한 친구와 여러분의 감정에 대해 이야기합니다. 감정이 북받치면 엉엉 울어도 괜찮습니다. 한바탕 울고 나면 어느 정도 좌절감을 덜어버릴 수 있을 것입니다.

자신의 감정에 대해 쓴다

한 심리학자가 46명의 대학생을 대상으로 감정을 표현하는 일이 얼마나 중요한지 알아보는 실험을 했습니다. 그들은 학생을 두 그룹으로 나누고 문제에 부딪혔을 때 자신이 겪는 고통에 대해 기록하라고 했습니다. 한 그룹에게는 사실에만 초점을 맞추라고 했고, 다른 그룹에는 좌절감, 분노 등 자신의 감정에 대해서도 기록하라고 했습니다. 감정에 대해 썼던 학생들은 글을 쓰고 난 후에 첫번째 그룹의 학생들에 비해 혈압이 더 높았고 심장박동수가 증가했습니다. 그러나 6개월 후, 그들이 질병에 걸린 확률은 더 낮았고, 긴장은 완화되었으며, 마음의 평정과 통찰력이 증가했을 뿐만 아니라 고통스러운 일에 좀더 쉽게 맞설 수 있었습니다. 여러분의 감정을 일기에 모두 풀어놓으세요. 누가 볼 것도 아닌데 아무렴 어떻습니까? 자신의 감정으로부터 배우세요. 슬픔과 고통도 스승이 될 수 있답니다.

좀더 나은 상황을 만들기 위해 노력한다

긍정적인 행동을 하도록 합니다. 시험점수가 부끄럽다면, 다음에는 좀더 열심히 공부하면 됩니다. 거짓말을 했다면 이를 시인하고 다시는 그러지 않겠다고 맹세하면 됩니다. 창문을 깼다면 부모님께 조금 혼나더라도 솔직하게 이야기하고 수리해주도록 합니다. 병에 걸렸다면 의사의 지시에 따릅니다. 더 이상 상황의 희생자가 되지 마세요. 생각했던 것보다 쉬울 수도 있습니다.

세상은 온통 고통으로 꽉 차 있지만
반면에 고통의 극복으로도 충만해 있다.
- 헬렌 켈러

필요하다면 도움을 받는다

때로는 일기에 쓰거나 친구에게 털어놓는 것만으로 충분하지 않을 수도 있습니다. 선생님, 상담선생님, 부모님, 종교의 지도자 등 여러분이

"계세요? 완전히 녹초가 된 느낌이에요."

믿는 어른과 대화를 할 필요가 있을지도 모릅니다. 하지만 어른들이 여러분의 감정을 가볍게 여기거나 무시한다면 오히려 더 나쁜 결과를 초래할 수도 있습니다. 그러므로 여러분의 말을 심각하게 받아들이고 여러분의 두려움과 고통을 이해해줄 사람을 찾아야 합니다. 몸이 많이 아플 때 의사를 찾아가는 것처럼, 마음과 영혼이 고통 받을 때는 그것을 치료해줄 전문가를 찾아가야 합니다.

자신을 잘 돌본다

잘 먹고 잘 자도록 합니다. 시간을 내어 공상에 잠겨보기도 하고, 모든 긴장을 풀고 명상도 해봅니다. 밖으로 나가 친구들과 수다도 떨고, 함께 뛰어놀기도 합니다. 누구나 실수하게 마련입니다. 스스로를 잘 돌보고, 심신이 온통 지쳐버린 자신에게 보상해주세요.

잊어버린다

시궁창에 박혀 있는 썩은 나뭇가지를 본 적이 있나요? 나뭇가지 자체는 해롭지 않지만, 나뭇가지에 걸리는 온갖 쓰레기들은 결국 하수구를 막게 됩니다. 어려움에 집착하는 것도 마찬가지입니다. 어려운 상황에 대한 온갖 부정적인 감정들이 여러분의 발전을 방해할지도 모릅니다. 문제점은 잊어버리고 앞으로 나아가도록 노력하세요. 통제 가능한 일과 불가능한 일, 변화시킬 수 있는 일과 그럴 수 없는 일을 파악하세요. 그러면 여러분이 무엇을 하든 더욱 건강하고, 행복하고, 성공할 것입니다.

경험에서 배우고 성장한다

좋은 일보다 아픈 경험에서 오히려 배울 점이 많습니다. 인내와 관용을 지닌 유용한 사람이 되세요. 아픈 경험을 이겨낸 여러분은 이해의 폭 또한 넓어졌을 것입니다. 여러분이 좋은 본보기가 되었기 때문에 친구들이 여러분을 더욱 존중할지도 모릅니다. 심지어 영웅이 될지도 모르죠! 가장 중요한 것은, 여러분뿐만 아니라 모든 사람이 고통을 겪게 마련이라는 사실을 깨닫고, 다른 사람을 이해하고 공감해주는 것이랍니다.

만약 나라면 이럴 때 어떻게 할까?

하나 친구의 부모가 얼마 전 이혼을 하셨다. 그 이후로 친구는 나쁜 아이들과 어울리더니 학교를 빠지기 시작하고 성적은 곤두박질치기 시작했다. 그 친구는 당신이나 다른 친구들의 말을 들으려고 하지 않는다. 친구가 이 상황을 극복할 수 있도록 도우려면 어떻게 해야 하는가? 설교하는 듯한 인상을 주지 않으면서 어떤 말을 해주어야 하는가?

둘 최근에 언니나 누나가 많이 울며 지낸다. 마음 상할 일이 있었나보다. 하지만 얘기를 하려 할 때마다 그녀는 방문을 쾅 닫아버린다. 무슨 일이 있었는지 말하려 들지 않는 사람을, 어떻게 도울 수 있을까? 아니면 그냥 내버려둬야 하는가?

셋 아버지가 실직을 하면서 정든 동네를 떠나 이사를 갔다. 그곳에서 어머니도 일을 하기 시작하면서, 당신이 해야 할 집안일이 더욱 늘었다. 전학 간 학교에 적응하기가 힘들어 성적도 점차 떨어지기 시작했고, 친구 사귀기는 더더욱 어렵다. 이러한 힘든 변화의 시기를 견뎌내려면 당신과 가족은 무엇을 해야 하는가?

넷 당신은 스스로 이렇게 생각한다. '나는 못생겼어. 난 공부도 못해. 난 재능도 능력도 없어. 행운의 여신은 나의 존재를 모르는 게 분명해. 난 완전히 실패자야.' 당신이 겪는 고통을 긍정적인 경험으로 바꾸려면 어떻게 해야 하는가? 어떻게 하면 자신에 대한 생각을 바꿀 수 있겠는가? 현실적으로 생각하자.

인내력을 키우기 위한 활동

1. '고통'에 대한 시 쓰기

'내 마음이 가장 아플 때는…'으로 시작하는 시를 쓰거나, 고통에 대한 시, 고통으로부터 배운 교훈, 고통에 맞서는 방법, 다른 사람을 아프게 하지 않는 방법, 기타 자신이 쓰고 싶은 것에 대해 쓴다.

2. 단편소설, 시, 일기, 인용문 수집

작가들이 고통에 대해서 기록한 얘기, 시, 일기, 인용문 등을 수집한다. 이러한 자료로부터 인내, 참을성, 힘에 대해 무엇을 배울 수 있겠는가? 그들은 역경이 닥쳤을 때 어떤 태도를 취했는가? 예를 들어, 마르쿠스 리키니우스 크라수스는 "위대한 행동에 목표를 두고 있는 사람은 고통도 가장 크게 겪어봐야 한다"고 말했다.

3. 우울한 기분을 '낫게' 하는 방법 연구

의기소침하거나 우울할 때 기분을 좋게 만들어주는 것들의 목록을 작성한다. 목록에는 '내가 믿는 사람에게 말하기'와 '필요할 때 도움 구하기'를 반드시 포함시킨다.

4. 건강과 감정의 관계 연구

식습관과 운동이 감정에 어떤 영향을 미치는지 알아본다. 학급에 영양사를 초대해서 발표를 듣거나 질문을 한다.

응용 의사나 정신과의사를 인터뷰해서 우울증과 질병에 대해 알아본다. 다음과 같은 질문을 한다.

- 우울증이 질병에 대한 신체의 저항력을 약화시키나요?
- 질병에 걸리면 우울해지나요?
- 우울증에 걸려 있는 사람은 어떤 종류의 도움을 받을 수 있을까요?

5. 고통을 묘사하는 예술작품

학교나 지역 도서관에서 미술책을 훑어보거나 미술박물관을 방문한다. 치마부에, 도나텔로, 프라 안젤리코, 도미에, 피카소, 고야, 뭉크, 반 데르 바이덴, 달리 등의 그림부터 찾아보자. 그림을 찾을 때마다 그 그림이 자신에게 어떤 의미가 있는지 생각한다. 고통에 대한 화가의 태도는 어떻다고 생각하는가?

6. 음악의 치유능력

전 세계의 많은 사람들은 음악에 특별한 치유능력이 있다고 믿는다. 당신의 생각은 어떠한가? 여러 종류의 음악을 많이 들어보고 자신만의 의견을 수립한다. 지역 도서관이나 음반가게, 음반사에 문의하거나 음악치료 전문가를 찾아본다.

응용 우울할 때 들을 수 있는 자신만의 음악을 만들자. 악기를 연주하거나 노래를 부른다. 이렇게 하면 기분이 나아지겠는가? 악화되겠는가? 별 차이가 없는가? 노래나 선율을 써볼 수 있다. 아니면 들으면 기분이 좋아지는 음악 목록을 만들어본다.

7. 운동의 치유능력

우울한 기분이 들거나 문제가 있을 때는 조깅을 하거나, 활기차게 걸어보거나, 자전거나 인라인스케이트를 타는 등 심장박동수를 높이고 땀을 흘리게 만드는 운동을 한다. 운동을 하면 뇌에서 혈관으로 엔돌핀이 방출된다. 엔돌핀은 자연적으로 '기분 좋은 상태'를 만드는 화학 물질이다. 운동을 마치고 나서 어떤 느낌이 드는지 살펴보자.

8. 반려동물의 치유능력

연구자들은 반려동물과 친구가 되는 것이 우리의 건강에 도움이 된다는 사실을 발견했다. 의학연구에 따르면, 환자가 반려동물을 가까이 하면 혈압이 낮아지고 입원기간이 단축된다고 한다. 우울해질 때면 반려동물과 함께 시간을 보낸다. 함께 있는 동안과 그 후에 느낌이 어떤지 살펴본다.

9. '버텨라' 게임

팀을 나누어 각 팀별로 슬픔이나 고통을 일으키는 문제에는 어떤 것이 있는지 머릿속에 떠올린다. 또한 그러한 감정을 극복할 수 있는 아이디어를 가능한 한 많이 생각해낸다. 다음과 같은 사항에 대해 생각해보자.

- 문제를 감소시키거나 없애기 위해 할 수 있는 일
- 웃게 만드는 일
- 고통을 이겨내는 데 도움이 되는 일

• 자신에게 보상을 할 수 있는 일

아이디어가 떠오를 때마다 1점을 준다. 가장 큰 점수를 얻거나 가장 창의적인 아이디어를 낸 팀이 이긴다. 예를 들어서, 당신이 새 신발을 사려고 모은 1만 원 가운데 5천 원을 도둑맞았다고 치자. 이에 대한 아이디어를 모아보자. 다음은 몇 가지 예다.

• 도움을 줄 수 있는 사람에게 이 사실을 알린다. 5천 원을 벌 수 있는 방법을 찾는다.
• 5천 원에 대한 '현상수배' 포스터를 제작한다. 도둑맞은 돈을 찾을 수 있도록 정보를 제공한 사람에게 초콜릿을 보상으로 내건다.
• 친구, 부모, 형제자매 등에게 5천 원을 빌릴 수 있는지, 신발을 좀 더 싸게 구입할 수 있는 방법은 없는지 알아본다.
• 자전거를 타거나, 그림을 그리거나, 음악을 듣거나, 아이스크림을 사먹는 등 기분전환을 위해 즐거운 일을 한다.

CHAPTER 10

용서 : 마음의 짐을 내려놓기

허용 · 면죄 · 관대함 · 너그러움 · 인정 · 은혜

그리고 영원히 나는 당신을 용서하고, 당신은 나를 용서한다.

- 윌리엄 블레이크

옛 불교에서 내려오는 이야기 중에 두 수도승에 관한 것이 있습니다. 나이가 지긋한 노승과 파릇한 젊은 스님이 함께 강물이 흘러넘치는 강둑을 따라 걷다가, 강 건너기를 무서워하는 한 젊은 여인을 보았습니다. 두 수도승은 결코 여자의 몸에 손을 대지 않겠다고 맹세했었지만, 노승은 그녀를 안아서 강의 반대편까지 데려다 주었습니다. 노승의 처사가 마음에 들지 않았던 젊은 스님은 하루 종일 화가 나서 속이 부글거렸습니다. 두 수도승은 해가 질 때까지 한 마디도 하지 않았습니다. 해가 지고 나야 침묵의 맹세를 깰 수가 있었기 때문이었지요. 밤이 되자마자 젊은 스님은 노승에게 자신과 규율을 더럽혔다고 마구 비난을 해댔습니다. 그러자 노승이 조용히 대답했습니다. "나는 오늘 아침 일찍 그 여인을 강의 반대편에 내려놓았을 뿐이네. 하루 종일 그녀를 마음의 짐으로 싣고 돌아다닌 사람은 바로 자네라네."

살다보면 여러분에게 해를 끼치는 사람을 만나게 됩니다. 여러분에 대해 거짓말을 하는 사람, 여러분을 속이는 사람, 배반하는 사람, 여러분의 친구나 물건을 가로채는 사람, 여러분을 어리석다고 말하는 사람, 여러분을 때리고 괴롭히는 사람, 그밖에 더 험악한 사람을 이미 만났을지도 모릅니다. 이런 일은 결코 일어나면 안 되지만 어쨌거나 일어납니다.

이럴 때 어떻게 해야 할까요? 여러분에게 가장 좋은 길을 택해야 합니다. 부글부글 끓어오르는 분노를 삭이고, 복수하고 싶은 욕망을 떨쳐버리세요. 복수는 복수를 부르게 되어 있기 때문입니다. 여러분에게 못된 일을 한 사람에게 두 번 다치게 될지도 모릅니다.

> 증오는 강한 산성을 띤다. 증오를 어떤 대상 위에 부으면,
> 그 대상이 파괴될 뿐만 아니라
> 증오를 담고 있는 당신의 마음 또한 손상될 것이다.
> – 앤 랜더스

용서는 쉽지 않은 일입니다. 하지만 용서를 하면 스스로 피해자가 되는 것을 방지할 수 있습니다. 젊은 스님처럼 끊임없이 자신을 괴롭히지 않아도 됩니다. 용서를 하고 나면 자신의 건강과 마음의 평온, 행복을 증진시킬 수 있습니다.

"좋은 말이네. 하지만 말이야 쉽지."라고 말할지도 모르겠네요. 네, 여러분 말이 옳습니다. 긍정적인 성격을 계발하는 건 쉽지 않은 일입니다. 그 중에서도 가장 어려운 것이 용서를 배우는 것이랍니다. 하지만 불가능한 것은 아닙니다. 이제부터 용서를 배우는 방법을 살펴보도록 합시다.

다른 사람을 용서하는 방법

1. 당신에게 행해진 일을 인정하고 받아들인다

무시하거나 묻어버리지 마세요. 묻혀지면 썩는 법입니다. 삶은 공정하지 않아서, 나쁜 일이 좋은 사람에게도 일어나고 나쁜 일을 한 사람이 항상 벌을 받는 것도 아닙니다. 그렇다고 포기하거나 굴복해서는 안 됩니다.

2. 자신의 감정을 털어놓는다

화를 마음속에 담아두면 곪아터지게 됩니다. 화를 내고, 원한다면 소리 지르고 울어버리세요. 물건을 집어던지거나 누구를 때리는 등의 폭력적인 방식은 좋지 않습니다. 조깅을 하거나, 뛰거나, 축구공을 발로 차거나, 발로 바닥을 쾅쾅 구르거나, 베개를 때리거나, 신던 양말을 똘똘 뭉쳐서 벽에 냅다 집어 던집니다.

3. 당신을 걱정하고 이해해주는 어른이나 친구와 얘기를 나눈다

어떤 일이 있었는지, 자신의 느낌이 어떤지 설명합니다. 필요하다면 전문가의 도움을 받도록 합니다.

4. 화나게 한 사람에게 당신의 느낌을 말한다

때로 사람들은 자기가 남의 마음을 상하게 했다는 사실을 깨닫지 못합니다. 사람이 아닌 문제에 초점을 맞추세요. 비난하지 말고 설명해야 합니다. 예를 들어 데이트할 때 입으려 했던 새 옷을 동생이 먼저 입고 나가버렸다면, "그건 오늘 입으려고 사서 한 번도 안 입고 아껴둔 옷인데. 그 옷을 찾느라 시간을 버렸고, 또 무슨 옷을 입을까 궁리하다가 그만 약속에 엄청 늦고 말았어. 그래서 시작부터 데이트가 엉망이 되어버렸단 말이야. 너무 속상해!"라고 말할 수 있을 것입니다. 하지만 이렇게 말하지는 맙시다. "이 바보 멍청아! 허락도 없이 내 새 옷을 마음대로 입고 나가다니! 너 때문에 데이트를 망쳤어. 넌 도둑이야! 네가 미워!" 첫번째 접근방법을 사용한다면, 동생을 동맹자로 바꿀 수 있습니다. 여러분의 입장에 전적으로 공감하는 사람으로 말입니다. 하지만 두번째 방법을 사용하면 궁지에 몰린 동생이 마음에 상처를 입고 더

"오늘은 꼭 그 옷을 입으려고 했었어. 내가 어떻게 하면 좋겠니?"

나쁜 방법으로 반격할지도 모릅니다.

5. 잘못을 저지른 사람에게 사태를 수습하라고 말한다

상황이 악화된 것은 잘못을 저지른 사람의 책임입니다. 가져간 것은 돌려놓고, 부러뜨린 것은 고쳐놓으라고 요청하세요. 예를 들어 "내가 아끼던 장난감인데…. 고치는 것 좀 도와줄래?", "부속품을 다시 사야 할 것 같은데, 부속품 값은 내줄 거지?"라고 말합니다. 때로는 사태를 수습하는 게 가능하기도 하고, 이미 돌이킬 수 없는 일이기도 할 것입니다.

6. 자신이 믿는 신이나 상위의 존재에게 기도한다

"나의 분노를 잠재워주세요. 복수하지 않으면 억울해서 미칠 것 같은데, 이런 기분도 가라앉게 해주세요. 상처 받은 마음을 치유해주세요. 이 일을 이해할 수 있는 능력을 주시고, 가능하면 완전히 잊어버릴 수 있게 도와주세요. 나에게 용서할 수 있는 힘을 주세요."

7. 잘못을 저지른 사람을 용서한다

자신의 태도, 반응, 감정을 책임지세요. 분노, 복수, 증오가 선택이듯 용서도 선택입니다. 준비가 되면 "널 용서할게."라고 말하는 겁니다. 진심이라면 평온한 안도의 느낌이 밀려올 것입니다. 신체와 영혼이 더욱 건강해지겠지요. 정의에 대해서는 걱정하지 마세요. 정의는 법에 맡기거나, 잘못을 저지른 사람의 양심에 맡기거나, 신이나 운명의 힘에 맡기면 됩니다.

8. 잘못을 저지른 사람을 도와줄 수 있는 방법을 찾는다

"아니, 뭐라고요?" 이렇게 반문할지도 모르겠네요. 다시 한 번 보세요. 제대로 읽은 게 맞답니다. 여러분에게 잘못을 저지른 사람을 도울 수 있는 방법을 찾아보세요. 이 단계는 소심한 사람은 절대 할 수 없습니다. 진정으로 용감한 사람만이 할 수 있겠지요. 하지만 여러분이 가장 많이 성장하고 가장 많은 것을 얻을 수 있는 것도 이 때입니다. 분명 해볼 만한 가치가 있는 일입니다.

이번에는 '문제'가 아닌 '사람'에 초점을 맞추도록 합니다. '죄는 미워하되 사람은 미워하지 말라'는 격언도 있지 않습니까? 인간이란 실수와 약점, 근심, 의심, 결함, 불안을 모두 갖춘 존재입니다. 스스로에게 "이 사람에게 어떻게 봉사할 수 있을까? 어떻게 도와줘야 하지? 이 사람의 삶을 위해서 뭘 해줄 수 있을까?"라고 물어보십시오. 보답을 바라지 않고 진정 그 사람을 위하는 마음이어야 합니다. '마니또'처럼 남몰래 도움을 주거나 생각이 떠오르는 대로 친절한 행동을 베풀 수도 있습니다.

여러분의 마음을 다치게 한 사람에게 봉사하는 일은 여러분 자신을 치유하는 데도 도움이 됩니다. 자신에게 가해진 부당한 일을 극복하고 자유로워지는 것이지요. 궁극적인 승리자는 결국 여러분이랍니다!

9. 이러한 단계가 몸에 밸 때까지 자주 반복한다

용서에는 시간이 걸립니다. 인내하고 기다리십시오.

자신을 용서하는 방법

자신을 용서하지 않았는데 어떻게 다른 사람을 용서할 수 있겠는가?

– 돌로레스 후에르타

여러분이 잘못을 저지른 사람이라면 어떨까요? 누군가를 다치게 했거나, 나쁜 짓을 했다면? 다른 사람이 자신을 용서해주기를 바랄 수는 있지만, 이는 자기 마음대로 되는 일이 아닙니다. 스스로 통제할 수 있는 것은 자기 자신뿐입니다.

이미 지나간 일은 '엎어진 물'입니다. 그때로 되돌아가서 잘못을 되돌려놓을 수도 없습니다. 하지만 '지금부터'는 얼마든지 올바른 일을 할 수 있습니다. 그 출발점은 바로 자기 자신을 용서하는 것이 될 것입니다.

1. 자신이 한 일을 인정한다

자신의 행동에 책임을 집니다. 잘못했다는 사실을 인정하지 않고서는 스스로를 용서할 수 없습니다. 실수로, 혹은 고의로 어떤 사람에게 상처를 줬을 것입니다. 어느 쪽이든 여러분이 한 일이므로 이를 인정할 필요가 있습니다.

여러분의 잘못이나 실수는 여러분을 옭아매는 사슬의 첫 고리라고 생각하세요. 거짓말을 하거나 한 일을 부정할 때마다 여러분은 사슬의 다른 고리를 덧붙이는 셈입니다. 잘못을 인정해야 사슬을 끊을 수 있습니다.

2. 스스로 죄책감을 느낀다

거울을 들여다보면서 자신이 한 일을 인정하고, 관련된 사람과 사물 모두에게 미안한 마음이 든다면, 여러분은 양심적인 사람입니다. 이러한 경험을 통해서 여러분은 성장할 수 있을 것입니다. 죄책감 때문에 수치스럽고 자신이 혐오스러워서 거울로부터 등을 돌려버린다면, 도움을 구해야 할 것입니다.

3. 걱정해주고 이해해주는 어른이나 친구와 얘기를 나눈다

무슨 일이 일어났는지, 여러분의 느낌이 어떤지 설명합니다. 필요하다면 전문가의 도움을 받도록 합니다. 잘못과 실수에 대해서 얘기하는 자체로도 치유가 될 수 있습니다. 적절한 조언을 구하고 최선이라고 생각하는 일을 하세요.

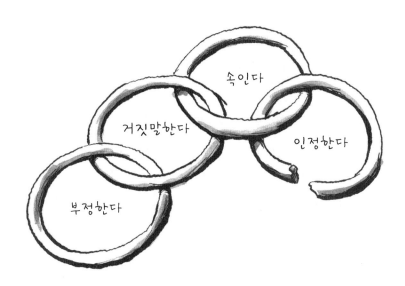

사슬을 끊으려면…

4. 피해를 입은 사람에게 미안하다고 말하고 용서를 구한다

진실한 태도를 취해야 합니다. 그리고 각오하세요. 그 사람이 여러분의 얼굴에 물을 끼얹어버릴지도 모르니까요. 상대방이 여러분의 사과를 받아들이지 않는다면, 그건 여러분의 문제가 아닙니다. 여러분은 상대방의 말이나 감정, 행동을 통제할 수 없습니다. 상대방의 반응이 그다지 곱지 못하다 해도 화내지 않도록 노력하세요. 용서하는 데는 시간이 걸립니다. 하지만 여러분의 진심이 가 닿으면 그 사람의 분노도 곧 누그러들 것입니다.

5. 공정한 처벌은 기꺼이 감수한다

그렇게 되면 자기주장을 펴고 더 나은 해결책을 찾아 노력할 권리를 갖게 됩니다. 예를 들어 여러분이 학급운영비를 넣어둔 금고에서 1만 원을 훔쳤는데, 누군가가 그 장면을 목격하고 담임선생님께 보고했다고 가정해봅시다. 선생님은 여러분을 불러 사실 여부를 확인할 것입니다. 여러분은 "정말 죄송합니다. 돈은 다시 돌려드리겠습니다. 용서해주십시오. 다시는 그런 짓을 저지르지 않을 것을 약속합니다."라고 말합니다. 선생님은 돈을 돌려주어야 할 기한을 주고, 벌로 한 달 동안 방과후에 화장실 청소를 하라고 하십니다. 선생님의 신뢰를 되찾으려면 주의와 의지가 필요합니다. 그러한 결과는 정당한 것입니다.

하지만 선생님이 교장선생님께 보고하여 여러분을 퇴학처분 하도록한다면 어떡하겠습니까? 그러한 결과는 정당하지 않습니다. 부모님이나 상담선생님께 도움을 구합니다. 여러분은 자신이 한 일에 대해 공정하고 정당한 결과를 기대할 권리를 갖고 있습니다.

6. 상황을 바로 잡기 위해서 할 수 있는 일을 한다

훔친 돈은 돌려주고, 낙서는 페인트로 지우세요. 시험시간에 부정행위를 했다면 사실을 인정하고 재시험을 치르도록 합니다. 아니면 0점을 받는 수밖에 없겠지요.

7. 당신이 상처를 입힌 사람에게 봉사할 수 있는 방법을 찾아본다

상대방이 받아들이지 않거나 사정이 여의치 않으면, 다른 사람에게라도 친절을 베풉니다.

8. 자신이 믿는 신이나 상위의 존재에게 용서를 구하는 기도를 한다

"저는 다른 사람에게 피해를 주는 잘못을 저질렀습니다. 다시는 이런 잘못이나 실수를 반복하지 않도록 힘을 주세요. 제가 상처를 입힌 사람이 절 용서할 수 있게 해주세요. 시간이 걸린다면, 제가 인내심을 가질 수 있도록 도와주십시오."

9. 자신을 용서한다

스스로를 호되게 비판하거나 한 보따리의 죄책감을 끌고 다니면 몸과 마음의 건강을 해치게 됩니다. 때로는 남을 용서하는 것보다 자신을 용서하는 것이 더 어려울 수도 있습니다. 스스로를 용서할 때 여러분의 행동과 실수로부터 배울 수 있습니다. 자유롭게 성장하고 자신이 원하는 모습의 사람이 되는 데 에너지를 사용하세요.

만약 나라면 이럴 때 어떻게 할까?

하나 동생이 자꾸만 당신의 저금통에서 동전을 훔쳐간다. 다른 사람을 용서하기 위한 단계를 모두 시도해봤지만, 동생은 협조해주기는커녕 계속 돈을 훔친다. 무엇을 해야 하는가?

둘 당신은 축구 팀의 후보선수다. 축구 팀의 주전선수는 덩치도 크고 실력도 좋다. 그런데 당신은 그를 제치고 주전선수가 되고 싶은 욕심에 그가 호르몬 주사를 맞아서 근육을 키운다는 거짓소문을 퍼뜨렸다. 결국 그는 팀에서 쫓겨났는데, 당신은 기분이 몹시 좋지 않았다. 마침내 그에게 가서 자신이 한 일을 말하고 용서를 구하려 했는데, 그는 당신에게 엄청나게 센 주먹을 날렸다. 퍽~. 당신은 어떻게 해야 하는가? 되받아쳐 싸워야 하는가? 코치에게 말해야 하는가? 잊어버려야 하는가? 상황을 바로 잡으려 노력해야 하는가? 각 행동이 가져올 결과를 예측해보자.

셋 한 남자가 억울하게 살인누명을 쓰고 종신형을 선고받았다. 결백한 그는 감옥에 갇혀 있고, 진짜 범인은 정작 거리를 누비며 잘 살고 있다. 그 사람은 자신의 삶을 어떻게 해야 하는가? 그가 정의로운 대우를 받을 수 있을까? 자신의 분노와 자기에게 행해진 부당한 일로부터 스스로 자유로워질 수 있을까?

넷 어느 날 가장 친한 친구가 방과 후에 집으로 돌아가다가 음주운전자의 차에 치이는 사고를 당하고 말았다. 결구 그 친구는 다리를 쓸 수 없게 되었고, 평생을 휠체어에 의지하여 살아야 한다. 음주운전자에게 느끼는 친구의 분노와 증오를 극복할 수 있도록 도와주려면 어떻게 해야 하는가?

다섯 시험시간에 공상에 빠져 저도 모르게 오른쪽을 돌아보았다. 사실 아무것도 보고 있지 않았다. 하지만 선생님이 당신을 보고는 책상으로 다가와 당신의 답안지와 오른쪽 학생의 답안지를 대조해보셨다. 두 사람의 답이 같았기 때문에 선생님은 당신이 부정행위를 했다고 믿으셨다. 당신은 억울함을 호소했지만 선생님의 태도는 단호했다. 같은 반 친구들이 모두 보는 앞에서 답안지를 찢으며 시험은 0점 처리가 될 거라고 말씀하셨다. 선생님에게 느끼는 분노에서 자유로워지려면 어떻게 해야 하는가?

자신과 남을 용서하기 위한 활동

1. 일기 쓰기

화가 나는 사람에 대한 자신의 감정에 대해 쓴다. 분노를 잠재우기 위해 할 수 있는 일을 쓴다. 또는 다른 사람이 했던 경험에 대해 쓴다.

2. 범죄사례 수집

신문이나 잡지, 인터넷에서 범죄, 잘못, 실수 등에 관련된 얘기를 수집한다. 긍정적인 끝맺음이 되도록 이야기를 각색하여 학교에 가서 발표한다. 각 희생자가 자신의 분노와 복수심을 어떻게 극복했는지 상상해보고 새로 긍정적인 해결책에 도달한다.

3. '용서'에 관한 신화 쓰기

용서가 세상에 어떻게 존재하게 되었는지에 관한 신화를 쓴다. 어떻게 써야 할지 감을 잡기 위해서 먼저 다양한 문화에 속한 신화나 민화 등을 읽는다. 도서관에 신화에 대한 책이 많이 구비되어 있을 것이다. 그런 후에 당신이 쓴 신화를 같은 반 친구들과 후배들에게 읽어주고, 연극으로 공연할 계획을 세운다.

4. 유명한 사람의 삶 연구

증오, 부당한 행동, 죄책감 등을 극복하고 세계에 중대한 공헌을 한 유명인사의 삶을 연구한다. 그 사람에게 고통을 주었던 부당한 행동이나 장애물, 그러한 일을 극복한 방식 등을 나타내는 표를 작성한다. 예를 들어 안네 프랑크는 나치에 의한 유대인 대학살정책으로 집과 가족을 잃고 결국 자신의 목숨까지도 잃었다. 하지만 그녀는 숨어 지내는 동안 일기를 적어서 수백만 명의 사람에게 영향을 주었다.

5. 조사활동

학교, 이웃, 지역사회 등을 조사해서 마음에 원한을 품고 있는 사람의 숫자를 파악한다. 조사하는 사람 각자에게 물어볼 질문을 준비한다. 예를 들어보자.

- 지금 여러분을 화나게 하는 사람이 있습니까?
- 화난 상태가 얼마나 지속되었습니까? 한 시간입니까? 며칠입니까? 한 달 입니까? 더 오래되었습니까?
- 여러분의 분노에 어떻게 대처하실 겁니까?

조사 결과를 도표나 그래프로 정리한다.

6. '용서'에 대한 작은 책 출간

용서를 주제로 한 수필이나 소설을 쓰고 싶을 수도 있고, 만화책을 만들 수도 있고, 용서하는 방법을 설명하는 책을 만들 수도 있을 것이다. 완성된 작품을 제본해서 학교 도서관에 기증한다. 그림책이라면 어린 아이들과 함께 본다.

7. 털실 게임

털실로 만든 공을 가지고 둥그렇게 앉는다. 한 사람이 털실 공을 가지고 다른 사람을 용서한 경우에 대해 얘기하는 것으로 게임을 시작한다. 그러고는 털실의 끝을 풀어놓고 공을 다른 사람에게 던진다. 그 사람도 용서에 관련된 개인적인 경험을 말한다. 그 다음에 털실을 손가락에 감고 세번째 사람에게 던진다. 개인적인 얘기를 하고 싶지 않으면 이름은 거론하지 말고 다른 사람에게 일어난 일에 대해 말해도 된다. 게임이 끝날 때가 되면 얽히고설킨 털실 망이 생길 것이다. 털실이 서로 연결된 것처럼 모두의 공통된 경험이 서로를 어떻게 연결했는지에 대해 이야기를 나눈다.

CHAPTER 11

건강 : 나는 소중하니까

육체적 건강·정신적 건강·정서적 건강

우리는 우리가 먹는 것 이상의 존재다. 하지만 우리가 먹는 것은 우리가 훨씬 나은 존재가 되도록 돕는다.
　　　　　　　　　　　　　　　　　　　　　　　　－ 아델 데이비스

어떤 사람이 여러분에게 값비싼 새 차를 선물로 줬다고 생각해봅시다. 안내서를 읽고 나면, 그 차가 최고급 휘발유를 엄청나게 잡아먹는다는 사실을 깨닫게 될 것입니다. 그래서 그 차의 입맛을 낮추기로 결정한 여러분은 일반휘발유를 넣습니다. 그렇게 1~2년이 지나자 엔진이 달달거리고 탁탁대다가는, 그만 멈춰버립니다. 새 엔진으로 교체하려면 수백만 원이 들기 때문에, 여러분은 그냥 다른 차를 사기로 마음먹게 됩니다.

우리 몸도 고급자동차와 같습니다. 우리 몸의 엔진이 제대로 돌아가려면 영양가 높은 각종 과일, 곡물, 단백질이 필요한데, 일단 몸에 이상이 생기면 되돌릴 수가 없습니다. "잠깐만요! 우리 옆집 사는 할머니는 줄담배에 매일 술도 드신다고요. 하지만 105세이신 지금까지도 정정하세요." 이렇게 말할 사람도 있을 것입니다. 그런 경우도 있겠지만, 그건 그 할머니의 몸이지 여러분의 몸이 아니지 않습니까? 유전적으로 무척 건강한 혈통을 타고나는 사람도 있습니다. 하지만 대다수 사람들은 그렇지 못합니다. 그리고 여러분은 어떤 혈통을 타고 났는지 알 길이 없습니다. 옆집 할머니의 동생은 30세에 돌아가셨는지도 모릅니다.

여러분이 먹는 음식은 곧 여러분 자신입니다. 그러므로 몸과 마음이 필요로 하는 영양분을 공급해준다면 분명 건강해질 것입니다. 학교에서 '5가지 기초식품군'에 대해 배웠을 것입니다. 1군은 단백질(고기, 생선, 계란, 콩 등), 2군은 칼슘(유제품, 뼈째 먹는 생선), 3군은 비타민 및 무기질(야채와 과일, 해조류 등), 4군은 탄수화물(곡류 및 감자류), 5군은 지방(기름, 견과류 등)입니다. 아마도 여러분은 자신만의 식품군을 정해놓았을 것입니다. 햄버거, 탄산음료, 감자튀김, 케이크, 과자 등으로 이루어진 것 말입니다. 다행스럽게도, 미각세포를 재훈련시키면 설탕이 잔뜩 들어 있는 밀크셰이크를 먹을 때처럼 새콤달콤한 포도 맛에도 만족하게 될 수 있답니다.

한국영양학회에서는 건강한 몸을 유지하기 위한 5가지 기초식품군의 비율을 정하여 식품구성탑을 만들었습니다. 이 구성탑은 각 식품군의 일일권장량을 제시해주고 있어서, 올바른 식습관을 시작하기에 적당한 출발점이 될 것입니다.

식품구성탑이 모두에게 똑같이 적용되는 것은 아닙니다. 예를 들어 여러분에게는 우유 알레르기가 있을 수도 있습니다. 그러므로 구성탑을 참고로 하여 새로운 식습관을 들일 때는, 몸의 변화에 주의를 기울여야 합니다. 자신이 알고 있는 상식을 활용하고, 문제가 생기면 의사와 상담하세요. 사람들의 '몸'이란 각자가 모두 다르기 때문입니다.

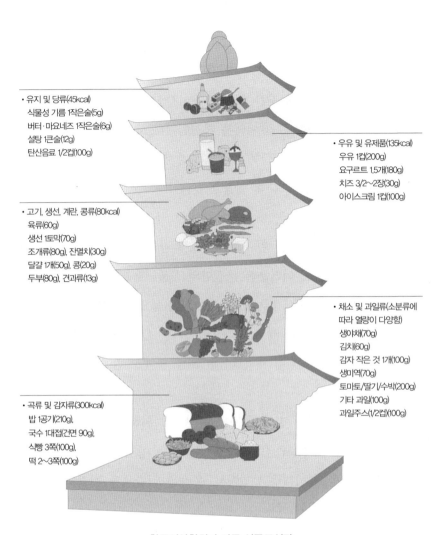

- 유지 및 당류(45kcal)
  식물성 기름 1작은술(5g)
  버터·마요네즈 1작은술(6g)
  설탕 1큰술(12g)
  탄산음료 1/2컵(100g)

- 우유 및 유제품(135kcal)
  우유 1컵(200g)
  요구르트 1.5개(180g)
  치즈 3/2~2장(30g)
  아이스크림 1컵(100g)

- 고기, 생선, 계란, 콩류(80kcal)
  육류(60g)
  생선 1토막(70g)
  조개류(80g), 잔멸치(30g)
  달걀 1개(50g), 콩(20g)
  두부(80g), 견과류(13g)

- 채소 및 과일류(소분류에
  따라 열량이 다양함)
  생야채(70g)
  김치(60g)
  감자 작은 것 1개(100g)
  생미역(70g)
  토마토/딸기/수박(200g)
  기타 과일(100g)
  과일주스(1/2컵(100g)

- 곡류 및 감자류(300kcal)
  밥 1공기(210g),
  국수 1대접(건면 90g),
  식빵 3쪽(100g),
  떡 2~3쪽(100g)

한국영양학회가 만든 식품구성탑

※ 이 구성탑에 있는 분량은 성인을 기준으로 한 일일권장량입니다. 다음의 표에 따라 자신의 나이에 맞는 적당한 권장량을 계산하여 올바른 식습관을 들이도록 합시다.

나이	남자(kcal)	여자(kcal)
7~9세	1,800	1,800
10~12세	2,200	1,900
13~15세	2,400	2,000
16~19세	2,600	2,100

육체적으로 건강해지는 법

건강에 관해서라면, 필수적인 요소이지만
사람들 사이에선 절대적으로 부족한 것, 즉 '상식'을 권장한다.
- 빈센트 애스키

자신의 몸에 귀를 기울인다

공복상태가 네 시간 이상 지속되면 현기증이 납니까? 그렇다면 식사를 좀더 자주하고 단백질 소모량을 늘려야 합니다. 아니면 설탕을 너무 많이 섭취하고 있다는 신호일 수도 있습니다. 식습관을 바꾸고 변화를 지켜봅시다.

몸에 좋은 음식을 골고루 먹는다

한국영양학회의 식품구성탑을 활용하세요. 유제품과 콩류 등을 통해 단백질을 섭취하는 채식주의자들도 있는데, 이 방법 또한 건강한 식습관인 것으로 증명되었습니다. 어떤 채식주의자들은 계란이나 우유 등도 절대로 먹지 않습니다. 콩류, 곡물류, 견과류 등 다른 식품에서 단백질을 충분히 공급받는다면, 채식주의 식사법이 건강에 상당히 유익할 수도 있습니다.

지방, 기름, 설탕은 뚜껑을 닫아둔다

가끔 너무 먹고 싶을 때는 튀김이나 케이크 같이 기름과 설탕이 많이 들어간 음식을 먹는 것도 크게 해가 되지는 않습니다. 하지만 그런 음식이 주 식단이 되어서는 안 됩니다. 모든 탄산음료에는 한 병에 7~9 티스푼 정도의 설탕이 들어 있습니다. 설탕을 티스푼으로 아홉 번이나 떠먹는다고 생각해보세요. 웩~ 구역질이 나지 않습니까? 포도당, 자당, 과당, 옥수수시럽 역시 '천연설탕'이라 불리는 설탕의 일종이랍니다.

설탕을 먹으면 기분이 들뜹니다. 들뜨는가 싶으면 이내 가라앉습니다. 탄산음료를 마시거나 초콜릿을 먹으면, '윙~' 소리가 나면서 기운이 넘치는 경험을 하게 됩니다. 그때 췌장이 인슐린을 분비해 설탕을 간으로 운반하지요. 그러면 간은 남은 혈당을 소모하기 위해 혹사당합니다. 그런 사실을 미처 깨닫기도 전에, 여러분은 자제력을 잃고 달콤한 설탕의 유혹에 빠져들어 또 다른 단 것을 찾아 헤매게 된답니다.

설탕을 섭취하기 전

설탕을 섭취하고 난 직후

설탕에 취함

카페인을 피한다

하루에 탄산음료를 네 캔 또는 커피를 네 잔씩 마신다면, 카페인에 빠져들 수 있습니다. 카페인에 중독되었는지는 어떻게 판단할 수 있을까요? 하루나 이틀 동안 카페인음료 없이 지내보면 됩니다. 카페인음료를 마실 때 두통이 사라진다면, 확실한 증거지요.

카페인을 마시면 심장이 뛰고, 밤에 잠이 오지 않고, 속이 쓰리고, 무서운 꿈을 꾸게 되며, 너무나 초조한 나머지 손가락으로 책상을 두드리게 됩니다. 그리고 때로는 주위 사람들에게 신경질을 부리기도 합니다. 카페인은 탄산음료와 커피에만 있는 건 아닙니다. 초콜릿, 감기약, 기침약, 두통약에도 카페인이 들어 있습니다. 의심스럽다면, 제품포장에 있는 설명서를 자세히 읽어보세요.

소금 및 나트륨 섭취량을 제한한다

지나친 소금 섭취는 혈압을 높일 수 있습니다. 조금씩 양을 줄여가다 보면, 여러분의 혀가 싱거운 맛에 익숙해질 수 있습니다. 소금 대신에 즉석에서 간 후춧가루를 조금 넣거나 허브 향으로 맛을 낼 수도 있습니다.

규칙적으로 운동한다

운동은 심폐기능을 강화하고, 심장과 뇌를 자극하며, 몸의 유연성을 유지시키는 역할을 합니다. 보통 사람이라면 일주일에 서너 번, 최소 30분 정도만 운동해도 충분합니다. 어떤 운동을 얼마나 자주 해야 할지 자세히 알고 싶다면, 학교나 가까운 체육시설의 선생님이나 지도자에게 도움을 청해봅시다. 지금까지 느림보 거북이로 살았다면, 운동을 시작하기 전 먼저 의사와 상담해야 합니다.

충분한 수면을 취한다

사람들은 대부분 하루 평균 8시간을 자야 합니다. 그보다 덜 자도 되는 사람이 있는 반면, 더 자야 되는 사람도 있습니다. 잠을 지나치게 많이 자는 것은 일종의 피난처(골치 아픈 문제나 책임을 회피하는 방편)가 될 수도 있습니다. 밤에 10~12시간 잠을 자고도 낮에 낮잠을 잔다면, 자신의 생활에 뭔가 문제가 있는지 자문해봐야 합니다. 어떤 일에 부딪혀야 하거나, 붙잡혀 있어야 하거나, 뭔가 결정을 내려야 할 일이나, 해야 할 일이 있지는 않나요?

술, 약물, 담배에 손을 대지 않는다

각종 연구를 보면 전체 범죄의 85% 정도가 술과 약물 때문에 발생한다고 합니다. 미국의 국가안전협의회에 따르면, 미국 십대 중 400만 명 이상이 술과 관련된 심각한 문제를 안고 있다고 합니다. 우리나라도 마찬가지입니다. 대다수 십대들은 그렇지 않지만 상당수의 십대가 약물을 복용하고 있습니다. 미국 암학회는 폐암으로 인한 사망 중 87%가 흡연에서 기인하는 것으로 추정하고 있습니다. 하지만 우리나라의 경우 성인 남성흡연률이 61%로 세계 최고이며, 그들 대부분은 청소년기에 담배를 피우기 시작했다고 합니다. 술, 약물, 담배는 초기에 예방할 수도 있는 가벼운 병이나 질환, 장애, 사망의 주범입니다.

처음부터 시작하지 않는 것이 현명한 태도겠지요. 이미 시작했다면,

끊으세요. 학교나 지역단체의 금연교실이나 무료전화안내와 상담전화를 포함, 많은 곳에서 도움을 받을 수 있습니다.

체중에 대해 고민하지 않는다

대신, 자신만의 건강체중을 찾도록 합니다. 자신의 몸이 원하는 체중을 찾게 되면 기분이 나아지고, 보기에도 좋으며, 건강을 유지할 수 있습니다. 자신의 건강체중이 친구의 체중과 다르더라도 걱정할 필요는 없습니다. 전에도 말했지만, 사람들의 몸은 각자 모두 다르니까요. 적절한 식사를 계속 하다보면, 항상 든든하고 힘이 넘치며 전반적으로 '균형 잡히고' 안정감을 느끼는 단계가 옵니다. 섭식장애를 유발할 수 있는 무절제한(너무 많이 먹거나 너무 적게 먹는) 식습관은 피하도록 합니다.

섭식장애에는 3가지 유형이 있습니다. 남학생보다 여학생에게 문제가 될 소지가 더 크기는 하지만 모두에게 영향을 미칩니다.

- 신경성 폭식증: 폭식하고 나서 고의적으로 구토를 유발하는 방식으로 먹은 음을 제거해버리는 증상.
- 신경성 거식증: 스스로 굶는 증상. 심리적인 요인으로 시작하지만 결국은 몸이 음식을 받아들이지 않는 지경에까지 이르기도 한다.
- 폭식비만: 잔뜩 먹고도 음식을 제거하지 않는 증상. 비만과 끊임없는 다이어트의 악순환을 반복하게 된다.

3가지 유형 모두 치료가 필요할 정도로 증상이 아주 심각해질 수 있습니다. 어떤 경우에는, 섭식장애가 죽음으로 이어지기도 합니다. 다음의 실화처럼 말입니다.

경희(가명)는 열네 살의 인기 많은 여중생이었습니다. 하지만 그녀는 '뚱보'가 될까봐 항상 두려워했고, 그래서 밥을 먹은 후에는 몰래 화장실로 가서 먹은 것을 모두 토해내기 시작했습니다. 얼마 후, 경희는 인터넷에서 '베이킹 소다(중탄산나트륨)'를 물에 조금 타서 마시면 그 향이 역겨워서 자동적으로 토하게 된다는 사실을 알았습니다.

어느 날 아침, 경희의 엄마는 욕실에서 나는 비명소리를 들었습니다. 욕실문이 잠겨 있었고요. 서둘러 열쇠를 찾아내 문을 연 엄마는 깜짝 놀라고 말았습니다. 사랑스런 딸이 뭔가 잘못되었는지 배를 움켜쥐고 바닥에 쓰러져 있었습니다! 경희는 물 한 잔에 베이킹 소다를 몇 수저씩이나 쏟아 붓고는 들이마셨던 것입니다.

과학시간에 베이킹 소다와 식초를 섞는 실험을 해본 적이 있습니까? 실험용 '화산'이 폭발하거나, 실험용 소다 병의 뚜껑이 하늘 높이 튀어 올라가는 것을 보았을 것입니다. 경희의 몸속에서도 똑같은 일이 벌어졌습니다. 베이킹 소다가 그녀의 위산과 결합하여 다량의 이산화탄소를 발생시켰던 것입니다. 경희의 배는 농구공처럼 부풀어 올랐고, 그 통증은 아마 이루 말로 하기 힘들 정도였을 것입니다.

경희의 엄마가 그녀를 병원으로 급히 데려갔지만, 이미 때는 늦었습니다. 복부팽창으로 인해 장기에 혈액이 공급되는 길이 막혀버렸던 것입니다. 그날 밤, 살아가는 데 아무 부족함이 없었던 그 총명한 소녀는 장기부전으로 숨을 거두고 말았습니다.

전염병으로부터 자신을 보호한다

어렸을 때 예방접종을 모두 받았을 것입니다. 그래도 새로운 면역주사를 맞을 때가 되지 않았는지 수시로 확인해보아야 합니다. 보건소에 가면 무료로 검사해주기도 합니다. 오늘날 의학전문가들은 11~12세의 청소년들도 B형 간염주사와 수두바이러스백신을 맞아야 할지도 모른다고 말합니다. 거기에 두번째 홍역접종, 유행성 이하선염, 풍진백신, 파상풍이나 디프테리아톡소이드 주사까지 확인해봅시다.

성병과 원치 않는 임신으로부터 자신을 보호한다

스스로를 지키는 최선의 방법은 자기 자신을 책임질 수 있을 때까지 성행위를 자제하는 것입니다. 에이즈를 포함한 성병과 임신에 관한 지식을 습득하세요. 누군가가 성관계를 갖도록 강요한다면, 믿을 수 있는 어른에게 말하고 거절하는 방법에 대해 도움과 지원을 청하도록 합니다.

햇빛으로부터 자신을 보호한다

야외에서 시간을 보낼 일이 있을 때, 특히 오전 10시부터 오후 2시 사이에는 항상 자외선 차단제를 발라주어야 합니다. 자외선은 피부노화, 주름은 물론 피부암까지 일으킬 수 있습니다. 강한 햇빛에 오랜 시간 노출되면, 피부에 화상을 입게 될 수도 있습니다.

정신적·정서적으로 건강해지는 법

두뇌는 무한히 뻗어 있는 미지의 땅으로 이루어진 세계다.

– 산티아고 라몬 이 카할

다음의 수칙들을 실천한다

- 다 쏟아냅니다.
- 말해버립니다.
- 깨끗이 잊습니다.
- 그리고 앞으로 나아가세요!

두뇌에 휴식시간을 준다

몸과 마찬가지로, 두뇌도 정기적인 휴식과 안정이 필요합니다. 자면서 꿈을 꿀 때, 두뇌는 화학물질과 단백질 등을 분비해 깨어 있는 동안 소모했던 것들을 다시 보충합니다.

두뇌를 운동시킨다

몸과 마찬가지로, 두뇌도 정기적인 운동으로 성장합니다. 유연성을 유지하고 더 강하게 만드는 것입니다. 그러니 두뇌를 계속 움직이세요! 읽고, 생각하고, 의문을 던지고, 문제를 해결하고, 새로운 것을 배우고 시도하도록 합니다(숙제는 훌륭한 두뇌 운동이랍니다). 한편 '육체적인' 활동을 하는 것은 두뇌의 건강을 위해 아주 좋습니다. 여러 연구에 의하면 에어로빅은 기억, 사고력은 물론, 정신적 반응을 증대시킨다고 합니다.

건강하게 잘 먹는다

몸과 마찬가지로, 두뇌도 영양분이 필요합니다. 뇌기능을 향상시키는 식품에 대한 의견은 연구자들 사이에서도 분분하지만, 두뇌에 가장 필요한 것은 다양하고 균형 잡힌 식단이라는 데는 이견이 없습니다.

자신의 감정을 느낀다

기분이 나빠도 크게 걱정하지 마세요. 가끔 슬프고, 좌절하고, 화나고, 걱정되고, 죄책감이나 두려운 느낌이 들어도 괜찮습니다. 용기를 가지고 자신의 감정에 맞서도록 하세요. 자신의 내면을 들여다보고 왜 그런 느낌을 갖게 되는 것인지 알아내려 노력하세요. 자신의 감정상태를 인식하고, 인정하고, 체험하는 것은 유익한 일입니다. 고통스럽거나 불편한 감정이라고 해서 애써서 없애버리려고 하면 오히려 문제가 커지는 법입니다. 그러니 마음껏 울어보든지, 밖에 나가 쓰레기더미나 호수에 돌멩이를 힘껏 던져보든지, 소리치거나 발을 굴러보세요. 자신이나 타인에게 해가 되지 않는 방식으로 '나쁜' 감정들을 날려 보내는 것입니다. 도저히 감당할 수 없는 감정이 밀려든다면, 혹은 강렬한 감정에 압도당하거나 짓눌려 있는 느낌이라면, 믿고 의지할 수 있는 어른을 찾아봅니다.

탈출구를 찾지 않는다

고통스럽거나 불편한 감정에서 도망가고 싶은 유혹을 느낄 것입니다. 잠만 자고, TV만 보고, 할 일을 내일로 미루고, 수업을 빼먹고, 숙제를 나 몰라라 하고, 책임을 회피하고, 혼자 틀어박혀 있다거나, 술이나 담배, 음식 등을 탐닉하는 건 어렵지 않습니다. 하지만 그런다고 해서 자신의 감정으로부터 도망칠 순 없습니다. 여러분이 어디를 가든 따라오게 마련이지요.

일어난 일들을 인정한다

두 손 들고 그냥 포기하라는 말이 아닙니다. 슬프거나 좋지 않은 일이라도 과감히 헤쳐 나가라는 뜻입니다. 결승전에서 역전골을 넣지 못했다고 두고두고 자책할 이유가 있을까요? 친구 한 명을 잃었다고 스스로를 괴롭힐 까닭이 있을까요? 자신이 바꿀 수 없는 일에 에너지를 낭비하지 마세요. 과거보다는 미래가 중요한 법이니까요.

기분이 나아질 수 있는 방법을 마음껏 즐긴다

다음의 10가지 방법을 실천해봅시다. 기분이 한결 나아질 것입니다.

1. 자신이 '바꿀 수 있는' 일에 집중한다. 자신이나 타인을 해치지 않으면서 스스로 '할 수 있는' 일을 모색한다.
2. 자신의 느낌을 일기에 쓴다. 무슨 일이 있었고 어떤 느낌이었는지 적어보면 긴장감이나 슬픔, 분노 등을 털어버릴 수 있다.
3. 자신의 감정을 적는다. 그것이 어떻게 보일지 걱정하지 말고, 틀릴까봐 걱정할 필요도 없다. 그냥 적으면 된다.
4. 조용한 음악을 듣는다.
5. 자신이 좋아하는 일을 한다. 책 읽기, 자전거 타기, 산책, 비디오 보기, 고양이 돌보기, 친구와 시간 보내기 등 무엇이라도 좋다.

6. 명상이나 기도를 한다.

7. 긴장을 완화하는 법을 연습한다. 독수리처럼 두 팔을 쭉 뻗어보든지, 편안한 의자에 앉아 본다. 숨을 들이마시고 내뱉으면서 모든 근육을 풀어준다. 그리고 스스로 이렇게 생각하거나 말한다. "난 이 일에 맞설 수 있어. 난 해결할 수 있어. 난 할 수 있어."

8. 누군가를 위해 봉사한다. 다른 사람을 돕는다는 것이 얼마나 기분 좋은 일인지, 해보지 않고서는 모를 것이다. 그렇게 한다고 해서 문제가 사라지는 것은 아니지만, 당신은 왠지 문제를 잘 해결할 수 있을 것만 같은 자신감을 얻게 될 것이다.

9. 슬픈 감정이 든다면, 스스로 제한시간을 만든다. 한 시간, 네 시간, 하루, 혹은 일주일 후면 기분이 나아져야 한다고 결심한다.

10. 1~9번까지의 단계를 실천했는데도 별 도움이 되지 않는다면, 다른 사람의 의견을 구한다. 당신을 아끼는 다른 사람과 이야기하고 함께 해결책을 모색해보거나, 전문적인 도움을 받을 수도 있다. 부모님이나 학교 상담선생님, 청소년 단체의 심리상담사, 종교 지도자 등을 찾아가 이야기해본다. 이가 아프면 치과에 가야 한다. 마찬가지로, 아무것도 하지 않고 마음의 병을 키우지는 마라.

만약 나라면 이럴 때 어떻게 할까?

하나 정부는 '모든' 국민이 건강관리제도의 혜택을 받도록 보장할 책임이 있을까? 아니면 단지 '일부' 국민들만 챙겨야 할까? 불법입국자 문제는 어떤가? 누가 건강관리제도를 지원해야 할까?

둘 아기들은 병균에 대한 몸의 면역성을 길러주기 위해 연령별로 알맞은 예방주사를 맞아야 한다. 하지만 종교나 개인적 이유로, 혹은 그다지 필요성을 느끼지 못해서 예방접종을 해주지 않는 부모들도 있다. 부모들에게 자녀의 예방접종을 거부할 권리가 있을까? 그렇다면 그 이유는 무엇이고, 그렇지 않다면 그 이유는 무엇인가? 부모가 가진 종교 및 표현의 자유와 자녀의 건강 중 무엇이 가장 중요한 것인가?

셋 전 세계에서 기아에 허덕이는 인구는 자그마치 8억 5천만 명에 이른다고 한다. 매일 밤 배고픔에 지쳐 잠자리에 드는 수많은 아이들을 누가 먹여야 하는가? 부모의 책임인가? 정부의 책임인가? 이 문제를 어떻게 다루어야 한다고 생각하는가?

넷 HIV 보균자들은 여러 면에서 부당한 대우를 받고 있다. 그들의 신원이 보호받아야 할까? 그렇다면 감염으로부터 보호받을 권리는 어떻게 하는가? HIV 보균자들의 직업(은행원, 학교식당 급식담당자, 의사, 교사, 비행기 조종사, 요리사, 버스기사, 오케스트라 연주자, 보육원 종사자 등)에 따라 견해가 달라질까?

건강을 유지하기 위한 활동

1. 환경조사

건강에 유익하지 못한 환경에 대한 조사를 실시한다. 위생적이지 못한 학교급식으로 인한 피해사례를 조사하거나, 결식아동들의 실태에 대한 결과를 수집할 수도 있다.

2. 일일 단식

음식 없이 하루를 지내보고 배고픔을 체험한다. 먼저 부모님의 허락을 구하고, 수시로 자신의 건강상태를 확인해야 한다. 단식중에는 어떤 격렬한 육체활동에도 참가하지 않는다. 단식이 끝난 후에는 그 경험에 대해 일기를 쓴다.

3. 건강·의학 분야의 위인에 대한 조사

건강과 의학 분야에 중대한 기여를 했던 사람에 관해 조사하고 보고서를 작성한다. 예를 들어 알베르트 슈바이처, 플로렌스 나이팅게일, 허준 등이 있을 수 있다.

4. 목표심박수 구하기

자신의 목표심박수를 계산한다. 자신의 목표심박수(Target Heart Rate, THR)를 구하는 공식은 다음과 같다.

$$\frac{(220-\text{나이}) \times 70\%}{6} = \text{자신의 THR}(\text{10초간})$$

THR은 육체적인 활동을 하는 동안 가장 적절한 심박수다. 가령 20~30분간 걷거나, 자전거를 타거나, 수영, 달리기, 테니스를 할 때 등 어떤 활동을 하건 간에 심장이 도달(또는 근접)해야 하는 속도다. 활동을 중지하면 건강한 심장은 10초 이내로 정상속도로 돌아가기 시작한다. 그러므로 활동을 지속하면서 손목이나 목에 손가락을 대고 맥박수(맥박수와 심박수는 같다)를 확인해본다. 맥박수가 자신의 THR보다 높다면 너무 무리했다는 표시다. 반대로 낮다면, 운동 강도를 좀더 높여야한다.

응용 앉아 있거나 휴식을 취한 후 맥박수를 확인한다. 20~30분간 활동한 후 다시 확인한다. 휴식했을 때와 운동한 후의 맥박수를 서로 비교해본다.

5. 세계 여러 나라의 기아와 질병

기아문제가 가장 심각한 국가들은 어디인가? 질병에 가장 '취약한' 곳은 어디인가? 자신의 조사결과를 보여주는 지도를 만든다. 더불어 조사를 통해 알게 된 여러 사실들, 수치나 그림, 질병의 이름 등의 정보 등을 표시한다.

응용 기아구호 운동단체에 대해 조사해본다. '사랑의 빵'의 의미를 알아보고, 그밖에도 세계의 기아구호 운동에 참여할 수 있는 방법을 모색해본다.

6. 장기기증 운동

장기기증에 대한 긍정적인 인식을 유도한다. 종교나 개인적 이유로 장기기증에 반대한다 하더라도, 병원에 문의해 사람들이 장기기증을 하도록 유도할 수 있는 방법을 알아본다. 전화번호가 적힌 카드를 나눠주는 방법도 있을 것이다. 병원이 제공하는 전단이나 책자를 배포할 수도 있다.

7. '성적 압력에 거부하는 방법'에 대한 역할연기

십대 미혼모와 낙태 실태는 특성상 쉽게 파악이 어렵기 때문에, 공식적인 통계는 없다. 하지만 우리나라에서는 매일 5천 명이 넘는 태아가 강제로 버림받고 있고, 그 중 16~20세의 소녀들의 낙태는 30%에 이른다. 미혼모의 연령도 점점 낮아지고 있어 1998년에는 십대 미혼모의 비율이 전체 미혼모의 50%를 넘어섰다고 한다. 친한 친구나 같은 반 친구들과, 아니면 청년회나 단체에 참여해 다양한 방법으로 역할연기를 해보자. 이런 식으로 대비가 되어 있는 학생들은 성적 압력을 거부할 수 있고 성병이나 원치 않는 임신을 피할 수 있다.

8. 학교급식 평가

식품구성탑을 기준으로 학교급식을 평가한다. 급식메뉴에는 식품구성탑이 권장하는 다양한 식품군들이 적절히 배합되어 있는가? 급식의 위생상태는 어떠한가? 학생들은 학교급식의 맛과 영양에 대해 만족하는가? 자신의 조사결과와 개선을 위한 제안사항을 교장선생님께 보고한다. 학교급식을 제공하는 회사는 어떤 개선책들을 시행해야 할까? 학교는 학생들에게 건강한 식습관을 위한 '바르게 먹기' 캠페인을 시작해야 할까? 반드시 급식을 제공하는 사람들과 이야기해보고 그들의 입장을 고려해보아야 한다.

9. 패스트푸드의 영양적 가치

기존 패스트푸드점에서 파는 햄버거보다 '웰빙'을 표방하는 신종 패스트푸드점의 햄버거가 몸에 더 좋을까? 요즘은 많은 패스트푸드 업체들이 고객에게 제품의 영양정보를 제공한다. 자신이 조사한 것들을 바탕으로 보고서를 작성한다.

10. '식품군 외우기' 게임

- 준비
  - ⓐ 한국영양학회의 식품구성탑이 규정한 각 식품군의 카드를 한 장씩 만든다. 다섯 개의 카드를 만들어야 할 것이다.
  - ⓑ 각 군에 해당하는 식품들을 나타내는 카드들을 따로 만든다. 각각의 식품을 나타내는 카드를 두 장씩 만든다. 원하는 만큼 식품카드를 만들 수 있지만, 25쌍의 카드로 시작하는 것이 바람직하다.

    예 우유카드, 당근카드, 곡물카드, 사과카드, 초콜릿카드, 돼지고기카드 등 각 두 장씩
- 게임하기
  - ⓐ 5가지 식품군의 카드를 바닥이나 큰 탁자 위에 잘 보이도록 일렬로 배열한다.
  - ⓑ 식품카드들을 뒤집어놓은 다음, 잘 섞는다.
  - ⓒ 첫번째 사람이 식품카드 두 장을 선택하여 뒤집는다. 같은 짝

이면, 그것들이 속한 식품군카드 아래에 놓으며 2점을 얻고, 다시 한 번 한다. 만약 뽑은 카드 두 장이 같은 식품군이 아니거나 뽑은 사람이 짝을 잘못 맞췄다면, 그 사람은 다시 바닥이나 탁자에 카드를 뒤집어놓고 섞는다. 그러면 다음 사람 차례가 된다.

ⓓ 모든 식품카드가 짝을 찾고 각 식품군카드 아래 배열될 때까지 게임을 계속한다.

CHAPTER 12

정직 : 스스로에게 솔직하기

진실·순수·명예·공정·신뢰·성실

잘 차려입은 거짓보다는 벌거벗은 진실이 항상 나은 법이다.   - 앤 랜더스

승훈이는 숙제를 마치고 TV 앞에 앉아 있었습니다. 그때, 전화벨이 울렸습니다. "전화 받아!" 누나가 자기 방에 콕 처박힌 채 소리쳤습니다. "민재라고 하면, 나 없다고 해."

"왜?" 승훈이가 되물었습니다.

"이 바보! 그냥 받으라니까! 이번 주말에 같이 영화 보러 가자고 할 텐데, 나 다른 오빠랑 약속이 있단 말이야. 그러니까 그냥 없다고 해."

승훈이는 전화벨이 일곱 번 울릴 때까지 계속 망설였습니다.

"거짓말은 못하시겠다? 좋아, 그렇다면 내가 문 밖에 나가 있을게." 누나가 말했습니다. "그럼 난 정말 집에 '없는' 거야." 승훈이가 전화를 받자 누나는 현관문을 열고 밖으로 나갔습니다.

만약 민재의 전화라면 승훈이는 누나가 집에 없다고 거짓말을 해야 할까요? 여러분도 그런 거짓말을 한 적이 있었나요? 이런 상황에서는 어떻게 대처하는 것이 바람직할까요?

때로는 하루 종일 되는 일이 없는 날이 있습니다. 머리모양도 맘에 안 들고, 점심시간 땐 급식쟁반을 떨어뜨려 옷을 다 버려놓았습니다. 게다가 집에 오는 길에는 비까지 옵니다. 우산도 없는데 말이죠! 엉망 진창인 하루를 보내고 완전히 녹초가 되어 집으로 돌아온 여러분은, 책가방을 아무렇게나 집어던지고는 어머니께 인사도 하지 않은 채 방으로 들어가려 합니다. 그런 여러분을 본 어머니는 "무슨 일이니, 얘?" 라고 물으며 따라오시는데, 여러분은 "아무것도 아니에요!"라고 소리치고는 어머니 눈앞에서 방문을 쾅 닫아버립니다. 여러분은 어머니께 정직한 것인가요? 자기 자신에게는 어떻습니까?

부정직한 생각은 부정직한 행동으로 이어질 수 있습니다. 사실 여러분은 무슨 일이 있었는지 어머니께 말씀드리고 싶지 않았던 것입니다. 그럴 기운이 없기도 했지만, 하루 동안 일어났던 불쾌한 일들과 정면으로 다시 부딪혀야 하기 때문이었지요. 바보 같은 실수를 했든, 친구와 싸웠든, 선생님께 혼났든, 차라리 아무 생각도 하지 않는 편이 나았을 것입니다. 결국 여러분은 어머니께 거짓말을 했고, 사실을 덮어버리고는 버릇없게 구는 것으로 하루를 마무리했습니다. 그런다고 해서 기분이 조금 나아질까요? 오히려 애꿎은 어머니께 화풀이한 것 때문에 더 괴로워졌을지도 모릅니다.

기분 나쁜 하루를 보내는 건 '끔찍한' 일이 아닙니다. 모든 사람이 그러니까요. 여러분이 '재수 없는 날'의 사건들 속에서 허우적대지 않고 생각을 멈췄다면, 어머니께 이렇게 말씀드릴 수 있었을 것입니다. "저 오늘 하루 종일 엉망이었어요. 지금은 잠깐 혼자 있고 싶어요." 그렇게 했다면 여러분은 별다른 죄책감을 느끼지 않고 문제를 어떻게 할지 생각할 수 있는 조용한 시간을 가질 수 있었을 것입니다.

대부분의 경우, 정직은 최선의 행동일 뿐만 아니라 양자택일보다도 더 간단한 일이기도 합니다.

진실을 말해야 하는 8가지 중대한 이유

절반짜리 진실은 그럴듯한 거짓말일 경우가 많다.

- 벤저민 프랭클린

1. 진실을 말하면 실제로 무슨 일이 있었는지 모두가 알게 된다. 따라서 오해나 혼동, 갈등의 소지가 적다.
2. 진실을 말하면 선량한 사람들이 비난이나 벌을 받지 않도록 보호할 수 있다.
3. 진실을 말하면 그 일로 인해 모두가 교훈을 얻게 된다.
4. 보통은 진실을 말할 때보다 거짓말을 하거나 거짓말이 발각되었을 때 더 큰 문제로 번진다.
5. 진실을 말할 때 다른 사람들로부터 더 많은 신뢰를 얻는다.
6. 자신의 거짓말을 믿게 하려고 또 다른 거짓말을 하고, 그 거짓말들을 기억해내려고 머리가 복잡해지지 않아도 된다.
7. '진실한 사람'이라는 평판을 얻게 된다. 사람들은 진실한 사람을 좋아한다.
8. 진실을 말하면 내면의 안정과 평화를 느끼는 데 도움이 된다.

어쩜 좋담!

친구에게 자원봉사를 하러 갈 수 없다고 했어.

엄마 심부름은 해야 한다고 했지…

엄마한테는 심부름을 할 수 없다고 말했어.

선생님께서 시키신 일이 있다고 했지…

선생님께는 도와드릴 수가 없다고 말씀드렸어.

오늘 저녁에 자원봉사를 하러 간다고 했지…

뭐가 어떻게 된 거야?

여러분만의 '진실을 말해야 하는 중대한 이유' 목록을 만들 수도 있을 것입니다. 그렇게 해두면, 진실로 가는 길에서 벗어나지 않는 데 도움이 될 것입니다. 한편, 다른 길로 가고 싶은 유혹을 느낄 때마다 항상 기억해야 할 10가지 도움말이 있습니다.

더 진실해지기 위한 10가지 도움말

1. 자신을 걸고 맹세한다

"오늘부터 난 진실을 말하는 사람이야." 그리고 자신의 맹세를 지킵니다.

2. 자신의 맹세를 누군가에게 알린다

가까운 친구, 부모님, 선생님 등 여러분이 믿는 사람이면 됩니다. 그 사람에게 자신이 그 맹세를 잘 지키고 있는지를 계속 알려줍니다.

3. 말하기 전에 먼저 생각한다

거짓말이 튀어나오려고 하거나 핑계거리를 찾고 있다는 생각이 들면, 이야기를 하기에 앞서 먼저 생각합니다. 그로 인한 결과를 곰곰이 생각해본다면, 진실을 말하는 편이 낫겠다는 결론에 도달할 것입니다.

4. 과장, 풍자, 모순된 표현을 사용할 때는 항상 주의한다

재미있게 말하고 싶을 수도 있고, 더 이상의 질문이나 대화를 막아 버리고 싶을 수도 있습니다. 어느 쪽이든, 사람들에게 잘못된 정보를 줘서는 안 됩니다.

만약 수학시험에서 세 문제를 틀렸는데 저번보다 못 본 거라면 여러분은 화가 날 것입니다. 그래서 아버지가 "수학시험은 어땠니?"라고 물으시면, "망쳤어요!"라고 대답합니다. 그럼 아버지는 여러분이 실제보다 더 시험을 못 본 것으로 생각하시고는 걱정을 하실 것입니다.

5. 진실을 왜곡하거나 그 중 일부를 무시하지 않도록 주의한다

예를 들어볼게요. 영숙이가 현석이에게 이렇게 말합니다. "집에서 생일파티에 같이 가라고 허락해주실지 모르겠네. 사정이 그렇다고 철원이한테 말 좀 전해줄래?" 영숙이의 말은 부모님께서 그 시간에 파티에 가도록 허락하지 않으실지도 모른다는 뜻이었습니다. 하지만 현석이는 철원이에게 이렇게 말합니다. "영숙이 아빠가 너하고 같이 파티에 가면 안 된다고 하실지도 모른데." 이제 철원이는 영숙이의 아버지가 자기를 좋아하지 않으며, 어쩌면 영숙이도 자신과 함께 가길 원치 않을 거라고 생각합니다. 이리저리 아무리 궁리해봐도 이유를 모르겠습니다. 은근히 부아가 치밀어 오르기도 합니다. 이런! 현석이의 사소한 왜곡으로 장차 영숙이와 철원이의 관계에 중대한 변화가 올 수도 있겠네요.

6. 사소하고 악의 없는 거짓말에 빠지지 않는다

'덮어주기'에 동원되지 않도록 주의합시다. 승훈이의 이야기로 돌아가 생각해봅시다. 승훈이가 "누나 집에 없어요."라고 말한다면, 그건 누나가 '집에 없다'는 의미입니다. 현관 밖에 서 있는 건 포함되지 않고요.

7. 무언의 거짓말을 경계한다

어떤 거짓말에 대해 알고도 가만히 있기로 선택한다면, 그 거짓말을 묵인하는 것이나 다름없습니다. 침묵은 곧 공모랍니다.

8. 자신이 거짓말하고 있음을 깨달으면, 다시 원위치로 돌아간다

즉시 그 자리에서 거짓말을 수정합니다. 아버지께 "망쳤어요!"라고 말하는 대신 "제 말은 수학시험에서 세 문제를 틀렸기 때문에 저번보다 못했다는 뜻이에요."라고 말합니다.

9. 스스로에게 말한다

"이 문제에 대한 내 진짜 느낌은 뭘까? 무엇을 해야 최선일까? 나와

의 맹세를 어떻게 지켜나갈 수 있을까?" 단, 크게 소리내어 말하면 곤란합니다. 사람들이 좀 이상하다고 생각할지도 모르니까요.

10. 어려운 상황에서도 진실을 말했다면, 스스로를 대접한다

등을 토닥여주고, 기쁨을 줍니다. 하룻밤을 할애해서, 무엇이든지 자신을 위한 일을 하세요.

진실을 말하는 것은 수술을 받는 것과 같다.
당시에는 아플 수도 있지만, 곧 치료가 되는 법이다.
– 한 수인

정직해진다는 것은 진실을 말하는 것 이상의 의미를 담고 있습니다. '정직'한 사람은, '순수'하고 '명예'와 '공정심'이 있으며, '믿음'과 '진심'이 있습니다. 겉으로 정직하지 않으면, 안으로도 마찬가지입니다. 자기 자신은 물론, 누구에게나 솔직해야 합니다.

어려운 것 같나요? 사실 정말 그렇습니다. 하지만 여러분 주위에도 정말 '정직'한 사람이 있을 것입니다. 그 사람이 여러분의 친구라면, 여러분은 정말 운이 좋은 것입니다.

한결같이 솔직한 사람

순수한 사람은 사람들에게 아첨하지 않습니다. 남들이 자신을 좋게 생각하도록 하기 위해 굳이 애쓰지 않는다는 것입니다. 예를 들어 한 친구가 새로 산 푸른색 셔츠를 입고 학교에 나왔다고 합시다. 그 친구가 여러분에게 물어봅니다. "나 어때?" 사실, 여러분 눈에는 그다지 근사해보이지 않습니다. 하지만 여러분은 그 친구 앞에서는 "멋져!" 하고 칭찬해주고는, 나중에 다른 친구들에게는 "저 옷 정말 촌스럽지 않니?"라며 비웃습니다. 그런 행동은 정말 순수하지 못합니다. 그렇다고 그 친구 앞에서 "이상해. 돈 주고 산 거 맞아?"라며 빈정거려서 괜히 친구의 마음을 상하게 해서도 안 됩니다.

사실 이 상황은 무척 애매합니다. 적당히 "괜찮네…"라고 말하고 씩 웃어주거나, "이 옷도 괜찮은데, 사실 전에 입던 게 더 좋은 것 같아."라고 말해줄 수도 있습니다. 여러분과 그 친구의 관계에 따라 반응하는 방법도 달라질 것입니다. 어떤 게 최선인지를 판단해야 합니다.

순수한 사람에게는 위선과 가장이 없습니다. 자신의 감정을 터놓고 솔직하게 표현하지요. 애매한 의도나 숨겨진 문제 없이 자연스럽게 말합니다. 사람들은 순수한 사람이 악의 없이 말하고 행동한다는 사실을 알고 그 사람을 믿습니다.

인생에서 가장 소모적인 일은 위선이다.
– 앤 모로 린드버그

명예의식을 갖춘 사람

학교가 파한 후, 집으로 가던 중에 숙제할 책을 두고 온 것이 생각나서 다시 교실로 돌아갔습니다. 교실 문을 열려는 순간, 선생님의 성난 목소리가 들립니다. "훔쳐간 급식비는 돌려주도록 해. 다른 학생들이 알면 뭐라고 하겠니?" 곧이어 같은 반 친구의 울먹거리는 목소리가 들렸습니다. "하지만 선생님, 제가 훔쳐간 게 아니에요!" 사실, 여러분은 점심시간에 어떤 학생이 선생님의 책상에서 급식비를 몰래 가져가는 것을 목격했었습니다. 하지만 지금 혼나고 있는 그 학생은 아닙니다! 만약 여러분이 아무 말도 하지 않는다면 거짓말을 하는 셈일까요? 원칙적으로는, 아닙니다. 그렇다면, 올바른 일일까요? 역시 아닙니다.

여러분에게 명예의식이 있다면, 올바른 선택을 할 것입니다. 옳은 일을 '어떻게' 할 것인지 생각하고 마음속으로 몇 가지 시나리오를 완성하는 데 조금 시간이 걸리겠지만, 가만히 있어서는 안 된다는 사실은 알 것입니다. 이 경우에는 자신이 목격한 것을 말씀드려서 선생님의 판단에 맡겨야 합니다. 아니면, 돈을 가져간 학생에게 가서 사실을 밝히고 돈을 돌려주는 게 어떻겠냐고 설득할 수도 있습니다. 그 학생이 발뺌을 하려 한다면, 선생님께 말씀드려야 합니다. 엉뚱한 학생이 하지도 않은 일로 억울하게 비난받도록 내버려두어서는 안 됩니다.

거짓은 말로도 침묵으로도 행해진다.
– 아드리엔느 리치

명예의식을 갖는 건 쉬운 일이 아닙니다. 그것은 자신의 말과 행동 모두에 거짓이 없다는 의미이기 때문입니다. 자신의 삶이 곧 진실을 반증하기 때문에, 사람들은 그 사람이 말하는 대로 행동하고 실행한다고 믿을 수 있습니다. 정직한 사람은 침묵하는 것이 더 편할 때조차도 진실을 옹호합니다. 거짓말을 하는 사람이 자신의 친구라 해도, 명예의식이 있는 사람은 진위를 가려내기 위해 진실을 말합니다.

명예의식을 갖는다는 것은 또한 거짓말을 할 가능성이 있는 누군가를 참고 이해해준다는 뜻이라고 할 수 있습니다. 거짓말을 묵인하는 것이 아니라, 그 사람을 용서하는 것입니다. 사람은 때로 바보 같은 선택을 하고 실수를 저지르게 마련이니까요.

받아야 하는 만큼만 받는 사람

공정심이 있는 사람은 요행이나 술수를 바라지 않습니다. 자신에게 아무리 좋은 것이 주어진다고 해도, 스스로 자격이 있다고 생각되지 않으면 받지 않습니다. 그리고 자신이 받는 칭찬이나 인정, 상 같은 것들이 혼자만의 힘으로 얻어낸 것이라고 여기지도 않습니다. 만약 글짓기 대회에서 1등상을 받았다면, 상을 받고 벅찬 마음에 활짝 웃는 것만으로 그치지 않습니다. 여러 시간 자신의 생각을 들어주고 여러 가지 좋은 제안을 해주신 선생님께도 감사의 말씀을 전하는 것이지요.

공정심도 정직한 마음에서 비롯되는 것입니다. 공정하고 정직한 사람은 어떻게 하는지 살펴볼까요? 지난 주 피아노 연습을 세 번밖에 하지 않았는데 피아노 선생님께는 "매일 연습했어요!"라고 말씀드리지 않습니다. 동생과 싸우지 않고 저녁 설거지를 했다는 사소한 이유로 아버지께 용돈을 받지 않습니다. 동네 슈퍼마켓에서 점원이 1천 원을 거슬러 줘야 하는데 5천 원짜리를 거슬러 줬다고 해도, "어, 헷갈리셨나봐요. 1천 원만 주시면 되는데…"라고 솔직히 말합니다. 집에 와서야 그 사실을 알았다고 해도 다시 '돌려주는' 것입니다.

사람들에게 믿음을 주는 사람

부모님께 신뢰를 얻으면, 평소보다 집에 조금 늦게 들어가더라도 크게 걱정을 하시지 않습니다. 외출할 때마다 번번이 "일찍 들어와라!" 하는 잔소리를 듣지 않아도 되고요. 마찬가지로, 부모님께서 잠시 집을 비울 일이 있으셔도, 여러분이 잘 하리라고 믿으실 것입니다. 친구들을 불러와 집안을 난장판으로 만들어놓지는 않을 거라는 사실을 알고 계시기 때문입니다.

선생님들은 학교에 지각하지 않는 학생을 믿음직스러워하십니다. 그런 학생은 간혹 숙제하는 것을 깜빡 잊었다 해도, 거짓말과 변명을 늘어놓지 않고 선생님께 말씀드립니다. "그렇지만, 선생님께 숙제하는 걸 깜빡했다고 말씀드리면… 틀림없이 저한테 소리 지르실 텐데요." 물론 선생님은 화를 내시겠지요. 하지만 믿음을 주는 사람은, 자신의 행동으로 인한 결과를 군말 없이 받아들인답니다.

믿음직한 사람이 된다고 해서 언제나 완벽해야 한다는 의미는 아닙니다. 실수를 하더라도 여러분이라면 진실을 말하고 책임을 질 거라고 다른 사람들이 믿을 수 있다는 의미입니다. 예를 들어 여러분이 어떤 동아리의 회원이라고 가정해봅시다. 회장이 여러분에게 회원 열 명의 전화번호가 적힌 목록을 건네주며 전화를 하라고 말합니다. 믿음직한 여러분은, 전화를 일일이 돌릴 것입니다. 설령 전화하는 걸 잊었어도, 그 사실을 인정하고 즉시 전화하겠다고 약속한다면, 여전히 믿음을 잃지 않은 것입니다. '변명쟁이'는 사람들에게 믿음을 줄 수 없습니다.

자신의 진짜 모습을 내보이는 진실한 사람

진실한 사람의 '진짜 자아'는 사람들이 보는 모습 그대로입니다. 부풀리고 빼내고 꾸미고 덧칠하지 않은 자연스러운 모습 그대로의 존재이기 때문입니다. 다시 말해 여러분 자체가 진짜라는 말입니다.

진실한 존재가 되기 위해 힘든 시간을 보내는 사람들도 있습니다. 아마도 그들은 '다른 사람들이 진짜 내 모습을 좋아하지 않으면 어떡하지? 진심을 드러내도 괜찮은 걸까?' 하는 식으로 불확실한 결과를 두려워하고 있을 것입니다. 그래서 그저 그런 권투선수 아버지를 둔 남자아이는 "우리 아빠는 미들급 챔피언이야! 얼마나 잘 싸운다고!"라며 자랑합니다. 또 어떤 여자아이는 굉장한 부잣집 따님인 척하기도 합니다. 그러면 친구들이 자기를 중요한 존재로 여길 거라고 생각하기 때문입니다. TV나 신문에 나오는 정치인들도 본래의 자기 모습과는 사뭇 다른 '공인으로서의 모습'을 만들어냅니다. 그런 방법으로 더 많은 표를 얻기를 바라면서 말입니다.

진실한 존재가 된다는 것은 책략이나 음모, 거짓꾸밈 따위에 신경 쓰지 않는다는 말입니다. 여러분은 여러분일 뿐이며, 다른 사람들도 그 것을 알고 있습니다. 진실한 사람 곁에 있으면 모두가 편안하고 진실한 사람이 되게 마련입니다.

만약 나라면 이럴 때 어떻게 할까?

1   네 살짜리 조카가 산타클로스가 정말 있냐고 묻는다. 조카가 산타클 로스의 존재를 믿고 싶은 마음에 물어본 것인지는 잘 모르겠다. 정말 이라고 말한다면 거짓말하는 게 될까? 자기 의견에 대한 이유를 대 고, 양쪽 측면을 모두 생각해본다.

2   당신은 제2차 세계대전 당시 벨기에에 살고 있었고, 다락방에 유태인 가족을 몰래 숨겨 주고 있었다. 경찰이 현관문을 두드리고 유태인들 을 숨기고 있는지 묻는다. 거짓말을 할까, 아니면 진실을 말할까? 거 짓말했을 때보다 사실을 말했을 때 더 큰 실수를 저지를 수 있는 경 우가 있을까? 자신의 의견을 뒷받침할 수 있는 예들을 제시한다.

3   의류점에서 일하는 판매원이 있다. 한 손님이 너무 딱 붙는 옷을 입어 본다. 그리고 "어때요?"라고 물었을 때, 사실대로 말하는 것이 그 판매 원의 의무일까? 그렇다면 그 이유는 무엇이고, 아니라면 그 이유는 무 엇인가?

4   당신은 의사고, 환자 중 한 명이 심각한 심장병을 앓고 있다. 그런데 검사를 해보니 그 환자의 몸에서 암세포가 발견되었고, 이미 치료가 불가능한 것으로 판명되었다. 그 환자에게 암이 있다는 이야기를 해

주면 충격으로 심장마비를 일으킬지도 모른다. 당신은 환자에게 암에 대한 이야기를 해주어야 할까? 아니면 아무 말 않고 그 환자의 치료에 최선을 다해야 할까?

5　어느 날 밤, 부모님이 안 계실 때 형이 허락 없이 어머니의 자동차를 끌고 나갔다. 형은 차를 얌전히 몰았고, 집에 돌아오는 길에 기름까지 넣어두었다. 형이 '하지 않은' 한 가지는 열쇠를 원래 있던 곳에 도로 두는 것이었다. 나중에 어머니께서 "누가 차 열쇠를 여기다 옮겨 놓은 거지?" 하고 물으셨다. 형은 "전 아니에요."라고 말하고는 당신의 시선을 슬쩍 피한다. 그럴 때 당신은 어떻게 말씀드려야 하며, 그 이유는 무엇인가? 입을 다물고 형을 지켜줘야 할까, 아니면 사실대로 말해야 할까?

정직한 사람이 되기 위한 활동

1. '거짓말'에 관한 토의

학급이나 동아리 친구들, 또는 가족과 '거짓말을 밥 먹듯 한다'는 것이 무슨 뜻인지 토의한다. 사람들이 '밥 먹듯' 하는 거짓말 사례들과 그들이 그렇게 하는 이유들을 생각한다.

2. 목록 작성

정직이 자신에게 어떤 의미인지 알려주는 목록을 만든다. 예를 들어 다음과 같은 목록을 만들 수 있을 것이다.

- 주위에 아무도 없더라도 빨간 불이면 멈추는 것
- 점원의 실수로 거스름돈을 더 많이 받게 되면, 알아서 돌려주는 것
- 길에서 주운 지갑의 주인을 찾아주는 것

친구들에게도 그와 비슷한 목록을 만들도록 부탁한다. 자신의 것과 합쳐 소책자를 만들어 학급, 학교, 동아리, 가정, 사회단체에서 의견을 나눈다.

3. 역할연기

다음과 같은 상황이라면 어떻게 대응할지 역할연기를 한다.

- 한 친구가 담배를 주며 피워보라고 한다. 하지만 청소년에게 흡연은 금지되어 있고, 당신 또한 흡연은 건강에 좋지 않다고 생각한다.
- 한 친구가 가출할 계획이라고 털어놓는다. 하지만 당신에게 꼭 비밀을 지켜달라고 부탁한다.
- 같이 쇼핑하던 친구가 CD를 자기 외투 속에 슬쩍 집어넣더니 계산도 하지 않고 가게를 나온다.

4. 광고 분석

광고에 나타난 정직·부정직한 요소를 조사한다. 각종 신문과 잡지광고를 읽고 TV광고도 본다. 과장이 담겨 있거나, 실현 가능성이 없어 보

이는 약속을 하거나, 다른 제품을 근거 없이 비방하는 사례가 있는가? '항상', '결코', '완벽', '최고' 같은 단어들을 사용하고 있는가? 자신이 수집한 사례들을 모아 〈정직한 광고?〉라는 소책자를 만든다. 각 광고에 대한 자신의 평가와 더불어 광고의 정직성과 공정성을 확실히 하는 데 도움이 된다고 생각하는 지침을 담는다.

5. 시대·문화별 정직에 대한 개념의 변화 파악

예를 들어 조선시대와 현재의 문화를 비교해본다. 부정직한 행위(거짓말, 도둑질, 기만행위 등)에 대한 처벌이 어떻게 변했는가? 다른 문화권에서는 어떠한가? 조사한 것에 관해 보고서를 작성하거나, 짧은 희곡을 한 편 쓴다. 만화를 그릴 수도 있다.

6. 학교의 지도방침 조사

학교에서는 부정직한 학생들을 어떻게 지도하는지 알아본다. 학교에 학교생활 안내서가 있는가? 안내서에는 부정행위, 도둑질, 거짓말 등의 문제들에 대해 뭐라고 쓰여 있는가? 부정직한 행위를 한 학생들을 어떻게 취급하는가? 그것이 공정해 보이는가, 불공정해 보이는가? 그에 대한 학생들의 의견을 수집하기 위해 설문조사를 한 후, 자신의 조사결과를 학교에 보고한다.

응용 학교에 학교생활 안내서가 없다면, 그것을 만들기 위한 위원회를 구성한다. 그 위원회는 학교, 교직원, 학생 측을 대표하는 사람들로 구성되어야 한다. 먼저 다른 학교의 학교생활 안내서의 샘플을 수집해야 할 것이다. 직접 그 학교들에 문의하거나 홈페이지를 조사한다. 참고로 중·고등학교 및 대학 등 교육기관의 인터넷주소는 보통 '.edu'로 끝난다.

7. '정직'에 대한 설문조사

학급이나 교내에서 정직에 대한 설문조사를 실시한다. 187쪽에 있는 설문지를 복사하여 활용할 수도 있고, 자신이 직접 설문지를 만들어도 좋다. 설문지를 나눠주고 참가자들이 무기명으로 작성한 설문지를 반환할 수 있는 수거함을 만든다. 설문지를 수합한 후에 그 결과를 자료로 만든다. 그래프를 그려서 교실이나 교내에 전시할 수도 있다. 그래프에서는 남학생과 여학생, 또는 나이나 학년별로 그룹을 나누어 비교해봐도 좋을 것이다. 설문의 점수집계 방식에 대한 정보를 표시해야 한다.

- 설문의 점수집계방식: 각 문항 당 '그렇다'는 3점, '그럴 수도 있다'는 2점, 그리고 '아니다'는 0점을 준다.
- 점수평가방법: 27~30점=매우 정직, 22~26점=대체로 정직, 18~22점=규칙악용의 우려가 있음, 17점 이하=정직의 의미를 재평가할 필요가 있음

위의 점수기준에 동의하지 않을 지도 모른다. 그래도 괜찮다. 이 설문의 핵심은 판정에 있는 것이 아니라, 사람들로 하여금 정직에 대해 생각하고 얘기해보도록 하는 데 있다. 따라서 선생님과 그 기준을 상의해 학급이나 학교에 적용할 수 있는 다양한 유형을 생각해내도 좋을 것이다.

8. 역사적 인물 사진 수집

정직한 것으로 유명한 역사적 인물의 사진을 수집하고, 각 사람의

일화를 찾아본다. 에이브러햄 링컨, 조지 워싱턴 같은 인물이 있을 것이다. 위인들의 사진을 수집하고 벽에 붙여서 '정직 벽화'를 만든다.

응용 가까운 친구들에게 정직한 말과 행동을 했던 때에 관해 얘기해 달라고 한다. 그들에게 사진을 얻은 다음 정직에 대한 짤막한 이야기들과 함께 전시한다.

9. '진실윙크' 게임

진실과 거짓이 섞인 이야기를 제대로 전달하는 것이 얼마나 어려운지 알아보는 것이 이 게임의 목적이다. 최소한 네 명 이상의 인원이 모여야 게임이 가능하다.

ⓐ 먼저 어떤 이야기를 할 것인지 의견을 모은다. 복잡하지 않은 주제를 선택한다. 학교에서의 하루, 학교나 동네에서 일어난 사건, 농구팀이 결승전에서 경기하는 법 등이 있을 수 있다.

ⓑ 첫번째 학생이 그 주제에 관한 문장 두 개를 말하면서 게임을 시작한다. 한 문장은 진실이고, 나머지는 거짓이다. 어떤 순서로 말하든 상관없지만, 거짓을 말할 때는 윙크를 해야 한다. 예를 들어 "오늘 아침 학교 교문에 담임선생님이 서계셨다."→ 진실, "선생님께서는 빨간 구두를 신고 계셨다."→ 거짓(윙크한다)

ⓒ 두번째 학생이 첫번째 학생이 말한 문장을 반복한 다음 그 이야기에 문장 두 개를 덧붙이는데, 거짓을 말할 때마다 윙크를 한다.

ⓓ 세번째 학생은 앞의 두 학생이 말했던 문장 네 개를 모두 되풀이한 다음, 두 문장을 추가하면서, 세 번 윙크한다.

이야기가 매우 복잡해져서 어느 부분이 진실이고 어느 부분이 거짓인지 사람들이 잊어버리게 될 때까지 계속한다. 그 후, 그 게임에 관해 얘기한다. 많은 사실과 거짓말을 기억해야 할 때 이야기를 똑바로 전하는 것은 어려운 일인가?

설문지

이 설문은 익명으로 이루어집니다. 어느 곳에도 이름을 쓰지 마세요! 작성한 설문
지는 _____ 에 있는 수거함에 넣어주세요.

그렇다 그럴 수도 아니다
있다

1. 부모님과 차를 타고 가는데, 계기판을 보니 제한속도가 넘어 있었
   습니다. 잠시 후 경찰관이 차를 세우고 속도위반 여부를 묻는다면,
   사실을 말하겠습니까?

2. 시험을 보다가 옆 학생의 답안지를 몰래 보고 답을 맞췄습니다. 그
   런데 아무도 보지 못한 것 같습니다. 평소보다 너무 잘 나온 성적
   을 보고 선생님께서 부정행위 여부를 물으신다면, 사실대로 말하
   겠습니까?

3. 어느 날 밤 귀가시간보다 30분 늦게 집에 들어갔는데 부모님이 안
   계셨다면, 나중에라도 "사실 늦었었다"고 말씀드리겠습니까?

4. 길에서 20만 원이 들어있는 지갑을 주웠다면, 주인에게 돌려주시
   겠습니까?

5. 계산대에서 일하는 직원이 여러분이 산 물건을 실수로 적게 계산
   했다면, 그 계산원에게 사실을 말하고 나서 정확한 금액을 지불하
   겠습니까?

6. 입장료를 내지 않고 몰래 공연장에 들어갈 수 있는 방법을 아는데,
   그래도 표를 구입하겠습니까?

7. 여러분이 부자라는 인상을 심어주고 싶은 사람이 있습니다. 하지만
   실제로 당신은 그다지 부자가 아닙니다. 그에게 여러분 자신에 대
   해서 있는 그대로 말하겠습니까?

8. 부모님께서 다음 시험에서 모든 과목이 90점 이상이면 용돈을 많
   이 주신다고 약속하셨는데, 친구들이 성적표를 위조하는 방법을
   알려주었습니다. 만약 모든 과목에서 90점 이상을 받지 '못한다면',
   사실대로 말씀드리겠습니까?

9. 며칠까지 과제를 마치겠다고 선생님께 약속드렸다면, 그 약속을 지
   키겠습니까?

10. 한 친구가 다른 학생의 사물함에서 2만 원을 훔친 사실을 알게
    된다면, 그 사람에게 알리겠습니까?

다음 사항을 꼭 적어주세요.

• 성별 : 남학생 (   ) / 여학생 (   )   • 학년 :   • 나이 :

설문에 응해주셔서 감사합니다.

CHAPTER 13

상상력 : 반짝반짝 아이디어 공장

독창성·모험·창조성

세상에서 벌어지는 모든 일들은 상상에서 비롯된다.

－ 바바라 그리쯔티 해리슨

잔디 위에 털썩 누워 구름을 바라본 적이 있습니까? 흘러가는 뭉게 구름의 모습이 꼭 용이나 병아리, 사람 얼굴 같은 모양을 만드는 것처럼 보인 적이 있을 것입니다. 어릴 때는 누구나 하는 일이지만, 나이가 들어도 계속 해야 하는 일입니다. 80세가 된다고 해도 말입니다.

어렸을 때 방안에 혼자 누워 있으면 무서워서 잠이 오지 않았던 기억이 있습니까? 크고 거무스름한 괴물이 왔다 갔다 하는 바람에, 꼼짝도 못하고 덜덜 떨면서 이불을 머리끝까지 끌어 덮었을 것입니다. 무서움을 참지 못하고 비명을 질러서 깜짝 놀란 부모님이 달려와 불을 켜면, 의자 위에 걸쳐놓았던 셔츠가 바람에 흔들렸을 뿐이라는 사실을 알게 됩니다. 부모님은 이렇게 말씀하셨겠지요. "보이니? 괴물은 없어. 네 상상일 뿐이란다. 이제 무섭지 않지? 이제 푹 자렴!" 여러분의 용기를 북돋워주기 위한 말이었겠지만, 부모님께서 의도했던 것과는 다른 방향으로 영향을 끼치기도 합니다. 즉 그런 말을 듣게 되면 몹시 창피한 나머지 풍부한 '상상력'을 묻어버리게 만드는 것이지요.

상상력은 어린 아이가 품고 있는 잘 익은, 먹음직스런 과일입니다. 나이가 들면서 그 신선한 단맛 중 일부를 감추게 되는데, 엉뚱한 상상력 때문에 놀림을 당하거나 꾸중을 듣는 것이 부분적인 이유가 될 것입니다. 자신의 상상력을 전부 묻어버리는 사람도 있습니다. 하지만 겁내지 맙시다. 다시 찾으려면 두꺼운 껍질을 벗겨내야 하겠지만, 아직은 그 안에 그대로 있으니까요.

독창적인 사람들은 아무리 심한 훈련도 무난하게 극복해낸다.
– 안나 프로이트

상처받았던 적이 있다면, 그 고통을 표현하여 다른 사람들도 느낄 수 있는 예술작품을 만들어낼 수 있습니다. 행복했던 적이 있다면, 그 감정들을 바탕으로 다른 사람들에게 행복을 전해줄 방법을 생각해낼 수 있습니다. 무서웠던 적이 있다면, 누가 아니요? 제2의 스티븐 킹이나 히치콕이 될지…. 인류가 만들었거나 이루어냈던 모든 것들은 처음에는 누군가의 생각 속에서 그려졌답니다.

여러분이 상상하는 세계는 여러분만의 나라로, 그곳의 여권을 가진 사람은 여러분뿐입니다. 상상력은 마음속 깊은 곳에서 생겨나며, 자신의 생각에 의해서만 제한될 수 있습니다. 상상력은 볼 수 없는 사물을 보고, 들을 수 없는 소리를 듣고, 냄새 맡거나 맛볼 수 없는 것을 냄새 맡고 맛보며, 자기 삶의 퍼즐조각을 만들거나 바꿀 수 있는 힘입니다.

나이가 어릴수록 상상을 잘 하는데, 그것은 '예정된' 길을 아직 배우지 않았기 때문입니다. 마음속에서 미지의 거리를 자유롭게 누빌 수 있으며, 그 세계는 "그만둬! 넌 못해!"라든지 "막다른 길이야!" 혹은 "돌아가! 움직이질 않아!"와 같은 방해물을 만들지 않습니다. 상상력을 통제하는 것은 마치 무지개를 잡으려 애쓰는 것처럼 어렵습니다. 애쓰면 애쓸수록 더 멀어지는 것처럼 보이지요. 그런데 간혹, 상상력이 저절로 슬며시 다가오기도 합니다. 거기에 집중하는 것도 아닌데 말입니다. 그러니 마음을 편안히 하고, 긴장을 풀고, 모든 장애물을 제거하여 상상력의 근육을 만들고 강화하도록 하세요.

잠자는 동안에 상상력이 강화되기도 합니다. 잠든 사람들을 관찰할 때, 감은 눈꺼풀 뒤로 눈동자가 빠르게 흔들리는 걸 본 적이 있나요? 그럼 그 사람은 렘(REM, Rapid Eye Movement)수면 단계에 이른 것입니다. 렘수면이란, 얕은 잠으로 뇌의 활동이 매우 빨라지는 것입니다. 대부분의 꿈은 이때 꾸는 것이지요. 사람이 1년 동안 1천 개 이상의 꿈을 꾼다는 사실을 알고 있습니까? 그 꿈은 여러분의 상상력을 자극하고, 심지어 자면서 문제를 해결할 수 있도록 돕기도 합니다.

아인슈타인은 "상상력은 지식보다 더 중요하다"고 말했습니다. 그는 왜 그렇게 생각했을까요? 연구하고 학습하는 것은 중요하지 않다는 뜻일까요? 아닙니다! 이렇게 생각해봅시다. 여러분은 지식이라는 세상의 모든 연장을 손안에 갖고 있지만, 뭔가 이루려는 꿈이 없다면 그 연장들은 하릴없이 내버려질 것입니다.

독창성

자신이 아니라면 결코 보지 못할 것을 보이게 만들어라.

– 로베르 브레송

무언가를 디자인하고, 만들고, 바꾸고, 고칠 때 상상력을 활용하면 그것이 곧 '독창성'입니다. 독창성은 상상력을 가지고 하는 일이며, 상상력을 그 목적지까지 데려다주는 자동차와 같습니다.

그림에 재능이 없는 사람도, 문제해결 방법을 알아내는 능력이나 달리기, 춤, 발차기처럼 움직이는 능력은 탁월할 수 있습니다. 사건을 분석하거나, 가구를 디자인하거나, 화난 사람을 진정시키는 재주가 있는 사람도 있습니다. 요리, 노래, 자전거 타기, 패션 등에 재능이 있거나, 숙제를 안 해왔을 때 핑계를 둘러대는 재주가 뛰어난 사람도 있습니다.

화가, 작가, 음악가, 무용가 등만 독창적인 것은 아닙니다. 교사, 공장 노동자, 전화교환원, 의사, 운동선수, 배관공, 가수, 신문기자, 엄마, 아빠, 아이, 전기 기술자, 심지어 은행강도까지도 독창적인 사람들입니다. 다시 말하면, '모든' 사람이 어떤 면에서 또는 많은 면에서 독창적입니다.

여러분은 '난 아니야. 난 독창성하고는 담 쌓았다고!'라고 생각할 수도 있습니다. 그렇다면, 여러분은 자신만의 독특한 재능이 모습을 드러낼 만큼 깊이 파지 않은 것입니다. 여러분의 두뇌는 독창성이 묻혀 있는 금광이랍니다. 이제 세상에 자신의 보물을 꺼내어놓는 방법을 알아봅시다.

• 많은 아이디어를 쏟아놓는다. 바보스럽고, 어처구니없고, 어리석은

사람이 되어보는 것이다. 새로운 것, 독특한 것, 예상외의 방식을 시도해본다.

- 마음을 가라앉힌다. 휴식을 취한다. 자신의 탐색공간에 빈 자리를 남겨둔다.

- 혼자가 된다. 홀로 있는 것을 두려워하지 않는다. 여럿이 모이면 훌륭한 아이디어가 나올 수 있지만, 자신만의 독창적인 세계를 탐구하려면 가끔 혼자가 될 필요가 있다.

- 세계를 바라보는 새로운 방식을 찾는다. 생각을 뒤집어보거나 더 크게 혹은 작게 해본다. 형식을 다시 짜고, 색에 변화를 주고, 순서를 바꾸고, 어울리지 않는 것들을 모아본다. 전문가들의 도움을 받아 더 많은 방식을 시도해볼 수 있다.

- 자신이 찾고 있지 '않은' 것에 주목한다. 멈춰 서서 생각의 뒷면을 바라본다. 잠시 반대편에서 접근해본다.

- 노력한다. 열심히 한다. 실행에 옮긴다. 도움을 구한다. 하고 싶은 일이나 알고 싶은 것에 굴복하지 않는다.

- 예감에 집중한다. 누군가가 "네 생각은 어리석고 시대에 맞지 않는데다, 비실용적이고 불가능한 아이디어야!"라고 면박을 준다고 해도, 그 아이디어가 틀렸다는 사실을 '자신이' 증명할 때까지는 포기하지 않는다.

- 기회가 중요하다. 눈을 크게 뜨고 귀를 쫑긋 세우고 기회를 찾는다. 새로운 것을 배우고, 새로운 재능을 계발하고, 자신과 다른 생각을 가진 사람들의 말을 듣고, 가보지 않은 곳을 갈 수 있는 기회를 찾는다.

- 실수를 기록한다. 지나간 과정을 되짚어보면, 자신이 했던 실수, 잘못된 방향전환, 일시적 방황 등을 통해 교훈을 얻게 된다. 그러면서 뭔가 흥미로운 것을 발견하게 될지도 모를 일 아닌가.
- 뭔가를 만들어낸다. 보이는 것, 생각하는 것, 들리는 것 등 무엇이든지 재구성할 수 있도록 자신의 눈과 귀, 두뇌를 훈련시킨다. 현관문, 노래, 간판, 표지판, 광고음악, 춤, 그림, 현미경으로 보이는 세균, 신발, 버스, 정원, 말, 선생님 가발 등…. 재료는 무궁무진하다!

모험

1루에서 발을 못 떼면, 2루를 훔칠 수 없다.
- 프레드릭 윌콕스

독창성을 발휘하고자 할 때는 모험이 따릅니다. 무조건 덤비고 보는 무모함이 아닙니다. 멍청하게 절벽에서 뛰어내리는 묘기를 보여주는 것도 아닙니다. 독창적인 모험이란, 자신의 재능을 찾아내어 사람들에게 진면목을 보여주는 과감한 결단을 말합니다. 그 중에서도 가장 큰 모험은 자기 자신을 지킬 수 있는 용기를 갖는 것입니다. 때로 실수를 하게 되면 다시 시작해야 한다는 의미이기도 합니다. 또는 굴러 떨어진 후 다시 올라가야 한다는 뜻입니다. 어떤 일에 몇 번씩 실패를 반복하다보면, 다시는 일어설 수 없을 거라는 생각이 들 수도 있습니다. 하지만 실패한 회수보다 '한 번 더' 했을 때 성공하는 법입니다.

성공한 실패

- 푸치니의 음악선생님은 그에게 재능이 없다고 말했다. 하지만 그는 세계적인 작곡가가 되기 위해 정진했고, '라 보엠'과 '나비부인' 등의 오페라로 유명해졌다.
- 마리안 앤더슨은 1939년 부활절에 워싱턴 D.C에 있는 컨스티튜션 홀에서 노래를 하고 싶었는데, 흑인이라는 이유로 거부당했다. 그래서 그녀는 링컨기념관 앞 계단에서 공연을 열어 7만 5천 명의 관객을 끌어 모았고, 국제적 스타로서의 위치를 확고히 했다. 그녀의 야외공연은 세상의 편협한 시선을 물리친 승리였다.
- '모노폴리' 게임을 만들었던 당시, 찰스 대로우는 실직중이었다. 그는 1935년 한 장난감회사에 자신의 게임을 소개했지만, 그들은 52가지 이유를 들어 거절했다. 현재 그 게임은 대단한 성공을 거두어 인쇄소에서는 매년 모노폴리 게임용 화폐를 '4천억' 달러 이상 찍어낸다. 그것은 미국 조폐국이 발행하는 진짜 돈의 두 배가 넘는 금액이다.

사람들이 실수하는 것은 성공하기 위해서다.

– 메리 케이 애시

모험으로 가는 16가지 길

1. 선 안쪽이 아닌 바깥쪽에 색을 칠한다.
2. 게임할 때는 규칙에 변화를 주어 모두를 더 즐겁게 한다.
3. 친구들이 좋아하는 식으로 입지 말고 자신이 디자인한 옷을 입

는다.

4. 자신이 느끼는 것, 꿈꾸는 것, 걱정하는 것, 계획하는 것, 무서운 것, 바라는 것 등을 일기에 솔직히 적는다.

5. '바람직한' 것으로 입증된 방법이 아닌, 새롭거나 독특한 방법으로 수학문제를 푼다.

6. 남학생이라면 무용 강좌를, 여학생이라면 전기기술을 배운다. 흥미를 유발하는 것이라면 어떤 재능이라도 찾아낸다. 성, 나이, 인종, 등등의 이유로 '해서는 안 되는 일'이 있다고 생각하는 사람이라면 더더욱 그래야 한다.

7. 자신이 믿는 바를 주장한다.

8. 새 친구를 만든다.

9. 새로운 장소에 가본다. 여행기회가 있을 때마다 놓치지 않는다.

10. 더 나은 방식이 보이면, 기존의 행동양식에 도전한다.

11. 예감으로 밀어붙인다.

12. 실수하거나 어리석어 보일까봐 두려워하지 않는다.

13. 다른 사람들이 비웃더라도 계속 시도한다.

14. 혼자 시간을 보낸다.

15. 자신이 도달할 수 있다고 생각하는 것보다 더 멀리 손을 뻗는다.

16. 16번에서 멈추지 않는다.

달을 향해 가라. 거기까진 가지 못한다 해도,
어느 별엔가는 도착할 테니까.
- 윌리스 리

만약 나라면 이럴 때 어떻게 할까?

하나   지리선생님께서 곡물, 광물, 해산물 산지가 표시된 우리나라 지도를 그리라는 과제를 내셨다. 당신은 지도에 실물을 직접 붙이고 싶지만 선생님은 매우 엄격하신 분이라 당신의 아이디어를 받아들여주실지 모르겠다. 그럼 어떻게 해야 할까? 그 과제를 자기 식으로 하는 모험이 가치가 있을까?

둘   당신은 원시부족의 일원이다. 당신의 부족은 독서가 나쁜 영향을 미친다고 굳게 믿고 있지만 지식을 갈망하는 당신은 몰래 책을 구해 읽는다. 들키면 치욕을 당하고 부족의 지도자가 되지 못할 것이다. 당신은 어떻게 해야 하는가? 문화가 한 사람의 꿈을 짓밟는 또 다른 사례를 떠올릴 수 있는가? 그렇다면 어디였고, 어떤 일이었나?

셋   당신은 '인간복제'의 의미를 생각해보고 기준을 정하기 위해 구성된 국제위원회의 위원이다. 당신은 어떤 문제들을 제기하겠는가? 당신이 취할 수 있는 입장은 무엇인가? 엄격한 기준을 제안하겠는가, 좀더 관대한 기준을 제안하겠는가? 인간복제가 허가되어야 하는지 금지되어야 하는지, 어느 쪽으로 결정하겠는가?

넷   당신은 모험을 두려워하는 사람이다. 단 안전하고, 예측 가능하고, 계획된 것일 때는 괜찮다. 어느 날 우연히 작가 에리카 종이 한 말을 읽게 된다. "어떤 모험도 감행하지 않으면, 그보다 더한 위험을 감수해야 한다." 그 말이 당신에게 전하는 것은 무엇인가?

상상력을 기르기 위한 활동

1. 상황을 상상해보기

다음과 같은 각각의 상황들을 상상한다. 어떻게 하겠는가? 그에 관해 친구들이나 가족과 얘기한다. 하나의 '정답'이나 '최선'의 답은 없다는 사실을 알아두자.

- 당신은 고음의 미성을 가진 남학생이고 노래하기를 좋아하지만, 모든 사람이 당신의 목소리를 놀린다.
- 당신은 시 쓰는 것을 좋아하지만, 국어선생님께서는 당신의 시가 '진부한데다 상상력이 결여되어 있다'고 말씀하신다.
- 체육선생님께서 당신은 키가 너무 작아서 농구를 할 수 없다고 말씀하신다.
- 당신은 휠체어를 타는 장애우인데 수영을 배우고 싶다.
- 당신은 학교에 완전히 싫증이 났기 때문에 차라리 혼자 힘으로 공부하는 편이 훨씬 나을 것 같다.

2. 자연 속의 모험가

알고 보면 동물들도 위대한 모험가다. 독창적인 모험가가 될 것으로 보이는 동물에는 어떤 것들이 있는가? 예를 들어, 무리를 지어 날던 기러기 중 한 마리가 병이 나거나, 사냥꾼의 총에 맞거나, 부상을 당하면, 다른 두 마리가 대열에서 떨어져 나와 그 기러기를 쫓아 내려간다.

그들은 다친 기러기와 함께 있으면서 죽을 때까지 지켜준다. 다친 기러기가 죽으면, 두 보호자는 '자신들만의 힘으로' 다른 무리를 찾거나, 원래 무리를 따라잡기 위해 떠나야 한다. 또 다른 예들을 찾아낼 수 있는가?

3. 독창적인 과학 위인들

과학 분야에서 독창성과 모험에 관한 사례를 조사한다. 코페르니쿠스, 갈릴레이, 에디슨, 퀴리부인, 장영실 같은 사람들에 대해 들어봤을 것이다. 어떤 점에서 그들이 독창적인가? 그들은 어떤 모험을 했는가? 그 모험들의 결과는 어땠는가? 그들의 발견이나 발명은 그 당시 인정받았는가?

4. 우주비행사들의 모험

초기의 우주탐사 프로그램에 관해 조사해본다. 최초의 우주비행사, 앨런 셰퍼드가 겪은 모험은 무엇이었는가? 지구 주위를 선회한 최초의 우주비행사인 존 글렌은 어땠는가? 또 최초로 달에 착륙한 닐 암스트롱은? '아폴로13호'의 승무원들은? 1960년대 우주비행사들이 겪은 모험을 현대 우주비행사의 모험과 비교해본다.

5. 새로운 학습법 개발

어린 아이들을 위한 새로운 구구단 학습법을 개발한다. 수학공식이나 영어단어를 외우는 방법을 개발하는 것도 좋다.

응용 보드게임이나 카드게임을 만들어볼 수도 있을 것이다. 예를 들어 모노폴리는 경제 원리나 산수를 배우는 데 유용할 것이다. 로보77처럼 숫자 더하기 카드게임도 있다.

6. 만화책 만들기

우리나라의 역사 중에서 상상력이 번뜩이고, 독창적이고 모험적이며, 창의적인 사건들을 담은 만화책을 만든다. 주제를 하나 선택하여 범위를 좁혀간다. 발명, 과학, 예술, 문학, 음악, 군사·전쟁, 기술, 통신, 언어발전, 교통, 재무, 스포츠, 여가활동, 농업, 산업, 비즈니스, 철학, 고고학 등 어느 것이든 선택하기 나름이다.

7. 낯선 곳으로의 여행

전에 결코 가본 적 없이 상상만 해봤던 장소로 과감하게 떠난다. 언젠가 가보고 싶은 장소들을 모두 적어 목록을 만든다. 한 곳을 고른 다음, 그곳에 갈 수 있는 새로운 탈것을 발명한다. 자신의 탈것이 어떻게 작동하는지 설명할 때 반 친구들이나 동아리 회원들에게 보여줄 수 있는 입체모형을 만든다.

8. 광고 만들기

자신이 가진 재능을 사람들에게 '납득시킬 수 있는' 광고를 만든다. 만약 당신이 기타를 잘 친다면, 자신이 얼마나 오랫동안 공부하고 연주해왔는지 말하고, 자신의 재능을 어떻게 활용할 것인지 설명한다. 끝으로 광고 도입부에 나왔던 곡을 직접 연주한다. 자신의 광고를 동영상으로 제작한다.

응용 반 친구 모두가 1분짜리 광고를 만들면, 수업참관일이나 학예회, 축제 때 모든 사람들에게 보여줄 수도 있다.

9. 조언자 명단 만들기

젊은이의 재능계발을 기꺼이 도와줄 전문가들의 이름, 전화번호, 주소 등 각종 정보를 수집한다. 음악, 미술, 건축, 출판, 연극, 의학, 과학, 우주, 기술, 수학, 공학, 법률 등 여러 분야의 리더들을 찾을 수 있을 것이다. 그들에게 조언자 명단에 이름을 올릴 의향이 있는지 묻는다. 그 명단에 이름이 실리면 조언이나 도움, 지도 등을 받기 위해 학생들이 연락을 해올 수도 있다고 설명해드린다.

10. '인간조각' 게임

이 게임은 자유로운 표현과 독창성, 용기와 모험, 유연성과 믿음을 길러준다. 세 명씩 그룹을 나눠 시작한다. 한 사람은 '조각가'이고 나머지 두 사람은 각각 '모델'과 '점토'다.

ⓐ 조각가와 점토는 눈을 감아야 하는데, e 단계까지 계속 감고 있어야 한다. 도움이 된다면, 조각가는 눈가리개를 해도 된다.

ⓑ 모델은 편안히 앉아 무엇이든 자신이 선택한 얼굴표정(웃는 얼굴, 찡그린 얼굴, 행복한 얼굴, 화난 얼굴, 평화로운 얼굴…)을 짓는다.

ⓒ 조각가는 15초간 그 모델의 얼굴과 머리를 만져본다.

ⓓ 조각가는 모델이 짓고 있는 것과 같은 표정을 점토에 '조각'한다. 조각가는 모델의 얼굴을 다시 만져볼 수 없다. 오로지 기억력으로

만 조각해야 한다.

ⓔ 조각가와 점토는 눈을 뜨고 조각된 모습이 모델과 일치하는지 확
인한다.

CHAPTER 14

정의 : 올바른 길을 알려주는 기준

공정·평등·포용

정의란, 전 인류의 양심이다.　　　　　　　　　　- 알렉산더 솔제니친

　　나중에 어른이 되어 운전을 할 경우를 생각해봅시다. 여러분은 제한 속도가 시속 60km인 시내도로를 시속 80km로 달렸습니다. 잠시 후 경찰이 차를 세우고 과속딱지를 뗍니다. 이런 것이 정의인가요?

　　직장에 지각할까봐 과속한 것이라면 어떨까요? 경찰관에서 그 사실을 말해도, 그는 "지각이 걱정되면 내일부터는 아침에 일찍 일어나세요."라고 말하며 무조건 딱지를 떼겠지요. 이것이 정의인가요? 경찰관이 여러분의 이유를 '합당한' 것이라고 생각하고 딱지를 떼지 않기로 했다면, 그건 정의인가요?

　　그렇다면, 시속 60km로 달렸는데도 경찰이 차를 세운다면 어떨까요? 경찰은 "근처에서 절도사건이 발생했습니다. 범인은 흑인이구요."라고 말하며 여러분을 살핍니다. 여러분은 흑인청년이고, 도로 주변 지역은 백인이 거주하는 지역입니다. 이것은 정의인가요? 어떻게 생각하나요?

"그리 빨리 달린 것도 아닌데요! 조금만 봐줘요, 네?"

다음은 미리엄 웹스터Merriam Webster 대학생용 사전에 실린 '정의'에 대한 설명입니다.

1-a. 올바른 것의 지속 또는 관리, 특히 상반되는 요구를 공평하게 조정하거나 상벌여부를 정하는 기준

   b. 재판관, 법관

   c. 법의 집행, 특히 법질서나 형평성에 따른 권리의 확립 또는 한정

2-a. 올바르게, 공평하게, 또는 공정하도록 하는 특질

   b. ① 올바른 거래나 정당한 행동의 원칙 또는 이상

      ② 그 원칙이나 이상과 일치하는 것, 즉 정직

   c. 법을 준수하는 본질

3. 진실, 사실, 또는 이성에 부합하는 것, 즉 옳음

'올바른 것'이란 이성적이고, 타당하고, 정당하고, 당연하며, 적법한 것을 말합니다. '공평하다'는 말은 모든 사람을 동등하게 편견 없이 대하면서 영향을 준다는 뜻입니다. 제한속도보다 20km를 초과해 과속딱지를 받은 것은 정의입니다. 설령 그럴 만한 이유가 있었다 해도 마찬가지입니다. 그러나 백인거주 지역에서 흑인이라는 이유로 단속을 당한 것은 정의가 아닙니다.

'정의'라는 말이 쓰이는 모든 분야에 대해 생각해봅시다. 슈퍼맨은 '진실, 정의, 그리고 올바른 길'을 위해 싸웁니다. 우리 사회에는 범죄를 저지른 사람을 다루는 형사재판 제도가 있으며, 14~19세 청소년범죄에 대한 소년범 제도도 있습니다. '정의를 저버린' 사람은 '재판'을 받지 않으려고 법망을 피해 달아나려고 합니다. 어떤 임무, 직책, 일을 맡아서 '정당하게 처리'했다면, 그것에 최선을 다하고 있다는 뜻입니다. 우리가 사회정의를 실천하며 산다면, 모든 사람들이 살아갈 안전한 장소, 입을 옷, 먹을 음식, 적절한 의료혜택을 받게 될 것입니다.

> 정의는 어느 한쪽 편만을 위해 존재할 수 없다.
> 양쪽 모두를 위해 존재해야 한다.
> – 엘리너 루스벨트

공평하고 정직한 사람

어릴 때부터 이런 말을 많이 듣고 배웠을 것입니다. "규칙을 잘 지키며 놀아야 한다.", "올바른 사람이 되어라.", "정당하게 행동하라." 즉 놀 때는 한 번씩 공평하게 교대로 하고, 함께 하고, 줄 서서 순서를 기다리 라는 뜻입니다. 그래서 누군가가 이런 규칙을 어기면 부모님이나 선생 님께 이렇게 불평을 했겠지요. "불공평해요오오옷!!!!!!!!"

공정한 사람은 공평하고 정직합니다. 편견, 선입관, 편애, 사리사욕에 관계없이 최선의 결정을 내립니다. 정해진 규칙을 따르며 속임수를 쓰 지 않습니다. 가족, 친구, 선생님 등 모두들 공정한 사람을 믿고 의지합 니다. 공정한 사람은 생일파티에 반 친구들 모두를 초대한다고 했다면, 정말 '모두'를, 심지어 자신의 도시락을 슬쩍하고 욕하는 아이까지도 초 대합니다. 공정심을 가진 사람은 훌륭한 지도자가 될 수 있습니다.

공정한 대우를 받을 권리

사람들은 자신의 날개로 다른 누군가를 억누르려 한다.
하늘 높이 날아오를 수 있었을 순간에 말이다.
– 마리안 앤더슨

부모님께서 여러분과 형제에게 똑같이 학교에 가고, 플룻 레슨을 받 고, 설거지를 하는 등 똑같은 기회와 의무를 주신다면, 여러분은 부모 님이 자신을 평등한 존재로 대우해주신다고 말할 것입니다. 그 말은 여 러분이 정말 평등하다는 뜻인가요? 만약 여러분이 동생이라면 어떨까 요? 형이 여러분보다 공부를 더 잘한다면? 여러분이 여자라면 어떨까요? 그리고 평등의 진정한 의미는 무엇일까요?

사람들은 대부분 한두 번쯤 평등의 개념과 충돌합니다. 평등하다는 말은 꽤 복잡한 개념인데다, 손쉬운 답도 없기 때문입니다. 어떤 사람에게는 평등이 '모두를 똑같이' 대한다는 의미입니다. 하지만 모두가 똑같지는 '않기' 때문에, 그런 정의가 언제나 통하는 건 아닙니다. 오히려 큰 문제를 일으킬 수도 있지요. 학교에서도, 30명의 같은 반 학생 중에는 우수한 학생도 있고, '보통(얼마나 애매한 말인지!)' 학생도 있고, 좀 떨어지는 학생도 있습니다. 선생님이 모든 학생을 정말 똑같이 대한다면 어떨까요? 보통 학생들은 괜찮겠지만, 우수한 아이들과 배우기 힘겨운 아이들은 괜찮지 '않을' 것입니다.

미국의 독립선언문은 '모든 남자men는 평등하게 태어났다'고 말합니다. 그럼 여자는 평등하게 태어나지 않았다는 뜻입니까? 혹은 'men'이라는 단어를 여자도 포함된 '사람'이라는 의미로 사용한 것일까요? 그렇다면, 미국 여성들이 끊임없는 투쟁 끝에 1920년이 되어서야 투표권을 얻게 된 이유는 무엇일까요? 그렇다면, 'men'을 '사람'의 의미로 해석했을 때, '모든' 사람들이란 다양한 인종과 문화적 배경의 사람들을 포함하는 것인가요? 그렇다면, '차별철폐조치'가 필요한 이유는 무엇인가요? 아니, 필요하기는 한 건가요?

평등에 대해 계속 질문하고, 얘기하고, 생각하세요. 그만큼 중요하기 때문입니다. 평등에 대한 느낌과 신념이 일생 동안 다른 사람을 어떻게 대하고 그들에게 어떤 대우를 받고 싶은지를 결정할 것입니다. 정보와 의견을 계속 수집한 다음엔, 평등에 대한 자신의 결론을 정리해봅시다. 다음과 같은 생각들로 시작하면 됩니다.

- 평등은 '똑같이'라는 뜻이 아니다. 평등은 권리와 기회의 문제다.
- 모든 인간은 유일한 존재이며, 따라서 누구든지 성, 인종, 종교, 계급, 문화적 배경 등의 장애물에 부딪히지 않고 자신이 원하는 대우를 받아야 한다.
- 평등을 지향하는 사회에는 증오, 괴롭힘, 차별, 편견 따위가 끼어들 자리가 없다.

너그러운 마음

편협한 사람들도 모두 한때는 편견 없는 어린 아이였다.
– 루르드 학교의 마리아 수녀

'포용'이란 말을 들어본 적이 있습니까? 우리 모두는 인종, 문화, 성별, 나이, 지능, 육체적 능력, 아니면 다른 어떤 이유로 인한 '차이'와 상관없이, 다른 사람에게 더욱 너그러워지는 법을 배워야 합니다.

너그러워지면, 자신과 다른 신앙이나 종교에도 호감을 느낍니다. 그들과 함께 의식을 치르거나 동조하진 않더라도, 그들이 존재할 권리를 인정합니다. 어떤 친구를 사귈지 결정할 때 편견과 고집을 개입시키지 않습니다. 어떤 사람이든 존경하는 마음으로 대합니다.

왜 너그러운 사람이 되어야 하냐고요? 다음의 4가지 중대한 이유가 있답니다.

1. 너그러워지면, 다른 사람에 대해 배울 기회가 더 많아진다

어떤 사람이나 집단에 대해 편견을 가져본 적이 있습니까? 그리고 자신이 그들에 대해 알고 있었던 것이 틀렸다는 사실을 깨달은 적이 있나요? 그들을 제대로 몰랐었다면 여러분은 예전의 사고방식을 바꾸지 않았을 것입니다. 배우지 않으면, 두뇌는 썩는 법이랍니다.

2. 배우면 배울수록, 두려움이 적어진다

한밤중에는 귀신이 돌아다닌다고 철썩 같이 믿었던 때를 기억하세요? 처음으로 수영장에 가서 물속에 얼굴을 집어넣던 때는 또 얼마나 무서웠던가요? 한밤중에 깨어 있거나 몇 번 더 수영장에 가본 후, 어느덧 더 이상 그토록 두렵던 것들이 사라졌다는 사실을 깨달았을 것입니다. 편견을 버리는 것도 마찬가지입니다. 두려울 것이 전혀 없다는 것을 알게 되면, 새로운 것들, 생각들, 그리고 관계들을 더 많이 시도하려는 의지가 생깁니다. 포용을 익히고 '차이'에 좀더 편안해지면, 두려움은 호기심으로 바뀝니다. 마음이 열리고, 다른 사람의 의견, 습관, 행동, 신념 등을 존중하게 됩니다. 자기 자신과 다른 사람들에 대해 더 깊이 이해하게 됩니다. 고정관념을 혐오하긴 쉬워도, 친구를 혐오하긴 어렵지요.

3. 두려움이 적어질수록, 주변의 여러 사람이 더 편안해진다

언제 어디서나 더욱 편안하고 안심하고 싶지 않은가요? 여러 연구에 의하면, 다양한 부류의 사람들과 어울리는 사람이 그렇지 않은 사람보다 정서적·육체적으로 더 건강하며, 일에서도 더 성공하는 것으로 나타났답니다.

4. 아는 사람이 많을수록, 삶이 더 흥미로워진다

이 세상에 책을 쓰도록 허락받은 사람이 딱 한 명뿐이라면 어떻겠습니까? 매일 청바지, 흰색 티셔츠에 검은 운동화만 신어야 한다면 어떨까요? 새로운 것은 무엇이든 (새로 나온 탄산음료나 컴퓨터 게임조차도!) 절대 허락되지 않는다면? 친구들이 모두 똑같이 생기고, 똑같이 생각하고, 똑같이 행동한다면 어떨까요? 이 세상 모든 사람들이 나이, 종교, 성, 인종이 같다면 어떨까요?

자, 그렇다면 '너그러워지는 법'을 어떻게 배울 수 있을까요? 다음과 같은 방법이 있습니다.

1. 기꺼운 마음으로 새로운 사람을 만난다

한 사람의 행동만을 보고 그 사람이 속한 전체 집단을 판단해버려서는 안 됩니다. 그것은 어설픈 '연역추리'이며, 편견과 차별로 이어지는 위험한 생각입니다.

2. 기꺼운 마음으로 귀 기울이고 배운다

그들의 배경, 신념, 관습 등에 대해 물어봅니다. 그 대답에 따라 자신의 편견을 깨닫고 생각을 재검토하는 계기가 될 수도 있답니다. 또한 새로운 관계를 맺고 새로운 경험으로 향하는 문을 열게 될 수도 있습니다.

3. 차이를 알아가는 동안, 유사성을 찾는다

생각했던 것보다 훨씬 더 많은 공통점을 찾을 수 있을 것입니다. 아마 깜짝 놀라게 될지도 모르죠!

세계인구의 80%가 유색인종인데, 왜 아직도 그들을 '소수'라고 부르는가?

- 린 듀발

만약 나라면 이럴 때 어떻게 할까?

하나 학교 친구들이 두 집단으로 나뉘어서 '같은 편'끼리만 뭉쳐 다닌다. 두 집단은 서로를 싫어하며 끊임없이 다투고, 서로를 못살게 굴고, 치고받고 싸우기까지 한다. 어느 날, 전학생이 왔고 당신은 그와 어떻게 지낼지 생각하기 시작한다. 그런데 그 전학생은 당신과 '다른' 편에 속한 것 같다. 당신은 그 친구를 어떻게 판단하고 행동할 것인가? 그 행동의 결과는 어떻게 나타날 것인가? 그 결과를 인정할 수 있겠는가?

둘 당신은 한 회사의 사장으로, 직원을 채용하려 한다. 사실 당신은 남자 직원을 원하는데, '남녀평등고용법' 때문에 여자를 채용해야 한다. 이러한 차별철폐조치에 대한 찬반양론에는 어떤 것들이 있는가? 호주제폐지 문제에 대해서는 어떻게 생각하는가? 각 상황에서는 무엇이 최선이라고 생각하는가?

셋 2005년 초, 학내 종교의 자유를 부르짖으며 1인 시위를 벌인 강의석 군이 화제가 되었다. 우리나라는 학생들이 학교를 마음대로 선택하는 데 제한이 있기 때문에, 학생의 선택에 따라 종교수업을 거부할 권리가 있다는 주장이었다. 학교 측은 학생회장이었던 이 학생을 퇴학 처분했고, 의석 군은 법원에 소송을 걸었다. 법원은 '강의석 군의 퇴학 처분은 무효'라는 판결을 내렸다. 의석 군의 주장은 정당한 것인가? 학교 측의 처벌은 어떠한가? 법원의 판결은?

넷　요즘은 인터넷에 수많은 정보가 떠돌고 있다. '표현의 자유'가 보장되어야 한다는 의견이 일반적인데, 특정 유형의 정보가 감시의 대상이 될 수 있을까? 어떤 사람이 인터넷 게시판에 폭탄제조법을 올리고, 다른 사람이 그 정보를 보고는 폭탄을 만들어 수십 명의 목숨을 앗아간다면 어떻게 될까? 폭탄제조법을 올린 사람은 그 일에 대해 책임을 져야 하는가? 욕설을 사용한다고 벌금을 물리거나 처벌해야 하는가? 음란물을 게시하거나 접하는 것은 어떤가? 가능한 한 많은 문제들을 알아보고 양쪽의 입장을 정리해보자.

수행활동

평등을 실천하기 위한 활동

1. 처벌의 결과 판단

아래 열거한 각각의 범죄나 위반행위에 대한 처벌이나 결과를 예측한다. 올바르고 공정하게 판단하도록 노력한다. 학급이나 모임에서 이런 활동을 하면서, 하나의 집단이 정한 처벌과 그 결과들을 생각해낼 수 있을 것이다. 그 후, 법대생이나 변호사에게 수업이나 모임에 방문해 달라고 부탁한다. 각자의 예측들을 함께 얘기한 다음에, 법적 견해를 구하는 것이다.

- 학교에서 사물함 검사를 했는데, 한 학생의 사물함에서 캔 맥주 두 개가 나왔다.
- 구청장이 어떤 로비단체로부터 뇌물을 받았다고 한다.
- 누나가 허락도 없이 당신의 지갑에서 돈을 '빌려'갔다.
- 학교의 수위 아저씨가 가족들이 먹을 음식을 사기 위해 급식비를 모아둔 봉투에 손을 댔다.
- 고위급 장교가 국가기밀을 다른 나라에 팔아 넘겼다.
- 음주운전자가 아이를 치어서 가벼운 부상을 입히고는 그대로 달아났다.
- '일진회' 회원들이 학교를 난장판으로 만들었다.

2. 공정법과 형평법

우리나라나 다른 나라에서 평등에 관련된 법률이 제정된 역사에 대해 조사해보고, 그 조사내용을 학급이나 동호회에 보고한다. 보고서 형식도 좋고, 게시물이나 포스터를 만들거나, 만화책이나 연극으로 꾸며 발표해도 좋다.

3. 동화 속 인물들에 대한 모의재판

동화 속 인물들에 대한 모의재판을 열어본다. 친구들과 함께 하며, 판사, 피고, 검사, 변호인, 증인, 전문가, 집행관, 서기 등의 다양한 배역을 맡아볼 수 있을 것이다. 예를 들어 '아기돼지 삼형제'에 나오는 늑대는 '재물손괴죄', '선녀와 나무꾼'의 나무꾼은 '단순절도죄'로 재판에 회부하는 것이다. 모의재판을 연 후 토의를 하고 분석하는 시간을 가지도록 한다.

4. 집안일 분담표

가족이 해야 할 일을 공정하게 분담시키기 위한 방법을 모색해본다. 고양이 먹이주기나 목욕시키기, 설거지, 쓰레기 치우기, 바닥 닦기, 청소기 돌리기, 화분에 물주기 등 해야 할 일들의 목록을 적고 가족 구성원들에게 공평하게 분담한다. 자신이 만든 집안일 분담표에 대해 논의하기 위해 가족회의를 소집한다. 가족들이 각각의 일을 맡는 데 동의하는지 알아본다.

5. 연봉조사

다양한 직업의 사람들이 받는 연봉을 조사한다. 프로 운동선수, 기업간부, 교사, 전기기술자, 도서관 직원, 배관공, 내과의사, 치과의사, 엔지니어, 컴퓨터프로그래머, 건설노동자, 통역가 등이 포함될 것이다. 운동선수와 기업간부의 경우엔, 기타 소득(배서조항, 각종 보너스, 스톡옵션 등)도 포함시켜야 한다. 예를 들어, 1996년 권투선수 마이크 타이슨은 세 번 싸우고 7천 500만 달러를 챙겼다. NBA스타 마이클 조던은 5천 260만 달러의 수입을 올렸는데, 1천 260만 달러는 농구에서, 나머지 4천만 달러는 다른 곳에서 벌어들였다.

정보를 모았으면, 그 수입 내용들을 비교하는 그래프를 만든다. 그들이 받는 연봉은 정당해 보이는가? 왜 그런가, 아니면 왜 그렇지 않은가? 결론을 작성해 수업시간에 보고한다.

6. 모의토의

친구들과 모여 토의를 한다. 주제는 심장이식을 받을 환자들의 순서를 결정하는 것이다. 즉시 이식을 받아야 하는 환자는 다섯 명이다.

- 수백 명의 생명을 구한 심장전문의
- 네 살짜리 어린 아이
- 교도소에 수감중인 죄수
- 재능 있는 피아니스트
- 네 아이의 엄마

누가 제일 먼저 이식을 받게 될까? 두번째는? 세번째는? 어떻게 결정하겠는가? 어떤 사람들이 우선적으로 심장이식을 받아야 하는지에 대한 목록을 만든다. 가능한 한 공정하고 정당하게 만든다. 이렇게 만들어진 목록을 가족이나 다른 친구들과 공유하고, 의견을 들어본다.

7. 릴레이 게임

※ 이 게임에 참가하는 사람에게 게임에 대한 사전정보를 주면 안 된다.

ⓐ 참가자들을 두 팀으로 나눈다. 성별, 입은 옷의 색깔, 나이 등 여러 기준을 둘 수 있다. 각 팀의 인원수는 같지 않아도 무방하다.

ⓑ 각 팀을 출발선 위에 두 줄로 세운다. 몇 미터 앞에 다른 줄을 표시한다.

ⓒ 게임을 하기 위해, 팀원들은 신발을 벗고 표시선까지 달린 다음 돌아온다. 팀의 다음 사람이 출발하기 전, 첫번째 사람은 자신의

신발을 다시 신는데, 끈을 모두 다시 묶어야 한다. 그런 후에 첫
번째 사람이 줄 맨 뒤로 돌아가고 릴레이가 계속된다.

ⓓ 각 팀에서 2~3명이 달리기를 마치고 나면, 게임을 중단하고 규칙
이 변경되었다고 알린다. 예를 들어, "여학생이 남학생보다 많고,
여학생들 신발이 보통 벗었다 다시 신기가 어려우니까, 여학생들
에게 특별혜택을 줘야겠어. 그들은 선까지 뛰어갔다 돌아올 수
있지만, 남학생들은 걸어야 해!" 또는 "이쪽 팀은 표시된 선 안쪽
으로 돌아와도 돼.", "이쪽 팀은 이전 주자가 신발 끈을 다 못 매
도 그냥 출발할 수 있게 하자!" 등의 말을 할 수 있을 것이다. 핵
심은 불공평한 상황을 의도적으로 만드는 것이다. 몇몇 사람이
불평하기 시작하면, 무시하거나 그만두라고 말한다.

ⓔ 규칙을 한두 번 더 바꿔가면서 릴레이를 계속한다.

모든 참가자들이 "불공평하잖아!"라며 불평할 때까지 계속한다. 그런
다음, 소감을 이야기한다. 다음과 같은 질문들을 한다.

• 이 게임을 해본 기분이 어떤가?
• 특혜를 받은 팀은 어땠는가? 상대팀은 어땠는가?
• 게임의 규칙이 모두에게 공정했다면, 결과가 달라졌을까? 왜 그런
가? 아니면, 왜 그렇지 않은가?

8. '평등하지 못한' 사례 수집
평소에 보거나 듣거나 느꼈던 '평등하지 못한' 사례들을 모은다. 그

리고 모두가 평등한 대우를 받는 평화로운 세상을 만들기 위해 할 수 있는 일들을 모색해본다. 그 사례들을 짧은 이야기나 시, 만화 등으로 엮어 학교나 지역도서관에 기부한다.

9. 인권학습

유엔이 제정한 '세계인권선언'은 이렇게 시작된다. '세계의 자유, 정의, 평화의 기초는 전 인류 구성원의 고유한 존엄성과 평등하고 양도할 수 없는 권리를 인정하는 것이다.' 특정 인권문서나 선언문을 찾아보거나, 특정 국가나 특정 지역의 인권상황을 조사해본다. 하나 이상의 인권단체로부터 정보를 수집하고 그 중 한 곳에 동참해 인권증진에 힘을 보탤 수도 있다. 자신의 조사내용을 학급, 학교, 가족, 동아리 등에 알릴 수 있는 독창적인 방법을 생각해낸다.

10. '표용력'에 관한 설문조사

학교 학생을 대상으로 설문조사를 해서 너그러운 학생의 태도에 대해 알아본다. 218쪽에 있는 포용력에 관한 설문지를 복사하여 이용해도 좋고, 자신이 직접 질문지를 만들어도 된다. 설문지를 나눠주고 참가자들이 작성한 설문지를 반환할 수 있는 수거함을 만든다. 그런 다음, 결과를 종합해 학교신문이나 교내방송으로 발표할 수 있게 기사를 작성한다. 선생님의 도움을 구하여 포용력 확대를 위한 제안을 실행시킬 수 있는 방안을 마련한다.

설문지

이 설문은 익명으로 이루어집니다. 어느 곳에도 이름을 쓰지 마세요! 작성한 설문지는 _____에 있는 수거함에 넣어주세요.

	예	아니오

1. 우리 학교 학생이 포용력이 있다고 생각합니까?

2. 선생님이 너그럽다고 생각합니까?

3. 학교 당국자 및 직원들(교장선생님, 사무직원, 관리인, 식당종사자 등)이 포용적이라 생각합니까?

4. 편협한 사고 때문에 개인적으로 피해를 주거나 받은 경험이 있습니까? 있다면 자신이 겪었던 일을 적어주세요.

5. 포용력에 관하여 우리 학교 최악의 문제는 무엇입니까?

6. 학교에서 포용력 문제를 해결하기 위해 무슨 일을 하겠습니까?

다음 사항을 꼭 적어주세요.

• 성별 : 남학생 (   ) / 여학생 (   )   • 학년 :   • 나이 :

• 인종 · 민족 · 문화적 배경 :

설문에 응해주셔서 감사합니다.

CHAPTER 15

리더십 : 이끌고 따르고

좋은 모범·통솔·바람직한 추종자

> 빛을 비추는 데는 두 가지 방법이 있다. 촛불이 되든가 아니면 거울이 되어 반사시키는 것이다.
> — 이디스 워튼

무더위가 기승을 부리던 어느 날 오후, 미국 노스캐롤라이나에서 열네 살 된 아이 두 명이 학생들을 태운 버스 한 대를 구했습니다. 운전기사는 심장마비로 고통스러워하고 있었습니다. 번잡한 도로를 지그재그로 달리던 버스는 불꽃을 튀기며 전신주를 들이받아 박살내더니, 나무를 향해 돌진했습니다. 그때, 칼 보니와 마이클 에토스키가 버스 앞으로 넘어지듯 뛰어들었습니다. 칼은 운전기사와 핸들 사이로 몸을 집어넣어 버스를 나무에서 떨어진 곳으로 돌리고는 달려오는 차량들 속으로 후진시켰습니다. 발가락을 뻗어 브레이크에 간신히 닿을 수 있었지요. 하지만 운전기사의 발이 가속페달을 꽉 밟고 있었기 때문에, 칼의 발가락에 힘이 빠지면 버스는 다시 앞으로 돌진했습니다. 그때 마이클이 자동차 열쇠를 돌렸습니다. 그제서야 엔진은 탁탁 소리를 내다가 멎었습니다.

칼과 마이클 둘 다 운전면허가 없었습니다. 버스운전에 필요한 지식이나 기술도 없었습니다. 그리고 자신들이 그 일을 '할 수 없는' 온갖 이유를 생각할 겨를도 없었습니다. 그들은 그냥 했고, 그들 덕택에 버스에 타고 있던 36명의 아이들은 부상이나 사망을 면했습니다.

리더들은 문제를 발견하고 그것을 바로잡는 사람들입니다. 그들이 항상 방법을 알고 있는 것은 아닙니다. 하지만 위험이 도사리고 있어도, 앞장서서 해야 할 일을 합니다. 그들은 다른 사람들이 자신을 돕게 만듭니다. 리더가 되는 데는 용기와 확신이 필요합니다.

리더십을 발휘하는 사람들의 유형은 여러 가지가 있습니다. 그 중 몇 가지 예를 살펴볼까요?

- 순간적 리더: 위기를 떠맡는 사람입니다. 칼과 마이클이 그랬던 것처럼요.
- 본보기형 리더: 가족에게, 친구에게, 또는 다른 어느 곳에서든 좋은 본보기를 보입니다. 이것은 리더십의 유형 중 특이한 경우로, 사람들은 이런 리더를 기준이나 척도로 삼아 자기 자신을 평가하곤 합니다. 즉 남들에게 영감을 주는 사람입니다.
- 사회적 리더: 특정한 단체를 이끄는 사람으로, 동호회 회장, 스포츠 팀 주장, 교회 집사, 국회의원, 군대 중위, 학교 회장 등이 포함됩니다.
- 직업적 리더: 일이나 활동을 조직하면서, 다른 사람을 관리합니다.
- 개척자적 리더: 미개척 지역으로 들어가 다른 사람이 따라올 수 있도록 길을 만듭니다. 신제품을 개발하고, 높이뛰기 신기록을 세

우고, 암 백신을 발견하거나, 새로운 사업을 시작하는 사람이 여기에 속합니다.

여러분이 리더라면, 누군가 혹은 무언가가 여러분을 따라오게 됩니다. '리더'란 남들 앞에 나서는 사람이라는 뜻이기 때문입니다. 사람들에게 자신을 따르라고 강요하고 불복종하는 사람을 학살했던 히틀러 같은 독재자부터 모범과 봉사로 사람들을 이끈 슈바이처 박사에 이르기까지, 역사 속에는 리더들이 가득합니다. 간디, 마틴 루터 킹, 세종대왕, 셰익스피어, 부처, 예수, 어쩌면 여러분의 이웃들까지 모두가 리더일지도 모릅니다.

리더십은 자리를 지키는 것이 아니라, 행동하는 것이다.
– 도널드 H. 맥개논

최고의 리더는 다른 사람을 배려하고, 너그러운 마음을 가지며, 섬기기를 좋아하는 사람들입니다.

훌륭한 리더의 10가지 특성

1. 타인에게 봉사한다

위대한 리더들은 사람들을 섬겼습니다. 리더는 다른 사람들을 걱정하고 그들을 돕기 위해 일합니다. 즉 동물, 환경, 또는 다른 중요한 문제들에 관심을 가지고 진심으로 염려합니다.

2. 다른 사람의 리더십을 계발시켜준다

리더는 자신의 추종자를 신뢰하고 믿기 때문에, 무엇이든 함께하고 일임합니다. 리더는 다른 사람들이 스스로 할 수 있다고 생각하는 것보다 더 멀리 갈 수 있도록, 상상할 수 있었던 것보다 훨씬 나은 모습이 되도록 영감을 줍니다. 그리고 모든 영광을 독차지하기보다는 다른 사람의 아이디어와 기여의 가치를 인정합니다.

3. 다른 사람들의 말에 귀 기울이고 대화한다

화를 터뜨리거나 의기소침하지 않고 충고와 비난을 적극적으로 받아들입니다. 그러는 가운데 자신의 일을 더욱 유능하게 수행할 수 있는 방법을 끊임없이 배우고 성장합니다.

4. 훌륭한 입안자이자 의사결정자다

목표를 세우고 성취하기 위해 추종자들과 협력합니다.

5. 긍정적 태도를 가진다

평상시 대부분 밝고, 열정적이고, 희망적이고, 민첩하고, 힘이 넘치며, 쾌활합니다.

6. 성실하다

자신이 하는 말에 충실합니다. 그들은 정직과 신용의 좋은 본보기입니다. 사람들은 성실한 리더의 말을 믿고 따르지요.

7. 책임을 진다

그들은 자신이 한 행동과 결정에 책임을 집니다. 자신의 추종자가 취한 행동이나 결정에도 리더로서 자신이 책임을 집니다.

8. 모험을 한다

절벽 끝에서 한쪽 발로 서 있는 '무모함'을 보인다는 뜻이 아닙니다. 기꺼이 새로운 아이디어를 시도하고 실험해본다는 의미입니다.

9. 자기관리를 잘한다

그들은 일과 여가의 균형을 유지합니다. 조깅, 요가, 골프, 테니스 등 운동을 즐기고, 몸에 좋은 영양분을 공급하기 위해 건강에 좋은 음식을 먹습니다. 자신의 일을 충실히 해내는 동시에 휴식을 취하고 생각할 시간을 가지기도 합니다.

10. 훌륭한 추종자다

그들은 좋은 본보기가 되는 사람을 찾습니다. 자신이 모든 것을 알지는 못하며 배울 것이 여전히 많다는 사실을 알고 있습니다. 그들은 스스로 스승을 찾습니다.

위의 목록을 보고 무엇을 발견했습니까? 그렇습니다. 대부분 이 책에서 다루고 있는 특징들입니다. 이밖에도 훌륭한 리더가 되는 데 중요하다고 생각하는 특징을 모아서 자신만의 목록을 만들어도 좋습니다. 여러분이 리더가 되고 싶다면, 혹은 이미 리더지만 더 나은 리더가 되고 싶다면, 그 목록을 갖고 다니면서 수시로 확인하여 절대 잊지 않도록 해야 합니다.

현명하게 뒤따르는 법

리더십 훈련은 더 이상 필요 없다. 우리에게 필요한 건 추종하는 훈련이다.
– 모린 캐롤

리더들조차도 항상 앞에서 진두지휘하지는 않습니다. 많은 리더들이 다른 사람을 뒤따름으로써 통솔하는 법을 배웁니다. 뒤따르는 법을 아는 것은 앞장서는 법을 아는 것만큼 중요합니다. 초고층빌딩도 몸체를 받치는 지주가 없으면 지탱할 수 없는 법입니다.

뒤따른다고 해서 주먹이나 휘두르는 골목대장을 졸졸 쫓아다니라는 뜻이 아닙니다. '친구 따라 강남 간다'고, 무작정 친구가 하는 대로 따라서 하라는 말도 아닙니다.

뒤따른다는 것은 '자신만의 본능'을 따르라는 의미입니다. 예를 들면, 어떤 모임에 가는 것이 내키지 않을 수 있습니다. 친구들이 모두 가는데도 빠지기로 결정했는데, 나중에 들어보니 참석한 아이들이 술을 마셨다고 합니다. 또는 학교 동아리에 들어가면 좋을 것 같은 기분이 들 수도 있을 것입니다. 어색하고 두려운 느낌이 없진 않았지만 입회를 결정했는데, 여태껏 했던 일 중 가장 잘한 일의 하나가 될 수 있습니다.

'피리 부는 사나이'라는 동화가 기억나나요? 아이들이 어떻게 '피리 부는 사나이'를 따라 마을 밖으로 가게 되었습니까? 그것은 진정한 추종자의 모습이 아닙니다. 아무 생각 없이 남들 가는 대로 따라가서 결국 절벽 끝에 올라가 바다에 몸을 던지는 '레밍'들의 이야기는 어떻습니까? 여러분도 누군가를 따르다가 곤경에 빠진 적이 있지는 않습니까? 어떤 리더를 따르기로 결정할 때는, 먼저 그 리더가 어디를 향해 가고 있는지 알아야 합니다. 그렇다면, 똑똑한 추종자가 되기 위해서는 어떻게 해야 할까요?

- 따라가기 전에 먼저 생각한다.
- 할 수 있다면, 계획 세우는 것을 돕는다.
- 시작하기 전에 결말을 상상해본다. 이 계획이 나를 어디로 이끌 것인가? 밝고 아름다운 경험일까, 아니면 어둡고 막다른 뒷골목

일까?

- 자신과 다른 사람, 또는 그 무엇에게라도 해가 되는 일은 결코 하지 않는다.
- 계획을 실행하는 동안 계속 생각하고 또 생각한다. 새로운 정보가 있는가? 돌아서거나, 멈추거나, 방향을 바꿀 필요가 있는가?

현명하게 뒤따라간다면, 시간을 절약하고, 새로운 가능성을 열고, 다른 사람을 통해 배우고 성장할 기회를 가질 수 있습니다. 올림픽 수영 경기 출전, 에어컨 발명, 마이크로 칩 설계, 사파리 안내, 헌법 만들기, 각종 질병치료약 개발까지, 모든 일을 동시에 해야 한다면 얼마나 끔찍할까요? 훌륭한 추종자가 될 수 없다면, 우리는 서로에게서 아무것도 배울 수 없고, 결과적으로 역사는 진보하지 못할 것입니다.

만약 나라면 이럴 때 어떻게 할까?

하나 여기는 격렬한 전투가 벌어지고 있는 전쟁터이고, 당신은 목숨을 걸고 싸우는 병사다. 상황이 너무나 긴박하여 사령관에게 일일이 물어볼 시간조차 없다. 당신은 전투에 임할 때 자신의 본능을 따라야 하는가, 아니면 명령을 기다려야 하는가? 결정을 내리기 전에 두 가지 상황을 상상해보자.

둘 '모든 것'을 어른에게 묻고 답을 구하는 친구가 있다. 그 친구는 어른들의 지도를 충실히 따른다. 그것은 좋은 태도인가, 아니면 문제가 될 수 있는가? 아니면 좋은 태도인 '동시에' 문제이기도 한 것인가? 자신의 답에 대한 근거를 생각해보자.

셋 당신의 꿈은 생명공학자가 되는 것이다. 즉 유전자 연구를 하거나, 인체를 대신할 대체기관을 만들거나, 복제 분야에서 일하는 것이다. 당신이 그 목표에 도달하기 위해 갖춰야 할 리더십은 어떤 것인가? 그 자질들이 당신을 곤경에 빠뜨릴 수도 있을까? 왜 그럴까?

넷 한 친구가 어떤 연설가의 강연을 들으러 갔다 왔다. 그 다음날 그 친구는 뭔가에 홀린 사람처럼 말했다. "오랫동안 날 괴롭혔던 문제들에 대한 해답을 얻었어. 그 분은 내 인생을 의미 있게 만들어주셨어." 하지만 당신이 아는 한, 그 연설가는 사이비 종교단체의 지도자다. 그의 추종자 중에는 가족을 버리고 가출한 십대도 많이 있다. 당신은 친구에게 뭐라고 말할 수 있을까? 그가 실수를 범하지 않도록 어떻게 도울 수 있을까?

리더십을 키우기 위한 활동

1. '리더의 상황' 역할연기

아래와 같은 상황에 처했을 때 두 유형의 리더가 각각 어떻게 행동할지 상황설정을 한 후 역할연기를 해본다.

ⓐ 독재자형 리더: 단순히 자신의 추종자들에게 할 일을 명령한다.

⇨ 큰 누나가 막내 동생에게 말한다. "꼴 보기 싫어. 나가!"

ⓑ 협력적 리더: 목표를 이루기 위해 추종자들과 협력한다.

⇨ 큰 누나가 막내 동생에게 부탁한다. "너 혼자 있고 싶을 때 있지? 나도 그래. 지금 잠시 혼자 있고 싶은데, 도와줄래?"

- 학생들이 동작을 멈추고 주목하길 원하는 선생님
- 선수들의 실력이 향상되길 원하는 농구팀 주장
- 국회의원에게 새 법안을 통과시키도록 하고 싶은 대통령
- 자녀가 더 공손하고 책임감 있는 아이가 되길 원하는 부모

2. '영웅의 여정'에 대한 토의

다음은 조셉 캠벨의 《영웅의 여정The Hero's Journey》에서 발췌한 내용이다. 친구들과 함께 읽어보고 다음의 질문들에 대해 토의해본다.

그들은 다 함께 나아가는 것이 불명예가 되리라 생각했다. 그래서 각자 자신이 선택한 지점에서 숲으로 들어갔다. 정말 어둡고 길도 없는

곳이었다. 길이 있다면, 그건 다른 누군가가 지나갔음을 의미하고, 따라서 모험이 될 수 없으니까.

- 이 글이 무엇을 의미한다고 생각하는가?
- 그들이 '다 함께 나아가는 것이 불명예가 되리라'고 생각한 이유는 무엇인가? 그들은 혼자 가길 원했는가? 이유가 뭔가?
- 그들 각자가 정말 어둡고 길도 없는 곳을 선택한 이유는 무엇인가?
- 마지막 문장이 뜻하는 것은 무엇인가? 캠벨이 말하는 '모험'의 의미는 뭐라고 생각하는가?
- '그들'이 다른 누군가가 지나갔던 길을 밟고 싶지 않았던 이유는 무엇인가?
- 이 발췌문은 리더십 및 추종과 어떤 관계가 있는가?

3. 도서관 혹은 인터넷 검색

도서관에서 리더들이 쓴 책과 그들에 관한 책들을 찾는다. 리더들과 리더십에 관해 인터넷을 검색한다. 리더들에게서 공통적으로 나타나는 특정한 성격적 특징을 찾아낼 수 있는지 살펴본다. 그 목록 중 'TOP 5'나 'TOP 10'을 뽑아본다. 자신의 목록을 가지고 가족이나, 학급, 동아리 친구들과 함께 얘기한다.

4. 리더를 평가하는 막대그래프 만들기

역사 속 리더들 중 다섯 명을 선택한다. 다음의 목록을 참고할 수도 있고, 자기만의 목록을 만들어도 좋다.

- 엘리자베스 2세
- 미하일 고르바초프
- 요한 바오로 2세
- 부시 대통령
- 김일성

- 모한다스 간디
- 마틴 루터 킹 주니어
- 넬슨 만델라
- 사담 후세인
- 노무현 대통령

그 사람들이 세계에 긍정적이고 가치 있는 기여를 했는지 생각해보고, 기여도에 따라 -10~10점까지 각 리더를 평가한다. 자신의 결론을 막대그래프로 표시한다.

6. 존경하는 인물로 역할극 하기

세계사나 국사에 등장하는 인물 중에서 자신이 특별히 존경하는 리더를 선택한다. 그 사람의 리더십이 역사가 더 나은 방향으로 변화하는 데 어떻게 기여했는지를 보여주는 이야기나 짤막한 희곡을 쓴다. 자신이 만든 이야기나 연극을 학급, 동아리 친구들이나 가족 앞에서 선보인다. 보다 흥미로운 공연을 위해 그 인물에 맞는 의상을 갖추면 좋을 것이다.

7. 청소년단체에 가입하기

리더십훈련과 계발을 장려하는 전국적인 청소년단체에 가입한다. 다음의 목록을 참고로 하고, 여러 경로를 통해 더 알아볼 수 있을 것이다.

- 국제청소년문화협회 http://www.icyc.or.kr
- 그린훼밀리·녹색소년단 http://www.greenfamily.or.kr
- 유네스코한국위원회 http://youth.unesco.or.kr
- 유엔한국학생협회 http://unsa1.x-y.net
- 한국4-H본부 http://www.korea4-h.or.kr
- 한국걸스카우트연맹 http://www.girlscout.or.kr
- 한국로타리청소년연합 http://www.rotarykorea.org
- 한국우주정보소년단 http://www.yak.or.kr
- 한국적십자청소년적십자(RCY) http://www.rcy.org
- 한국스카우트연맹 http://www.scout.or.kr
- 한국청소년문화연구소 http://www.youth.re.kr
- 한국청소년보호육성회 http://www.youthboy.net
- 한국청소년연맹 http://www.koya.or.kr
- 한국YMCA전국연맹 http://www.ymcakorea.org

8. 동아리 만들기

학교나 동네에서 새로운 동아리를 만든다. 봉사, 스포츠, 운동, 독서, 도보여행, 환경, 수집가 등 동아리의 목적은 당신이 관심을 가지고 있는 것으로 한다. 아래 제시한 단계별 방법을 활용한다.

ⓐ 자신의 동아리를 지원해주고 리더십을 발휘할 후원자 어른을 찾는다.
ⓑ 동아리의 기획안을 작성한다. 다음과 같은 내용을 포함한다.

- 동아리의 이름
- 참여시킬 사람
- 할 일(동아리의 목적)
- 모일 시간과 장소
- 모임을 운영하게 될 기간
- 예산(각종 용품, 기타 등등)
- 필요한 자금의 조달처(회비, 기부, 기금마련모임 등)

ⓒ 자신의 기획안을 교장선생님, 교직원, 동아리운영자 등에게 제출한다.

ⓓ 친구들이 가입할 수 있게 동아리를 홍보한다. 포스터를 만들어 붙이고, 전단을 배포하고, 학교방송을 통해 알린다.

9. 리더십 모빌

당신이 존경하는 여러 리더들의 모습을 그린 종이로 모빌을 만들거나, 리더들의 인형을 만들 수도 있다. 유명한 리더들을 택할 수도 있고 리더십을 발휘하는 주위 사람들을 택할 수도 있다.

10. 프로 운동선수들의 리더십 모델

사람들은 왜 그렇게 운동선수들에게 감탄하는 것일까? 현대사회에서 프로스포츠의 역할은 무엇인가? 젊은이들이 그들을 우러러본다는 사실을 감안할 때, 선수들은 어떤 책임의식을 가져야 하는가? 그 책임의 내용에는 어떤 것이 포함되어야 하는가?

2~3명의 유명한 프로 운동선수들을 선택해 그들의 영향력을 조사해 본다. 당신이 보기에, 그들은 훌륭한 리더인가? 그 근거는 무엇인가?

11. '이끌까 따를까' 게임

학급, 가족, 동아리 등 한 집단이 게임에 참여한다. 모두 함께 밖에 나가 두 가지 표시물을 정한다. 가까이에 있는 나무 두 그루나, 풍선기둥 두 개를 나란히 세워 표시물로 삼는다. 표어는 '리더십'과 '추종'이다. 사회자가 다음의 질문들을 읽으면, 그 집단의 모든 구성원은 각각의 상황에서 자신이 선택할 역할을 설명하는 표시물 옆에 서야 한다.

- 패션: 새로운 스타일의 옷을 입는 최초의 사람이 되겠는가, 아니면 유행이 될 때까지 기다리겠는가?
- 스포츠: 팀의 주장이 되겠는가, 아니면 팀의 선수가 되겠는가?
- 의료: 질병치료제를 개발하겠는가, 아니면 그 치료제를 이용해 환자를 도울 수 있는 의사가 되겠는가?
- 의회 또는 정부: 국회의원이 되겠는가, 아니면 국회의원들이 제정한 법률과 규칙을 따르는 시민이 되겠는가?
- 요리: 새로운 조리법을 만들겠는가, 아니면 요리책에 나온 것을 따라하겠는가?
- 문학: 책을 쓰겠는가, 아니면 한 권 읽겠는가?
- 사업: 자기 사업을 시작하겠는가, 아니면 다른 사람 밑에서 일하겠는가?
- 공연: 노래하고 춤추고 악기를 연주하겠는가, 아니면 청중이 되겠는가?
- 기술: 자신의 웹사이트를 만들겠는가, 아니면 다른 사람들의 사이트를 탐색하겠는가?

그런 다음, 모두 모여 이 게임으로 배운 것이 무엇인지 토의한다. 거의 대부분의 상황에서 리더를 선호한 사람들이 있는가? 거의 모든 상황에서 추종자를 선호한 사람들은 누구인가? 리더와 추종자 '둘 다' 될 가능성은 얼마나 될까?

CHAPTER 16

문제해결 : 골치 아픈 문제에서 벗어나기

재능·독창성

> 문제해결이란 어떤 일이 제대로 될 때까지 제대로 되지 않던 일을 계속 제거
> 해나가는 노력이다. 실수는 실패가 아니다. 해결책을 찾아나가는 과정이다.
>   - 바바라 A. 루이스

'발명왕' 에디슨은 전구를 발명하기까지 수없이 많은 실험을 해야 했습니다. 500번의 실험에서도 실패하자, 사람들이 그에게 물었습니다. "왜 이렇게 되지도 않는 일을 계속하십니까? 벌써 500번이나 실패하지 않았습니까?" 그러자 에디슨은 이렇게 말했습니다. "실패라고요? 나는 단 한 번도 실패한 적이 없어요. 전구를 만들지 못하는 500가지 방법을 알아냈으니까요."

위대한 업적을 이루거나 위대한 발견을 하는 사람들은 항상 그 과정에서 풀어야 할 문제에 맞닥뜨리게 됩니다. 에디슨의 경우 외에도 실패로 시작했지만 끝내 성공을 한 사례는 무수히 많습니다.

- 베토벤의 음악선생님은 "넌 작곡가가 될 소질이 없어."라고 말한 적이 있다.
- 월트 디즈니는 아이디어가 좋지 않다는 이유로 신문편집인 일에

서 해고되었다.

- 전설의 테너 엔리코 카루소는 음악선생님에게서 "넌 노래를 참 못 부르는구나. 목소리도 좋지 않고 말이야."라는 말을 들었다.
- 톨스토이는 대학에서 유급을 당했다.

행동하고 실수하라. 할 수 있는 것은 뭐든지 시도하라.
그래야 그곳에서 성공을 일구어낼 수 있다.
- 토머스 J. 왓슨

문제해결을 위한 노력이 성공하려면, 몇 가지 긍정적인 성격적 특징이 필요합니다. 여러분은 자기 자신을 알아야 하고, 자기 능력을 파악해야 합니다. 그것은 노력하는 과정에서 '긍정적인 전망'과 '희망'을 갖는 데 도움을 줄 것입니다. 항상 최선을 다해야 합니다. 문제해결이란 선택의 과정이며, 기대했던 것과 다르더라도 그 선택의 결과를 받아들여야 합니다.

문제해결, 이렇게 하면 반드시 '실패'한다

어떤 경우에 문제해결이 '안 되는지' 알고 싶습니까? 여기 실패를 보장하는 10가지 전략이 있습니다.

1. 문제와 싸운다

많은 사람들이 문제에 대항하여 거꾸로 헤엄쳐 가면 문제를 풀어낼 수 있을 것이라고 생각합니다. 하지만 이런 방법은 연어에게나 통하는 방법입니다. 문제해결에는 어림도 없지요. 그보다는 문제를 연구하고 이해하려고 노력하세요. 문제에 대해 가능한 한 여러 각도로 조사하고 많은 것을 배우세요. 그러면 어떻게 문제에 접근해야 할지 알 수 있는 실마리가 보일 것입니다.

2. 문제를 부인하거나 무시한다

'개미와 베짱이' 우화를 아십니까? 개미는 겨울을 나려고 열심히 일했고, 베짱이는 딩가딩가 놀았습니다. 겨울이 왔을 때, 개미는 준비가 되어 있었지만 베짱이는 추위에 떨고 배고픔에 쓰러져야 했습니다. 문제를 부인하거나 무시한다고 해서 그 문제가 사라지는 것은 아닙니다. 결국 문제와 맞닥뜨릴 수밖에 없게 됐을 때, 풀기만 더 어려워집니다.

3. 비관적인 태도를 갖는다

"외출금지라니, 정말 너무해!"라고 소리친다고 해서 부모님이 벌칙을 취소하실까요? 마찬가지로 '어차피 말이 안 통하는데, 뭣 때문에 신경 써.'와 같은 식으로 생각하는 것도 아무런 도움이 되지 않습니다.

4. 마무리를 짓지 않는다

뭔가 일을 벌여놓고 수습을 하지 못하는 경우가 있습니다. 다른 사람들이 뭐라고 할까봐 겁이 나서 슬그머니 발뺌을 하거나, 이래저래 꾸

물거리다가 일을 끝내지 못하기도 합니다. 어느 쪽이든 문제는 해결되지 않습니다.

5. 실수를 두려워한다

문제해결이 여러분을 잡아먹지는 않습니다. 무서워할 이유가 하나도 없답니다. '일을 망치면 어쩌지? 실수를 하면 어떡해? 판단을 잘못하면 어쩌나?' 사실, 아무것도 하지 않는 것이 더 큰 실수인데도 말입니다.

6. 포기한다

해결책에 도달하기는커녕 해결책을 강구해보지도 않고 포기하면 문제가 저절로 없어질까요?

7. 경쟁을 두려워한다

다른 사람들이 더 잘 할 거라는 생각에 문제의 해결책을 찾으려는 노력을 하지 않는 태도입니다. 모든 사람들이 이렇게 생각하면 어떻게 되겠습니까? 이번 문제에 있어서만은 어쩌면 여러분이 세상에서 가장 뛰어난 '최적임자'일 수도 있습니다.

8. 문제에 대해 잘못되거나 부정확한 그림을 그린다

문제를 실제보다 작거나 덜 심각하다고 생각한다면, 해결하는 데 충분한 시간과 노력을 들이지 않을 것입니다. 그러니 해결하지 못하기 십상이지요. 반대로, 문제를 너무 크고 심각하게 생각하면, 너무 많은 시간과 노력을 들이다가 정말로 문제를 더 크게 키우게 되기도 합니다.

9. 운에 맡긴다

골치 아픈 문제와 맞닥뜨리면 운이 좋아서 '어쩌다보니' 문제가 풀려버린다거나, 문제 자체가 저절로 사라졌으면 하고 바라게 됩니다. 하지만 일부 사람들이 '행운'이라고 부르는 것은, 실제로 좋은 기회들을 이용하려는 생각과 힘, 노력과 열의의 결과라는 사실을 명심하세요.

더 열심히 노력하니, 더 많은 행운이 내게로 왔다.

– 토머스 제퍼슨

10. '흑기사'가 나타나기를 바란다

대신 문제를 해결해줄 사람이 '짠' 하고 나타나길 바란다면, 여러분은 배우고 성장할 기회를 놓치게 됩니다. 더구나 그 결과가 마음에 들지 않는다 해도 여러분은 아무것도 할 수가 없습니다. 다른 사람이 '대신' 얻어낸 결과에 만족할 수밖에요.

10단계 문제해결 성공법

다음의 단계들은 지난 수세기 동안 과학자들이 문제를 해결하기 위해 사용해온 절차와 같습니다. 일상생활에서도 이를 적용하여 문제를 해결할 수 있을 것입니다.

1. 해결해야 할 문제가 있는지 알아본다

문제가 있는지조차 모른다면, 해결하고 풀 수도 없을 것입니다. 그러므로 우선 문제가 무엇인지 정확히 알고 설명할 수 있어야 합니다.

⇨ "음, 나는 수학을 잘 못해."

2. 문제를 조사한다

그 문제는 무엇과 관련이 있는지, 누구와 관련이 있는지, 문제의 정도는 어느 정도 심각한지 등에 대해 자문하고 생각해보세요.

⇨ '중학교에 올라와서부터는 수학점수가 계속 내려가기만 했어. 수업을 들어도 당최 무슨 뜻인지 잘 모르겠다고.'

3. 도움을 청한다.

문제해결을 도와줄 사람이 있는지 찾아보세요. 전문가라면 더욱 좋겠지요.

⇨ 그렇다면, 수학선생님을 찾아가 "선생님, 저는 수학이 너무 어려워요."라고 말한다. 선생님은 방과 후에 수학이 부족한 학생들을 돕는 스터디 모임이 있다는 정보를 전해주실 수도 있다.

4. 가능성이 있는 방법을 가정하고 추측해본다

⇨ '스터디 모임이라…. 학교가 끝난 다음에 두 시간 정도라니까 괜찮을 거야. 수학선생님께서 직접 하나씩 가르쳐주실 테니 도움이 될 것 같아!'

5. 실험과 관찰을 한다

4번에서 선택한 해결책을 직접 시도해보고, 무슨 일이 일어나는지 관찰합니다.

⇨ 스터디 모임에 참석하고 점수가 향상되는지 본다.

6. 관찰에 근거하여 이론을 세운다

5번을 실행해본 후, 어떤 결과가 나왔으며 무엇을 배울 수 있었는지 생각해봅니다. 문제를 해결하기에 충분했습니까? 그렇지 않다면, 또 다른 방법을 생각해보세요.

⇨ '스터디 모임에 나가는 것만으로는 부족한 것 같아. 자꾸 물어보기만 하잖아. 문제를 혼자 푸는 연습을 좀 해야겠어.'

7. 자기 이론에 근거하여 결정을 내린다

6에서 세운 이론에 근거하여 결정을 내립니다.

⇨ '문제집을 사서 혼자 풀어봐야지.'

8. 계획을 세우고 실행한다

7에서 내린 결정에 근거하여 세부적인 계획을 세우고 충실히 실행합니다.

⇨ '수업시간에 졸지 말아야지. 스터디 모임은 일주일에 세 번이고, 매일 밤 문제집을 한 장씩 풀고, 안 풀리는 문제는 다음날 다시 풀어봐야지. 정 못 풀 것 같은 것만 스터디 모임에 나가서 물어볼 거야.'

9. 실수로부터 교훈을 얻는다

실수는 좋은 스승이 될 수 있습니다.

⇨ '공식 외우기를 소홀히 했더니 문제 푸는 데 시간이 너무 많이 걸리는구나.'

10. 자기 이론을 검증한다

⇨ '학교수업+스터디 모임+문제집 독학=수학성적이 쑥쑥~!'

※ 보너스!

문제를 성공적으로 해결하는 연습을 통해 그와 비슷한 문제들을 미리 피할 수 있답니다.

⇨ '화학성적도 불안해…. 미리 더 열심히 공부해야겠어.'

문제를 하나하나 풀어가면서,

다른 문제들까지 해결할 수 있는 법칙을 알게 되었다.

– 데카르트

만약 나라면 이럴 때 어떻게 할까?

하나   얼마 전에 부모님이 이혼을 하셨다. 지금은 어머니와 함께 살고 있지만, 사실 당신은 아버지와 살고 싶다. 어떻게 할 것인가?

둘   당신은 어떤 구의 구청장인데, 한 항목의 예산을 두고 두 집단이 경쟁한다. 한 집단은 정신지체자를 위해 좋은 시설이 갖춰진 병원의 확충을 원하고, 다른 집단은 치매환자들을 수용할 수 있는 시설물 확충을 원한다. 양쪽 모두 다음 번 예산책정 기간이 돌아올 때까지 기다릴 만한 여유가 없다. 그렇다고 양쪽에 예산을 나눠서 지급한다면, 어느 쪽도 목적을 달성할 수 없을 것이다. 당신은 어느 쪽의 손을 들어줄 것인가? 아니면 이 문제를 해결할 만한 다른 방법을 생각해낼 수 있겠는가?

셋   당신은 39명의 학생을 맡고 있는 조그만 분교의 담임교사인데, 예산이 부족하여 책상과 책을 충분히 마련할 수 없다. 학생 중 세 명은 심각한 행동장애를 가지고 있으며, 당신이 보기에 그 아이들은 특수학교에 가면 더 좋은 교육을 받을 수 있을 것 같다. 하지만 그 학교는 이미 정원이 다 찬 상태. 그 외에도 학급을 운영하기에는 여러 가지 문제들이 산재해 있다. 어떤 문제들이 있을 수 있을까? 각각의 문제를 어떻게 처리할 것인가? 어디서부터 시작할 것인가?

넷   당신은 화장실에 갔다가 우연히 어떤 학생들의 이야기를 엿듣게 되었다. "학교랑 동네 쓰레기통을 모두 습격하는 거야! 불을 붙이면 정말 재미있겠다!" 그들은 학교에서 유명한 불량학생들이었다. 아무래도 당신이 그 대화를 엿들은 것을 그들이 눈치 챈 것 같지만 분명하지는 않다. 그리고 그들의 계획을 폭로하면 보복을 당할 것 같다. 하지만 말하지 않으면 학교와 동네 여기저기서 사고가 터질 것이다. 사람이 다칠지도 모른다. 당신은 어떻게 할 것인가?

다섯 당신은 공공 도서관이 없는 작은 마을에 살고 있다. 당신은 공공 도서관 설립을 위해 함께 일할 팀을 조직했고, 마을 사람들이 건물과 책을 기증해주었다. 그러나 막 건물보수 공사를 시작하려 할 때, 구청에서 곧 건물을 헐어야 한다고 통보해왔다. 그 자리에 스포츠 공원을 만들기로 결정되었다는 것이다. 당신이 조직한 팀에게는 다른 건물을 살 만한 경제적 여력이 없다. 이 문제를 어떻게 해결할 것인가?

수행활동

문제해결을 위한 활동

1. 문제해결 노트

노트나 수첩을 하나 마련하여 일상생활에서 부딪히는 문제와 해결 방법을 기록한다. 효과를 보았던 방법과 그렇지 못했던 방법을 기록해 둔다.

2. 유명한 발견, 발명, 재능의 기원

지금은 너무도 당연하게 사용하고 있는 많은 것들이 과거에는 '해결해야 할' 문젯거리였다. 우연히 떠오른 엉뚱한 질문을 통해 과거로 거슬러 올라가보자. 예를 들어 흑연을 어떻게 연필 안에 심게 됐을까? 지구의 나이는 어떻게 알아냈을까? 음악을 어떻게 CD 안에 넣었을까? 이와 같은 여러 가지 질문에 대한 답을 찾아보자. 인터넷 검색을 하다보면 더욱 재미있는 질문과 답을 발견하게 될 것이다. 각각의 기원이 '문제해결 단계'를 밟은 것인지 알아보자.

3. 마음에 안 드는 결말 고치기

슬프거나 실망스럽게 끝나버린 소설, 시, 영화, 이야기의 결말을 새로 써본다. 마음에 안 드는 결말로 치닫게 된 문제가 어디에서부터 시작되었는지 알아보기 위해, 뒤에서부터 거꾸로 읽어보며 본문을 수정할 수도 있다.

4. 자연재해 해결하기

자연재해로 인해 생기는 문제들에 대한 해결책을 조사해본다. 태풍, 가뭄, 홍수, 지진, 화재 등의 피해를 줄이기 위해 사람들은 무엇을 할 수 있을까? 자기가 조사한 내용을 학급이나 동아리에서 발표한다. 다음은 '자연재해의 해결책'에 대한 몇 가지 예다.

- 2004년 12월 26일, 동남아 일대를 휩쓴 '쓰나미'에 대해 조사해본다. 해일이 해변을 덮쳤을 때 무슨 일이 벌어졌는가? 이 재앙으로부터 사람들은 무엇을 배웠는가? 자신이 조사한 내용을 도표나 포스터로 만들어본다.
- 산불의 영향에 대해 조사해본다. 산불이 일어난 후, 동식물과 나무는 어떻게 되는가? 근처에 살던 사람들에게는 무슨 일이 생기는가? 소방관들은 산불이 번지는 동안 어떻게 문제를 해결하는가? 화재의 악몽에서 조금씩 회복되면서 산에는 무슨 일이 일어나는가? 자신이 조사하고 배운 것을 발표해보자.

- 지진탐지에 대해 조사해본다. 과학자들은 지진이 일어날 것을 어떻게 아는가? 그들의 예측은 얼마나 정확한가? 그들은 문제를 해결하기 위해 어떤 종류의 도구를 사용하는가? 자신이 공부한 것에 대해 보고서를 써보자.

5. 전쟁기념관 견학

학급이나 학교 단위로 견학을 갈 기회가 있을 것이다. 그렇지 않다면, 부모님의 허락을 구하고 친구들과 함께 전쟁기념관에 가본다. 견학 후에는 자신이 보고 경험하고 느낀 것을 적어 학교신문이나 어린이신문에 보낸다. 사람을 죽이고 전쟁을 벌이는 것 외에 평화롭게 문제를 해결할 방법은 없을까? 한두 가지 제안을 하며 편지를 끝맺는 것도 좋다.

요령 전쟁기념관이 너무 멀어서 직접 가기 힘들다면, 온라인으로 볼 수 있는 사이트를 찾아보자. 참고로, 전쟁기념관의 홈페이지 주소는 http://www.warmemo.co.kr이다.

6. 학교 문제해결

학교에는 문제가 없는지 찾아보자. 수정, 개선, 변화가 필요한 것들이 있는지 둘러보라. 학생, 교사, 직원들에게 의견을 물어보고, 앞에서 나왔던 '10단계 문제해결법'을 시행해보자. 문제의 성격에 따라 단계를 생략하거나 보충할 수도 있다. 문제가 해결되면, 자신과 팀이 쏟은 모든 노고에 대해 마음껏 보상을 하라. 파티를 열자!

7. 만화에서 찾아보기

시사만화나 연재만화에서 실제 삶의 문제들을 어떻게 묘사했는지 살펴본다. 선거나 사회문제, 스캔들 같은 사회적 이슈를 다룬 시사만화나, 논평을 담고 있는 신문의 연재만화를 찾아볼 수 있을 것이다. 역사상 특정 기간을 선택해(IMF, 이라크 전쟁, 최근 선거 등) 도서관에 가서 그 시기에 나온 신문에서 시사만화와 연재만화들을 찾아본다. 조사를 하면서 다음의 질문들에 대해 생각해보자.

- 만화가는 문제를 어떻게 다루고 있는가? 아주 심각하게 다루었는 가, 농담조로 다루었는가?
- 만화가들이 문제에 대한 해결책을 제시한 적이 있는가? 그 해결책 들은 현실적인가 과장되어 있는가?
- 만화가들은 당시의 사회에 큰 영향을 미쳤는가?

자기가 발견한 사실을 보여주기 위해서 직접 만화책을 쓰거나 단편 만화들을 그려 친구나 가족에게 보여준다.

8. '신발 고르기' 게임

반 전체나 동아리 구성원 모두가 신발을 한 짝씩 벗어 교실이나 방 한가운데 쌓아놓는다. 차례로 눈을 가리고 자기에게 맞는 신발을 찾는 다(자기 신발이 아니라도 된다). 그리고 무슨 일이 일어났는지 서로 이야기 해보자. 이런 질문들을 해볼 수 있다.

- 맞는 신발을 찾는 것이 어려웠는가?
- 눈을 가렸기 때문에 더 힘들었는가?

- '맞는' 해결책을 찾기 위해 문제 전체를 볼 필요가 있는가?
- 많은 선택권이 있을 때 '맞는' 것을 찾기가 더 쉬운가? 즉 수많은 해결책이 있다면 도움이 될까?

응용 다른 참가자들이 눈을 가린 사람에게 말로 특정 신발을 찾게 도와줄 수 있다. "오른쪽으로!", "왼쪽으로!", "손을 뻗어!" 하는 식으로 말이다. 그 다음, 선택할 수 있는 해결책을 '볼 수 있는' 사람이 있다는 것이 얼마나 도움이 되는지 이야기해보자.

CHAPTER 17

목적:무엇을 위해 살 것인가

방향·목표·초점·비전

> 자기가 가진 꿈에 열중해서 꾸준히 노력하는 사람만이 성공한다는 것은 모
> 든 분야에서 통하는 진리다.   - 전유성

여러분이 다른 도시에 사는 친구를 찾아가려고 합니다. 지도를 찾아
보고 교통편을 알아본 후 출발합니다. 불안초조, 맞는 길로 가고 있는
건지 알 수 없지만 일단 가봅니다. 여차저차 해서 친구가 산다는 도시
에 도착하고, 물어물어 친구가 사는 동네를 찾아갑니다. 세상에, 그 동
네에는 자그마치 50가구 이상의 주택이 줄을 지어 서 있습니다! 여러
분은 한숨을 한 번 푹 내쉬고는, 집집마다 초인종을 누르고 그 친구가
어디 사는지 아느냐고 물어봅니다. 마침내 그 친구를 아는 사람을 찾
아냅니다! 하지만 그때쯤 친구는 여러분을 기다리다 지쳐버렸을 것입
니다.

이런 방법으로 친구 집을 찾아가는 사람도 있을까요? 절대 좋은 방
법이 아닐뿐더러, 친구에게도 점수가 깎이는 일일 테지요. 그보다는 집
을 떠나기 전에 친구에게 길을 물어보면, 친구가 오는 길을 상세하게
알려줄 것입니다. 그러면 몇 번 버스를 타고 어느 정류장에서 내려, 무

슨 가게를 끼고 오른쪽으로 돌아 몇 번째 집을 찾으면 친구를 만날 수 있다는 것을 알게 됩니다.

아무런 안내도 없이 길을 떠나는 것은 전혀 바람직하지 않고, 사실 어리석어 보입니다. 그런데도 이런 식으로 삶을 살아가는 사람들이 있습니다. 예를 들어, 여러분이 언젠가 의사가 되고 싶다고 해봅시다. 여러분은 '내가 크면, 의사가 될 거야.'라는 막연한 생각을 품고 있습니다. 그러기 위해 공부를 해야 하고, 의과대학에 가야 한다는 것 정도는 알고 있을지도 모르지만, 가는 길을 전혀 모른다면 엄청 헤매게 될 것입니다. 심지어 의사의 꿈을 이룰 수 없을지도 모릅니다.

의사가 되는 길을 알려줄 수 있는 것에는 무엇이 있을까요? 우선, 학교에서 어떤 수업을 들어야 할지 알아야 합니다. 생물과 수학을 잘 못한다면, 더 멀고 힘든 길을 걷게 될 것입니다. 그리고 공부를 열심히 해야 대학에 합격할 수 있겠지요. 학비를 충당하기 위해서는 방학 때 아르바이트를 해서 저축을 하고 장학금 신청을 해야 할 수도 있습니다. 가장 좋은 대학이 어디인지, 어떻게 하면 장학금을 받을 수 있는지도 조사해볼 필요가 있습니다.

미래에 대해 생각하고 계획을 세우면 꿈에 초점을 맞추는 데 도움이 됩니다. 어떤 것에 집중할 때, 그것은 마음속에 더 또렷하고 강렬하게 새겨집니다. 그것을 무시하면, 그것은 더 약해지고 불분명해지지요.

무엇이 되고 싶은지 모른다면? 그래도 괜찮습니다. 올바른 방향으로 가도록 도와줄 표지판을 발견할 가능성은 아직 남아 있으니까요. 살아가면서 결심이나 방향을 바꿔도 괜찮습니다. 조금 돌아간다고 생각하면 되지요. 하지만 미리 계획을 세운다면 훨씬 빠르고 쉽게 목적을 달성할 수 있을 것입니다. 때로는 자신이 선택한 목적이 수많은 단계를 거치고 수많은 표지판을 확인하며 오랜 시간을 필요로 하는 것일 수도 있습니다.

목적 발견!

> 재능이 기회를 만든다는 말이 있다.
> 그러나 강렬한 열망은 기회를 만들 뿐 아니라, 재능도 만든다.
> ─ 에릭 호퍼

여러분은 '되고 싶은 사람이 되는 것'을 목적이라고 생각할지도 모릅니다. 목적이란 무척 개인적인 것입니다. 그것은 여러분이 개발하고 추구하기를 바라는 내면의 특별한 '무엇'입니다. 목적은 삶에 의미를 주고, 여러분만의 방법으로 그것을 달성하도록 힘을 줍니다.

자신의 목적을 어떻게 발견하겠습니까? 스스로에게 '내가 가장 하고 싶은 일이 뭘까?'라는 질문을 던져봅시다. 여러분에겐, 여러분을 여러분이게 하는 특별한 재능이 있습니다. 여러분은 다른 누구도 할 수 없는 것을 해내거나, 아무도 흉내 낼 수 없는 방식으로 어떤 일을 할 수 있습니다. 그러한 재능을 필요성과 결합시킨다면, 목적을 찾을 수 있을 것입니다. 자신의 목적을 찾기 위해 스스로에게 물어볼 수 있는 질문들을 더 살펴봅시다.

- 나의 재능은 무엇인가?

- 내가 쉽게 하는 일은 무엇인가?

- 내가 어려워하는 것은 무엇인가?

- 나의 관심사는 무엇인가?

- 나는 여가 시간에 무엇을 하는가?

- 누가 나와 내 재능을 필요로 하는가?

- 나는 무엇을 꿈꾸는가?

- 나의 영웅은 누구인가?

- 나는 어떤 부류의 사람들과 어울리는 것을 좋아하는가?

- 나는 사람들과 어울리는 것을 좋아하는가?

- 나는 동물을 좋아하는가?

- 나는 야외활동을 좋아하는가, 실내활동을 좋아하는가?

- 내가 하기 싫어하는 것은 무엇인가?

- 나의 걱정거리는 무엇인가?

- 나는 어떤 점을 향상시키기를 바라는가?

- 나는 우리 동네와 도시, 나라, 세계에 대한 이상적인 미래를 어떻게 그리는가?

이 질문들에 대한 대답을 노트나 일기장에 적어보세요. 그리고 가끔씩 자신의 대답을 다시 한 번 들춰보세요. 스스로에게 해볼 수 있는 질문이 더 있나요? 자신의 대답을 더 발전시켜 더욱 상세하게 설명할 수 있나요? 여러분에게 확고한 목적이 있다면, 시간이 지나면서 그것이 더욱 분명해지는 것을 느끼게 될 것입니다.

목표 만들기

목표는 당신의 미래 모습을 결정한다.

– 줄리어스 어빙

목적으로 향하는 길에서 여러분이 밟는 단계, 여러분이 살펴보는 표지판들이 바로 여러분의 '목표'입니다. 목표 설정은 배워서 익힐 수 있는 기술입니다. 그럼, 목표를 만드는 방법을 알아볼까요?

1. 진지하게 준비한다

목표 설정을 준비하는 데는 다음의 4가지 요소가 필요합니다.

- 방해받지 않는 조용한 시간
- 필기도구
- 편안하게 생각하고 작업할 수 있는 공간
- 종이

도서관이나 학교의 조용한 구석자리를 찾거나, 방문에 '방해하지 마시오'라는 표지를 붙여서 자신만의 공간을 만들어두세요.

2. 향후 10년 동안의 장기 목표를 설정한다

이 기간 동안 달성하고 싶은 목표를 모두 기록하세요. 항상 '목적'을 염두에 두어야 합니다. 장기적인 목표들은 여러분의 목적을 이루기 위한 것임을 명심하세요.

⇨ 동물을 좋아하는 당신의 장기 목표 중 하나는 '수의사가 되는 것' 입니다. 따라서 종이에 적을 장기 목표에 '수의사 되기', '동물병원 개업', '동물의 질병들에 대한 치료법 찾기', '수의학과가 있는 대학 입학' 등을 쓰도록 합니다.

3. 장기 목표들의 우선순위를 정한다

중요도에 따라서 각 목표들에 번호를 매긴 후, 1, 2, 3번이 무엇인지 보세요. 자, 이것들이 바로 여러분에게 가장 중요한 장기 목표들입니다. 축하합니다!

⇨ 중요도 1위인 장기 목표는 '동물병원 개업'이 될 수 있습니다.

4. 3~5년 동안의 중기 목표를 설정한다

향후 3~5년간 달성하고 싶은 것을 모두 적어보세요. 최대한 상세하게 적어야 합니다. 목적과 장기 목표도 잊지 말아야 합니다. 중기 목표들은 장기 목표를 달성하는 데 도움이 됩니다. 이들 모두는 서로 연관되어 있답니다!

⇨ '명문 수의과대학 찾기', '동물병원 아르바이트 구하기', '수의사가 되기 위해 필요한 책을 많이 읽기', '사업에 대해 배우기' 등을 씁니다.

5. 중기 목표들의 우선순위를 정한다

중요도에 따라 각 목표들에 번호를 매깁니다. 이제 상위 3가지의 중기 목표를 갖게 되었습니다. 여러분은 실제로 한 발짝 나아간 것입니다!

⇨ 중요도 1위인 중기 목표는 '명문 수의과대학 찾기'가 될 수 있습니다.

6. 1~2년 동안의 단기 목표를 설정한다

이 기간 동안 하고 싶은 모든 것들을 써보세요. 자신의 목적과 중·장기 목표를 염두에 두어야 합니다. 단기 목표들은 중기 목표를 달성하는 데 도움을 줄 것입니다.

⇨ '수의학과에 대하여 담당 상담선생님께 묻기', '수의사들에게 그들이 받은 교육과 실제 수의사로서 일이 어떤지 인터뷰하기', '인터넷에서 수의학과가 있는 대학을 찾아 안내서를 보내달라고 요청하기', '도서관에서 수의사에 대한 책을 찾아보기' 등을 씁니다.

7. 단기 목표들의 우선순위를 정한다

중요도에 따라 각 목표들에 번호를 매깁니다. 그리고 상위 3가지의 단기 목표를 보세요. 네, 훌륭하네요!

⇨ 중요도 1위 단기 목표는 '도서관에서 수의사에 대한 책을 찾아보기'가 될 수 있습니다. 이것은 오늘 당장 할 수 있는 일입니다. 목표를 위해 행동하는 것이야말로 그 목표를 이루는 첫걸음이랍니다.

8. 노트에 장·중·단기의 상위 3가지 목표를 날짜와 함께 적는다

자신의 목표를 늘 떠올릴 수 있도록 수시로 목록을 들여다보세요. 목표 중 하나를 달성할 때마다 표시해두고, 날짜도 함께 적어둡니다.

9. 목표를 달성해가면서 목록을 수정한다

중요도 1위인 목표 중 하나를 달성할 때마다, 순서대로 다른 목표를 적고 행동하세요.

10. 필요하다면 목표도 수정한다

상황은 늘 변하고 사람도 늘 변합니다. 지금 이 순간도 여러분은 변하고 있습니다. 자신의 목표를 되돌아보고, 필요하다면 다시 시작하세요. 두려워할 필요는 없습니다. 중요한 것은, 항상 목표가 있다는 것이니까요.

목표 설정이 너무 어렵거나 복잡하다는 생각이 들지도 모르겠네요. 그러나 이 모든 단계는 목표를 설정하고 실행하기 위한 기술입니다. 어떤 기술이든 새로 익히기 위해서는 연습이 필요한 법입니다. 피아노를 훌륭하게 연주하고 싶다면, 수영을 잘 하고 싶다면, 연습을 해야 합니다. 좋아하는 컴퓨터 게임에서 레벨을 높이려면 연습에 시간을 많이 투자해야 한다는 건 잘 알고 있겠지요? 하물며 여러분의 인생 전체를 좌우할지도 모를 한 가지 기술을 얻기 위함인데, 부단히 연습할 가치가 있지 않을까요? 평생 동안 끊임없이 사용하고 또 사용할 테니 말입니다. 사람이란 늘 새로 도전하고 성취해내고 싶은 목표를 가지게 마련입니다.

목표를 설정하고 나면, 다음과 같은 감정들을 느끼게 될 것입니다.

- 더 독립적인 사람이 된 느낌: 다른 사람이 자신의 인생을 대신 결정지어주길 기다릴 필요가 없게 되었습니다! 여러분 스스로 결정하는 것이지요.
- 더 유능해진 기분: 모든 일이 저절로 일어나'주길' 바라며 기다리지 않게 됩니다. 그 일이 일어나게 하는 건 바로 여러분입니다.
- 자기 시간을 더 잘 통제하고 있다는 느낌: 매주 자신이 어떤 일을 해냈는지 되돌아보세요. 더 큰 즐거움을 만끽할 수 있을 것입니다!
- 목적을 이뤄낼 수 있을 거라는 자신감: 이 모든 목표들은 '목적'에 도달하기 위한 단계들임을 명심하세요!

어쩌면 목표 설정이 너무 간단하고 쉬워 보일지도 모릅니다. 목록을 만드는 것만으로 인생이 바뀔 수 있을까요? 그냥 여러 단어들을 나열한 것에 불과한데 말입니다. 하지만 조금 미심쩍은 생각이 들어도, 속는 셈 치고 한번 시도해보세요. 성공한 사람과 뛰어난 성과를 달성해낸 사람들은 대부분 목표를 설정한답니다. 믿을 수 없다고요? 그렇다면, '목표'를 이뤄낸 사람들과 한번 이야기해보세요. 거짓말이 아님을 알게 될 것입니다.

그리고 적어도 3주 동안은 이 과정을 따르겠다고 다짐하세요. 목표를 설정하는 방법이 효과가 있는지 없는지 알게 될 테니까요. 3주 뒤에도 별로 나아진 게 없다면, 다시 시도하고 또 시도하세요. 그것이 자신의 목적을 발견하고 그것을 이루기 위해 정진하는 데 에너지를 집중할 수 있도록 도와줄 것입니다. 여러분뿐만 아니라 모든 사람들이, 심지어 어른들도 앞으로 5년, 10년, 20년 후 자신이 어떤 모습이면 좋겠다는 생각을 합니다. 그러나 이런 장기 목표를 달성하기 위해 꼭 필요한 '작은 목표'를 달성하게 해줄 매일매일의 계획은 실천하지 않습니다. 자신을 훈련시키세요. 마음속에 자신의 미래를 창조하세요. 비전이 실행보다 먼저입니다. 목표 설정은 여러분의 비전이 현실이 될 수 있도록 해줍니다.

> 목표 설정을 하고 그것을 달성하는 습관을 익힐 때,
> 이미 당신은 성공의 반은 이룬 셈이다.
> 지루하기 짝이 없는 허드렛일이나
> 매일 해야 하는 시시하고 자질구레한 일도,
> 꿈을 향해 한 걸음씩 가까워지고 있다고 확신하면 참을 만해진다.
> – 오그 만디노

만약 나라면 이럴 때 어떻게 할까?

하나 당신은 재능 있는 음악가이며, 축구에서는 최다 득점선수이고, 의학에도 매우 관심이 많다. 당신은 어떤 방향을 우선적으로 선택할 것인가? 그 이유는 무엇인가?

둘 친구 중 한 명이 갑자기 리더십 워크숍에 참석할 기회를 얻었다. 그러나 안타깝게도 친구는 이미 같은 날 바이올린 연주회에서 공연을 하기로 되어 있었고, 초대장도 수주일 전에 발송했다. 그래서 친구는 불가피하게 리더십 워크숍에 참여하지 않기로 했다. 당신은 친구가 그런 기회를 또 가질 수 있으리라 생각하는가, 아니면 다시는 갖지 못할 기회를 놓친 것이라 생각하는가? 친구가 옳은 결정을 내렸다고 생각하는가? 그렇다면 그 이유는 무엇이고, 아니라면 그 이유는 무엇인가?

셋 시장이 시의 미래 방향에 대한 계획을 세웠다. 시립 공원을 상업지역으로 전환하여 시의 경제적 발전을 꾀하려는 계획이었다. 시장의 계획이 공개되면, 공원을 그대로 놔두어야 한다고 생각하는 많은 사람들의 반대에 부딪힐 것이다. 시장은 자신의 계획을 추진해야 하는가, 공원을 사랑하는 시민들의 주장을 받아들여야 하는가? 당신의 대답에 대한 이유를 자세히 설명해보자.

넷 미래에 대해 혼란을 느끼고, 앞으로 뭘 하고 싶은지에 대한 뚜렷한 계획도 없다. 그래도 괜찮은가? 미래를 위해 뭔가 계획을 세워야 하지 않을까? 아니면 그냥 내버려두어도 괜찮겠는가?

목적을 만들고 이루기 위한 행동

1. 신문기사 스크랩

특이하거나 흥미로운 일에 종사하는 사람에 대한 신문기사를 스크랩한다. 독특한 직업, 유별난 취미 외에도 관심을 끄는 내용이라면 어떤 기사든 좋다.

2. 인터넷 검색

자신의 흥미와 취미에 대해 더 알기 위해서 인터넷을 검색한다. 네이버, 다음, 구글 등의 검색엔진을 사용하라. 특정 검색엔진의 사용법을 모른다면 인터넷 사용에 능숙한 친구의 도움을 얻으면 된다. 첫 화면에 나오는 여러 메뉴 중 관심이 가는 항목을 클릭해가면서 웹서핑을 해도 좋다. 나중에 다시 방문하고 싶은 사이트를 발견하면 즐겨찾기에 등록해두자.

3. 박물관 견학

근처에 있는 박물관을 방문해보자. 인터넷 검색엔진에서 '박물관'을 찾아보면, 생각 외로 다양한 종류의 박물관이 있음에 놀라게 될 것이다. 관심이 가는 다양한 분야를 찾아보자. 자신의 목적과 관계가 있는 곳이 있는가? 목표 설정에 도움이 될 만한 곳이 있는가?

4. 수학공부의 이유

학교에서 수학을 공부해야 하는 이유를 최소한 3가지 이상 찾아보자. 자신이 관심을 가진 분야가 수학과 아무 관련이 없는데도 굳이 수학공부를 해야 하는가? 수학이 어떤 점에서 특별한 도움이 된다고 생각하는가? 수학은 문제에 초점을 맞추고 해답을 발견하는 능력을 키워주는가? 목표 설정에는 도움이 되는가? 목적을 발견하는 데는? 일기장에 자신의 이유와 생각을 써보자.

응용 학교에서 공부하는 과목 중 하나를 선택해 그 과목을 공부하는 이유를 최소한 3가지 이상 찾아보자. 왜 역사를 공부하는가? 국어, 과학, 지리, 영어는 왜 공부하는가?

5. 국가의 미래

국가의 장래를 위한 목표를 세워본다. 당신이 국회의원이 되어 나라의 미래를 위한 계획을 세워야 한다고 생각해보자. 우리나라가 앞으로 달성해야 한다고 생각하는 목표를 5가지 이상 써보라. 그 목표에 대한 정당한 이유는 무엇인가?

6. 문화체험

가족이나 친구와 함께 음악회, 발레, 오페라, 뮤지컬, 영화, 연극 등을 관람한다. 박물관이나 미술관을 방문하는 것도 좋다. 그런 후에, 그 경험에서 배운 것과 다음 계획에 대해 함께한 사람들과 이야기를 나누어본다. 다양한 경험을 쌓을수록 자신에게 '딱 맞는' 목적을 찾을 수 있는 기회 또한 많아진다.

7. '스승' 찾기

어떤 주제에 강한 흥미가 있다면, 그 주제와 관련된 교수나 선생님, 전문가를 찾아본다. 연락을 취하여 자신을 가르쳐줄 수 있는지 물어보자. 사실 그런 사람들은 워낙 바쁘기 때문에 당신을 도울 수 없을지도 모른다. 그렇다면 당신 주위에서 스승을 찾을 수도 있다. 전문가 못지않은 지식을 갖고 있는 사람도 얼마든지 많다.

8. 클럽 결성

관심사가 같은 사람을 위한 클럽을 만든다. 컴퓨터 클럽, 애견 클럽, 댄서 클럽, 노래 클럽, 젊은 우주비행사 클럽, 배구 클럽, 원예 클럽 등 어떤 것이라도 좋다. 일주일에 한 번, 혹은 한 달에 한 번 정도 모임을 가지고 서로의 관심사를 공유한다. 인터넷에 카페를 만들어 수시로 정보를 교환하는 것도 좋은 방법이다.

9. 긍정적인 말

스스로에게 하는 간단한 문장을 만들어 매일, 자주 반복하여 말한다. 내용은 자신이 달성하고 싶은 것, 되고 싶은 것이면 된다. 영화배우 짐 캐리가 코미디언으로 고전을 면치 못하고 있을 때, 매일 스스로에게 "나는 1995년까지 1년에 1천만 달러를 벌게 될 거야!"라고 말했다고 한다. 당신은 좋은 습관을 형성하고("오늘 나는 20분 걸을 거야."), 재능을 키우고("오늘 나는 피아노 연습을 아주 집중해서 할 거야."), 새로운 관심사나 취미를 탐색하고("오늘 나는 자동차에 대해서 더 배울 거야."), 긍정적인 성격 특징을 계발하기 위한("오늘 나는 진실만 말할 거야.") 긍정의 말을 할 수 있다. 매일 그 말을 읽거나 써보자.

10. 목표가 있는 보드게임

달성해야 할 목표가 있는 보드게임을 만들어보자. 모노폴리, 부루마블, 카탄 등 자신이 좋아하거나 어렸을 때 즐겨 하던 게임을 떠올려본다. 그런 게임을 모방해도 좋고, 획기적인 아이디어로 직접 만들어봐도 좋다. 다음은 보드게임을 만드는 한 예다.

ⓐ 목표 정하기

신이 선택하는 것은 무엇이든 목표로 삼을 수 있다. 예를 들면 고등학교나 대학교 졸업, 디자이너·화가·컴퓨터 프로그래머·프로 게이머·요리사·훌륭한 연설가가 되는 법 배우기, 친구 사귀기, 결혼, 자녀양육 등이 있을 수 있다.

ⓑ 목표의 '시작'과 '끝' 지점을 표시하고 규칙 만들기

예를 들어 '수학에서 90점 이상을 받으면 두 칸 앞으로 간다', '미술대회에서 최우수상을 받으면 세 칸 앞으로 간다' 등의 규칙과 '밤샘파티에 초대받는다' 등의 보너스 규칙을 정할 수 있다.

ⓒ 목표를 향하는 주자의 발목을 잡는 '덫' 설치

예를 들어 '수학에서 세 시간을 빼먹으면, 뒤로 두 칸 간다', '미술대회 출품 마감일을 놓치면, 차례를 한 번 넘긴다', '식당에서 자신에게 인사하는 사람을 무시하면, 벌칙 카드를 받는다' 등의 벌칙을 정한다.

같은 반 친구들, 동아리, 가족과 함께 게임 판, 말, 보너스 카드, 벌칙 카드 등을 만든다. 규칙을 정하고 게임을 해본 뒤 필요하다면 수정을 한다. 학교 후배들과 함께 게임을 하는 것도 좋다.

CHAPTER 18

관계 : 사람을 끌어들이는 자석

가족·친구·자신·타인과의 관계

인간관계는 세상 무엇보다 소중하다.　　　　　　　　　　－ E.M. 포스터

　　1996년 미국의 한 동물원에서 세 살짜리 아이가 고릴라 우리 안에 떨어졌습니다. 한 고릴라가 난간에서 5m 아래로 떨어져 의식을 잃은 아이에게 달려갔습니다. 사람들은 모두 경악하며 안타까운 비명을 질러댔지요. 그런데 잠시 후, 정말 놀라운 일이 벌어졌습니다. 한 팔에 자기 새끼를 안고 있던 이 엄마 고릴라가, 아이를 살그머니 집어 올려서는 팔에 안고 품어주었던 것입니다! 그리고 나서는, 동물원 관리인이 아이를 데려갈 수 있도록 문 쪽으로 가서 아이를 조심스럽게 바닥에 내려놓았습니다. 그 고릴라는 도움의 손길이 미칠 때까지 다른 고릴라가 접근하지 못하도록 아이를 계속 보호해주었습니다.

　　이 놀라운 사건은 뉴스와 신문에 연일 보도되었고, 사람들은 엄마 고릴라의 사려 깊고 세심한 행동에 놀라움을 감추지 못했습니다. 어떤 동물행동 전문가들은 아이가 위협적으로 뛰어다녔다면 엄마 고릴라가 다르게 행동했을 거라고 말했습니다. 고릴라는 보통 공격적이지 않지

만, 자기 영역이나 새끼에게 위협이 된다고 생각하면 포악한 행동을 하기 때문입니다. 아무튼 엄마 고릴라의 행동은 전 세계에 많은 논의를 불러일으켰습니다.

우리는 고릴라의 말을 알아들을 수가 없기 때문에, 당시 엄마 고릴라가 왜 그랬는지 알기는 어렵습니다. 엄마 고릴라도 자기 새끼를 돌보고 있었으므로 모성본능이 작용했던 것일까요? 전문가들의 말대로 아이가 기절해 있었기 때문일까요?

사랑과 보살핌을 받고 자란 사람이 사랑과 보살핌을 잘 베풀 수 있습니다. 사랑과 보살핌을 제대로 받지 못한 아기들은 잘 자라지 못하고, 때론 죽기도 합니다. 그런 아기는 자라서 어른이 될 때까지도 다른 사람과 관계를 맺는 데 많은 어려움을 겪습니다.

여러분은 아마도 부모님에게서 사랑과 보살핌을 받았을 것이고, 부족함 없이 살고 있을지 모릅니다. 그러나 그렇지 않았다면 어땠을까요? 가족과의 관계가 자신이 바라는 것만큼 좋지 않다면 말입니다.

그래도 다행스러운 점은, 사람들과 좋은 관계를 형성하는 법도 배우고 익힐 수 있다는 것입니다.

관계를 맺고 강화하는 12가지 방법

1. 성격 좋은 사람이 되라

여러분이 긍정적이고 정직하며 성실하고 공손하면, 다른 사람은 자연스럽게 여러분에게 끌리게 됩니다. 그들은 여러분을 사귀어볼 만한 사람이라고 생각할 것입니다.

2. 친절하고 상냥하라

특히 다른 사람이 상처받거나 힘든 시기를 보내고 있을 때, 이를 알아채고 도움의 손길을 내밀어보세요. 예를 들어서, 여러분의 친구가 시험에서 부정행위를 하다 걸리는 바람에 당황하고 창피해한다고 생각해봅시다. 친구를 격려하는 내용의 쪽지를 건네보세요. 부정행위를 용인하라는 것이 아니라, 그럼에도 여전히 친구의 장점을 알고 있다는 점을 친구에게 알려주는 것입니다.

3. 사랑스러운 지원자가 되라

여러분이 다른 사람을 배려한다면, 그들이 성공하는 것을 기쁘게 생각하고, 그들에게 좋은 일이 일어나기를 바라고, 도움이 필요할 때 지원해줍니다.

예를 들어서 곤경에 처한 친구가 있다면, 개인적으로 얘기를 나눌 시간을 가져보세요. 여러분이 얼마나 염려하고 있는지, 친구가 상처받을까 봐 얼마나 걱정하는지 말해주세요. 자신의 행동을 돌아보고 더 나은 선택을 하도록 도와줄 수 있는 최선의 방법이랍니다.

진정한 사랑에는 조건이 없습니다. 친구가 잘못된 선택을 할지라도 친구를 좋아하는 마음에는 변함이 없어야 합니다. 숨겨둔 사탕을 동생이 자꾸만 뒤져서 먹어도 여전히 동생을 사랑하는 것이지요. 하지만 무조건적인 사랑이란 다른 사람을 위해 자신의 신념이나 가치를 희생한다는 뜻이 아닙니다. 스스로에게 충실하면서도 얼마든지 친구에게 진실할 수 있습니다.

4. 남의 말을 들어주라

그들과 그들의 인생에 관심이 있다는 것을 보여주세요. 그들의 재능과 열정, 계획과 목표, 희망과 꿈, 두려움과 근심에 대해서 물어보세요. 그들이 어떤 것에 행복해하고 슬퍼하는지 알아보세요.

예를 들어 여동생이 요즘 혼자 방에 틀어박혀 나오지 않는 시간이 늘어났다면, 그 이유를 알아보세요. 처음에는 잘 말하려 들지 않을 수도 있습니다. 하지만 인내심을 가지고 다정하게 계속 물어본다면, 결국 동생은 무엇 때문에 괴로워하고 있는지 말해줄 것입니다.

> 다른 사람의 관심을 끌려고 노력한 2년보다,
>
> 다른 사람에게 관심을 보이며 보낸
>
> 2개월 동안 더 많은 친구를 사귈 수 있을 것이다.
>
> – 데일 카네기

5. 함께 시간을 보내고 경험을 공유하라

다른 사람과 함께한 추억이 없다면, 관계는 진전되지 않습니다. 함께할 만한 특별한 활동을 계획해보세요. 함께 책을 읽고 숙제하고 공부하거나, 길을 가면서 구름을 함께 쳐다보는 시간을 가지는 것도 좋습니다.

6. 다른 사람과 문제가 생겼다면 이런 사실을 인정하라

상처를 치료하는 첫 단계는 상처가 있다고 인정하는 것입니다. 상처를 긁어대거나, 밴드를 붙이고 잊어버리거나, 그저 저절로 낫기를 바라지 마세요. 상처의 원인을 찾아야 합니다. 여러분의 말이나 행동 때문입니까? 어떻게 문제를 극복할 수 있을까요? 다른 사람의 말이나 행동 때문입니까? 상대를 괴롭히는 것이 있다면 그를 위해 여러분이 할 수 있는 일은 무엇인가요? 관계를 개선하기 위해 할 수 있는 일은?

7. 기꺼이 타협하라

다른 사람과 타협을 하면 양쪽이 모두 바라는 바를 어느 정도 달성할 수 있습니다. 여러분이 원하는 것 모두를 얻지는 못할지도 모르지만, 모두에게 공정해 보이는 타협안에 도달할 수 있습니다.

예를 들어, 아버지는 여러분에게 오후 8시 30분까지는 집에 들어와 있어야 한다고 말씀하십니다. 하지만 여러분은 좀더 늦게까지 밖에 있고 싶습니다. 그렇다면 일단 아버지와 함께 '통금시간'에 대해 얘기해봅시다. 각자 자신의 관점을 말하고, 상대방의 말을 주의 깊게 들어봅니다. 그 결과 평일에는 원래대로 8시 30분까지 들어오기로 하고, 주말에는 좀더 늦게 들어와도 되는 것으로 합의합니다. 여러분도 아버지도 원하는 것을 모두 얻지는 못했지만, 어느 정도는 달성한 셈이지요.

8. 문제가 생겼을 때 자신의 감정을 얘기한다

확신을 가지세요. 남을 탓하지 말고 문제 자체에 집중해야 합니다.

예를 들어, 친구가 여러분에게 2만 원을 빌렸는데 돌려주지 않습니다. 여러분은 "언제 돈을 돌려받을 수 있을지 알고 싶어. 사야 하는 책이 있는데 돈이 정말로 필요하거든. 내일까지 돌려줄 수 있을까?"라고 말하거나, "야, 너 정말 형편없구나! 무슨 애가 돈을 빌려주면 갚을 줄을 모르냐. 다시는 나한테 돈 빌려 달라고 하지 마!"라고 말할 수도 있습니다. 어떤 방법이 우정에 금가게 하지 않고 돈을 돌려받을 수 있는 효과적인 방법일까요?

9. 남을 탓하지 마라

주위 사람들이 여러분에게 부당한 일을 했다고 생각한다면, 그들을 용서하려고 노력해보세요. 그냥 흘려보내는 것입니다.

땔감을 모아 팔아서 생계를 유지했던 한 할아버지에 대한 이야기가 있습니다. 그는 늘 불평불만이 많고 걸핏하면 화를 내는 사람이었습니다. 누군가가 그에게 나쁘게 굴면, 그 일을 잊지 않고 꼭 앙갚음을 해주기 위해 꼬챙이에 그 사람의 이름을 써서 등에 멘 보따리에 꽂고 다녔습니다. 밤마다 그는 꼬챙이들을 모두 꺼내 복수의 전략을 세웠습니다. 누군가에게 앙갚음을 해줘야겠다는 생각에 기분이 좋아지기도 했습니다. 그러던 어느 날, 죽은 나뭇가지를 줍기 위해 산에 오르면서, 그는 등에 짊어진 나뭇짐 때문에 균형을 잃고 산 아래로 굴러 떨어지고 말았습니다.

불평불만은 여러분을 짓누르는 짐입니다. 그것을 버릴 때에 비로소 자유롭게 다른 사람과의 관계를 향상시킬 수 있답니다.

10. 다른 사람을 평가하려 하지 마라

정말 아무리 생각해도 확실히 여러분이 옳고 상대가 틀렸다고 해도 남을 평가하지 마세요. 모든 순간에 완벽할 수 있는 사람은 아무도 없습니다. 여러분도 언젠가는 실수하고 틀리게 마련입니다. 스스로를 향상시키는 것은 다른 사람이 아닌, 바로 여러분의 일입니다.

11. 자신과 성향이 다른 사람과도 친구가 되라

때로 이런 우정이 최고의 보상을 가져오기도 합니다. 그러면 새로운 관점에서 사물을 보는 법을 배우고, 아량이 넓어질 것입니다. 여러분의 세계가 긍정적인 방향으로 확대될 것입니다.

12. 사교적인 사람이 되라

"하지만 내가 얼마나 소심한 사람인데!"라거나, "많은 사람을 만나는 건 너무 위험한 짓이야. 나는 상처받고 싶지 않아."라고 말할 수도 있습니다. 사람들은 대부분 상처받을까봐 두려워합니다. 소심한 것이 큰 문제가 되지는 않겠지만, 좀더 사교적인 사람이 되려면 다음 방법을 시도해봅시다.

친구를 만드는 일은 "안녕"과 같은 간단한 인사에서 시작됩니다. 아직은 잘 모르지만 자주 마주치는 사람에게 스스럼없이 "안녕하세요."라고 인사해보세요. 거울 앞에 서서 자기 모습을 보며 연습해보고, 가족 앞에서 연습해봅니다. 가족들에게 "사교성을 갖추는 게 지금 내 목표야."라고 알려주면, 이해하고 도와줄 것입니다. 인사하는 법도 많이 연습할수록 더욱 편안해질 것입니다.

다른 사람에게 먼저 다가가세요. 청소년 단체, 동아리, 인터넷 동호회 등에 가입하세요. 점심식사 때에는, 보통 같이 앉지 않았던 사람과 함께 앉아봅니다. 친구에게 전화를 하고, 펜팔친구를 구하는 것도 멋진 일이 될 것입니다.

이름을 기억하세요. 대부분의 사람에게, 세상에서 가장 듣기 좋은 소리는 남이 자신의 이름을 불러주는 소리라고 합니다. 사람을 새로 알게 되었을 때는 그 사람의 이름을 반복해서 중얼거립니다. 그 사람의 특징과 함께 외워두면 더욱 효과적입니다.

웃어요! '웃는 얼굴에 침 뱉으랴'라는 속담도 있지 않습니까? 사람들은 미소 짓는 자에게 호감을 갖게 마련입니다. 미소와 눈짓을 함께 보낸다면, 우정의 불씨를 더 쉽게 당길 수 있습니다. 잘 웃는 데 그리 익숙하지 않다고요? 연습을 하세요!

최고의 치유법은 우정과 사랑이다.
– 허버트 험프리

가족과 함께하는 즐거운 시간

여러분 가족은 모두가 즐기는 활동을 하면서 함께 시간을 보내나요? 그렇다면 감사한 일입니다. 그런 활동에 즐겁게 참여하세요. 그렇지 않다면, 그런 시간을 만들기 위해 노력해야 합니다. 부모님과 형제자매에게 좋은 아이디어를 제안해보세요. 가족이 함께 시간을 보내는 데 익숙하지 않다면 인내심을 가지고 추진해야 합니다. 즉각적인 결과를 기대하지 말고, 모두가 여러분의 계획에 쉽게 따라줄 거라고 속단해서는 안 됩니다. 여러분이 가족을 사랑하고, 그들과 함께하길 바란다는 점을 알린다면, 가족들도 여러분의 마음을 알아줄 것입니다.

- 일주일에 한 번 가족이 다 모이는 저녁시간을 계획한다. 함께 저녁식사를 하고, TV 프로그램이나 영화를 보거나 산책, 운동 등을 한다.
- 가족들이 함께 먹고 싶은 음식목록을 만든 다음, 함께 만들어본다. 반은 가족이 먹고 반은 이웃에게 나눠준다.
- 창고나 다락방에 처박혀 있던 게임을 꺼내서 해본다. 도미노, 부루마블, 오목도 좋다. 나이가 들면 이런 놀이가 유치하게 느껴지는 만큼 더 재미있기도 하다.
- 하이킹, 자전거 타기, 수영, 축구, 야구, 족구 등을 함께 한다.
- 함께 노래를 부르거나 연주를 한다. 부모님이 즐겨 부르시는 노래를 배워본다. 집에 있는 물건을 활용하여 악기 삼아 연주를 해보는 것도 좋은 방법이다.
- 서로 춤을 가르쳐준다. 부모님께 최신 유행하는 춤동작을 보여드린다. 혹은 부모님이 젊었던 시절 즐겨 추시던 춤을 보여달라고 한다.
- 옛날이야기를 한다. 부모님 어린 시절 이야기를 해달라고 부탁한다. 또 당신이 제일 좋아하는 이야기나 경험담을 말씀드린다. 혹은 서로 '이야기 잇기' 게임을 한다.

첫번째 사람이 종이에 한 문장을 쓰고 다음 사람에게 넘기면, 그 사람이 문장을 이어 쓰고 자기가 쓴 문장만 보이게 접어서 다시 다음 사

람에게 넘긴다. 모두가 한 문장씩 쓰고 나서 완성된 이야기를 큰 소리
로 읽는다.

- 가족규칙을 만든다. 가족이 '해야 할 일'과 '하지 말아야 할 일'에
  대해 함께 결정한다. 규칙을 지켰을 때의 상과 어겼을 때의 벌에
  대해 합의를 본다. 규칙을 표로 만들어서 벽에 붙여둔다.
- 함께 책을 읽는다. 명언록, 좋아하는 이야기, 잡지, 신문 등을 읽고
  토론해본다.

친구들과 함께하는 재미있는 시간

우정은 세상에서 가장 설명하기 어려운 말이다. 우정은 학교에서 배
울 수 있는 것이 아니다.

그러나 우정의 의미를 배우지 못했다면,
진실로 그 어떤 것도 배우지 못한 것이다.
– 무하마드 알리

- 샌드위치를 만들어서 학교에 새로 전학 온 학생에게 준다.
- 물풍선 놀이를 한다. 참, 꼭 바깥에서 하기를 당부한다.
- 아기 시절 사진을 가져와서 친구들과 함께 본다.
- 신발을 벗고 진흙탕에 들어가서 철벅거리고 논다. 하지만 그 전에

부모님께 허락을 받고 주의사항을 잘 듣는다. 그렇지 않으면 뒷일은 아무도 책임 못 진다.

- 서로 머리를 잘라준다. 역시 부모님께 먼저 여쭤볼 일이다.
- 저글링이나 코 위에 물건 얹고 균형잡기, 마술 같은 것을 함께 배워본다.
- '독서 마라톤'이나 '음악 마라톤'을 한다. 자신이 가장 좋아하는 책이나 음악을 서로에게 추천해주고 이야기해본다.
- 함께 자원봉사를 한다. 이웃에 도움을 줄 수 있는 일이 있는지 알아보거나 지역단체에 문의할 수도 있다. 계획부터 실행까지 모두 함께 하라.
- 이 책에 나온 '수행활동' 중 원하는 것을 선택하여 함께 한다. 서로의 긍정적인 성격특징들을 계발할 수 있도록 북돋아준다. 강하고 지조 있는 사람이 되려는 서로의 노력을 지지해준다.

자기 자신과 친구가 되는 소중한 시간

자기 자신과 친구가 되지 않고서는 세상 그 누구와도 친구가 될 수 없다.
- 엘리너 루스벨트

좋은 친구를 갖기 위해서는, 먼저 좋은 친구가 되어야 합니다. 자기 자신에게도 마찬가지랍니다.

- 혼자 있으면서 생각할 수 있는 조용하고 은밀한 장소를 찾는다. 다락방, 지하실, 나무 아래, 침대 밑, 옷장 안 어디든 좋다.

- 일기장에 매일 또는 매주 자신에게 일어난 일들에 대해 쓴다. 자신에 대한 시, 소설, 편지를 써도 좋고, 만화나 그림을 그려도 좋다.

- 육체적인 활동을 한다. 조깅, 농구, 공차기, 스케이트, 걷기, 헬스, 수영, 댄스 등 숨이 차고 땀이 나며 혈액순환이 되는 운동을 한다.

- 부모님을 놀라게 해드린다. 설거지나 빨래, 식사준비를 직접 해보는 것이다.

- 평소에 배우고 싶었던 기술을 연습한다. 노래, 댄스, 악기연주, 카드묘기, 비누거품 만들기 등 무엇이라도 좋다.

- 액세서리, 인형, 모형 차나 비행기, 옷 등을 만들어본다.

- 뭔가를 읽는다. 재미있는 책, 만화책, 백과사전, 요리책, 신문, 잡지 등 어떤 것이든 읽어보자.

- 타임캡슐을 만든다. 뒤뜰에 묻거나 옷장 선반 위에 감추어둔다. 자신만이 아는 비밀장소에 두면 된다. 5년이나 10년 뒤에 다시 찾아볼 계획을 세우고, 잊어버리지 않도록 적어둔다.

- 침대, 구름 아래, 또는 당신이 편안함을 느끼는 장소에 누워 몽상을 한다. 은은하고 부드러운 음악을 들으며 마음이 한가롭게 떠돌게 내버려둔다. 바람소리, 새소리 같은 자연의 소리에 귀를 기울여보는 것도 좋다.

만약 나라면 이럴 때 어떻게 할까?

하나 당신은 부모님과의 관계를 개선하고 싶다. 무조건 부모님 말씀을 잘 듣기만 하면 될까? 그럼 당신의 기분은 어떡하겠는가? 어떻게 하면 부모님과 당신이 모두 만족하는 관계를 유지할 수 있을까?

둘 한 정치가가 재선을 희망한다. 그렇다면, 유권자에게 진실한 것이 더 중요한가, 그들과 친밀한 관계를 맺는 것이 더 중요한가? 이유는 무엇인가?

셋 가장 친한 친구 한 명을 두는 것, 그다지 친하지는 않지만 여러 친구를 두는 것 중 당신은 어느 쪽을 선택하겠는가? 그 이유는 무엇인가?

넷 친구 두 명이 최근 당신에게 절교를 선언했다. 우정이 깨지는 원인은 대체로 무엇인가? 친구들과의 우정을 회복하려면 어떻게 해야 하는가?

다섯 2002년 통계청에 따르면, 우리나라에서는 하루 평균 400쌍 가까운 커플이 이혼을 한다고 한다. 이는 10년 전 통계에 비해 두 배 이상이 증가한 것이며, 이혼율은 갈수록 증가하는 추세라고 한다. 이혼율이 이렇게 높은 이유가 무엇이라고 생각하는가? 이혼이 자녀에게 어떤 영향을 미친다고 생각하는가? 결혼생활을 보다 성공적으로 하고, 이혼문제를 가능한 한 평화롭게 매듭지으려면 부부는 어떤 노력을 기울여야 하는가?

좋은 관계를 유지시키기 위한 활동

1. 깜짝편지

어머니나 아버지, 형제, 자매, 할아버지, 또 다른 친척에게 깜짝편지를 쓴다. 편지에 그 사람이 당신에게 얼마나 큰 의미를 갖는지 적는다.

응용 가족, 학급, 또는 동아리 내에서 '칭찬 릴레이 편지'를 쓴다. 각자 종이 한 장씩을 가지고 맨 위에 자기 이름을 쓴다. 그 다음 편지를 돌리고, 모두가 그 사람에 대해서 좋아하거나 높이 평가하는 내용을 쓰도록 한다. 편지가 다 돌아가면, 모두가 다른 모든 사람에 의해 씌어진 칭찬과 감사의 편지를 갖게 된다.

2. 가족토론

'이상적인 가족'이란 어떤 것인가에 대해서 가족토론을 한다. 다음의 질문들을 주제로 토론해보자. 그 질문들에 대해 모두가 최대한 정직하게 대답하고, 모두가 다른 사람의 대답을 자르거나 비난하지 않고 공손하게 듣는다는 기본규칙을 정하자. 한 사람이 토론의 내용을 기록하는 비서나 서기의 역할을 맡는다. 토론을 마친 후에는 '이상적인 가족'에 대한 자기 가족의 견해를 종합해서 보여주는 도표나 게시물을 만든다.

- '이상적인 가족'에서는 누가 돈벌이를 하는가? 아버지, 어머니, 양친 모두, 또는 다른 사람인가?
- '이상적인 가족'의 자녀는 몇 명인가? 아들과 딸은 각각 몇 명인

가? 아이들은 터울이 많은 것이 좋은가, 적은 것이 좋은가?

- '이상적인 가족'은 어디에서 사는가? 대도시, 신도시, 산골, 농장, 혹은 달나라? 집, 보트 위, 산꼭대기? 아파트, 연립주택, 단독주택, 숲 속의 오두막?

- '이상적인 가족'에서 조부모는 어디에서 사는가? 자기 자녀와 손주들과 함께 사는가? 아니면 다른 노인들과 함께 사는가? 조부모만 따로 사는가?

- '이상적인 가족'에서는 누가 아이의 교육을 담당하는가? 아버지, 어머니, 할머니, 할아버지, 또는 다른 사람?

- '이상적인 가족'에서 각 가족 구성원의 역할은 무엇인가?

- 결혼을 하지 않고 '이상적인 가족'을 꾸리는 것은 전혀 불가능한가? 그렇다면 그 이유는 무엇이고, 그렇지 않다면 그 이유는 무엇인가? 친구나 친척들과 함께 '이상적인 가족'을 만들 수 있는가?

- 이혼은 결혼생활의 문제에 대한 해결책인가? 그렇다면 그 이유는 무엇이며, 어떤 경우가 있을 수 있을까? 그렇지 않다면 그 이유는 무엇인가?

3. 족보 만들기

가족과 함께 자기 뿌리를 찾고 족보를 만들어본다. 생존해 있는 친척을 인터뷰하고, 가족 기록이나 족보를 이용해서 정보를 수집하라. 인터넷을 활용해서 옛 조상을 찾아본다. 족보를 복사해서 다른 친척에게 나눠주도록 한다.

4. 위인들의 인간관계

존경하는 위인들에 대한 전기를 읽고 그들이 다른 사람과 어떤 관계를 형성했는지 알아본다. 결혼을 했었는지, 친한 친구가 있었는지, 가족이 있었는지, 혼자 살았는지 조사한다. 다른 사람들과의 관계가 그들의 성공에 영향을 미쳤는가? 그들의 삶에 특히 중요한 영향을 미친 '한 사람'이 있는가? 당신의 대답에 따른 근거를 설명해보자.

응용 유명인사들의 인터뷰 기사 등을 통해 그들이 특별히 중요하게 생각하는 인간관계가 있는지 알아본다.

5. 카드의 종류 알아보기

축하카드를 파는 가게를 찾아가 관계 강화를 위한 다양한 종류의 카드 목록을 만들어본다. 인터넷에도 이메일로 보내는 다양한 e-카드가 있다. 생일·기념일·결혼·아이 탄생·승진 축하카드, 건강회복을 기원하는 카드, 감사카드, 우정카드, 크리스마스·발렌타인데이·어버이날·스승의날 카드, 연하장 등 정말 많은 카드가 있을 것이다. 각 종류별로 카드의 평균가격을 알아본다. 그리고 대가족이 모여 사는 사람이나, 늘 특별한 날을 챙기며 카드를 보내는 친구들이 1년 동안 카드구입에 들이는 돈이 얼마나 될까 계산해보자. 우표 값도 잊지 말자(사실, e-카드는 대부분 공짜다. 그래서 좋은 세상이라는 것 아닌가!).

6. 친구의 조건

당신이 생각하는 가장 중요한 친구의 조건에 대해 생각해본다. 280쪽의 체크리스트에 표시한 후, 다음의 질문에 대해서도 생각해보자.

- 순위를 매기면서 자신도 놀란 부분이 있는가?
- 당신의 친구들은 이 순위와 대략 일치하는가? 그렇지 않다면 그 이유는 무엇인가?
- 당신이 매긴 순위로 자신에 대해 무엇을 알 수 있는가?
- 당신이 매긴 순위가 나이가 들면서 바뀔 것이라고 생각하는가? 그렇다면, 어떤 점이 가장 많이 바뀔 것 같은가? 그 이유는 무엇인가?

응용 학급이나 동아리의 모든 구성원에게 설문지에 답하도록 한다. 그 결과를 막대그래프나 원형그래프에 표시한다.

7. '우정이 얼마나 지속될지'에 관한 설문조사

학급이나 학교 전체를 대상으로 설문조사를 해서 친구가 이성일 때와 동성일 때, 같은 나이일 때와 아닐 때, 우정이 얼마나 오래 지속되는지 알아본다. 281쪽의 설문지를 복사해 사용하거나 직접 설문지를 만들어도 좋다. 설문지를 나눠주고 익명으로 작성하게 한 뒤 설문지를 모으는 수거함을 마련한다. 그 후에 조사결과를 막대그래프로 표시해서 어떤 결론을 끌어낼 수 있는지 알아본다. 여성과 남성, 동갑 그룹이나 같은 학년 그룹, 다른 나이와 다른 학년 그룹을 비교해볼 수 있다. 285쪽의 체크리스트를 함께 나눠주어 6번 문제('친구를 사귀는 데 가장 중요한 특징은 무엇이라고 생각합니까?')의 응답에 참고할 수 있게 해도 좋다. 그 문제에 대한 순위를 매겨 막대그래프나 원형그래프로 표시한 후 학교게시판에 붙여둔다.

8. 동물 사이의 관계 학습

당신은 흰긴수염고래가 부상당한 동료 고래 주변을 떠나지 않는다는 사실을 알고 있는가? 같이 부상을 당하거나 잡힐 위험이 있는데도 불구하고 말이다. 이것을 어떻게 설명할 수 있을까?

응용 사람과 동물 사이의 관계에서도 배울 점이 많을 것이다. 반려동물과 주인과의 관계, 동물원 사육사와 동물과의 관계, 동물쇼 조련사와 동물과의 관계 등 여러 사례를 찾아 그들이 서로 어떤 영향을 주고받는지 알아보자.

9. 외계인 친선대사

외계인이 지구에 왔고, 그들과의 첫 만남에서 당신이 인류 대표자로 뽑혔다고 상상해보자. 당신은 그들에게 뭐라고 말할 것인가? 당신은 무엇을 할 것인가? 어떻게 행동할 것인가? 어떻게 외계인과 평화롭고 우호적인 관계를 맺을 수 있을까?

응용 외계인들이 공상과학 소설과 영화에서 어떤 모습으로 그려지는지 조사해본다. 그들은 우호적인가, 적대적인가? 따뜻한가, 무서운가? 유용한가, 위협적인가? 예를 들어보라. 조사를 통해 알게 된 내용을 보여주는 포스터나 만화책을 만들어도 좋다.

10. 외교관계 분석

미국, 일본, 중국, 북한, 또는 당신이 선정한 다른 나라와 우리나라와 외교관계를 분석해보자. 신문, 언론지를 읽고, 인터넷 검색을 하거나, 국회의원과 인터뷰해본다. 우리나라와 다른 나라 간의 관계가 지난 5~10년 동안 얼마나 변했는지 알아보자. 그 나라와 좋은 관계를 유지·강화하는 데 무엇이 도움이 될 거라고 생각하는가?

11. '알아가기' 게임

이 게임은 친구들에 대해 알고 싶은 것이 많은 학년 초에 하면 더욱 좋다. 무작위로 짝을 지어 짝이 된 친구들끼리 서로에 대해 지금껏 몰랐던 공통점 3가지를 5분 동안 찾는다. 두 사람 다 같은 사이즈의 신발을 신는다거나, 둘 다 같은 달에 생일이 있다거나, 둘 다 피자를 좋아한다거나, 같은 연예인을 좋아할 수도 있다.

친구에게서 가장 중요한 것은 무엇입니까?

다음은 여러분이 친구에게서 찾는 특징들의 목록입니다. 이 목록을 읽어보고 가장 중요하다고 생각하는 것을 1번으로, 가장 덜 중요하다고 생각하는 것을 15번으로 하여 순서를 매겨보세요.

_____ 가족의 소득 수준

_____ 높은 도덕적 가치관

_____ 정직성

_____ 지능/교육

_____ 관심사/취미

_____ 상냥한 태도

_____ 노는 걸 좋아함

_____ 법을 준수함

_____ 표정/외모/옷차림

_____ 충성심

_____ 몸매/건강

_____ 정치적 신념

_____ 인기/사회적 지위

_____ 인종/민족/문화적 배경

_____ 종교/종교적 신념

설문지

이 설문은 익명으로 이루어집니다. 어느 곳에도 이름을 쓰지 마세요!
작성한 설문지는 (   ) 에 있는 수거함에 넣어주세요.

1. 여러분과 동성인 사람과의 친밀한 우정에 대해 생각해보세요. 이 우정은 얼마나 지속될까요?
   ① 1년 미만   ② 1~2년   ③ 2년 이상
2. 이성의 사람들과 갖는 친밀한 우정에 대해서 생각해보세요. 이 우정은 얼마나 오래 지속될까요?
   ① 1년 미만   ② 1~2년   ③ 2년 이상
3. 여러분과 같은 나이의 친밀한 우정에 대해서 생각해보세요. 이 우정은 얼마나 지속될까요?
   ① 1년 미만   ② 1~2년   ③ 2년 이상
4. 자신보다 최소한 세 살 이상 많은 사람들과의 친밀한 우정을 생각해보세요. 이 우정은 얼마나 오래 지속될까요?
   ① 1년 미만   ② 1~2년   ③ 2년 이상
5. 자신보다 최소한 세 살 이상 어린 사람들과의 친밀한 우정을 생각해보세요. 이 우정은 얼마나 오래 지속될까요?
   ① 1년 미만   ② 1~2년   ③ 2년 이상
6. 친구를 사귀는 데 가장 중요한 특징은 무엇이라고 생각합니까?

다음 사항을 꼭 적어주세요.
• 성별: 남학생(   ) / 여학생(   )   • 학년: • 나이:
설문에 응해주셔서 감사합니다.

CHAPTER 19

존중 : 우리는 모두 소중한 존재

공손함·예절·단호함·예의바름·존경

> 누군가가 당신의 가치를 존중해주지 않더라도, 당신은 그 사람을 존중해줄 수 있다.
> — 샤론 마틴

주근깨투성이 정호는 교실을 활기차게 돌아다니던 소년이었습니다. 소란스럽고 복장도 단정치 못한데다 가끔 엉뚱한 말을 툭툭 내뱉기도 했지만, 그에게는 놀라운 구석이 있었습니다. 누군가와 부딪치면 반드시 먼저 "죄송합니다."라고 말하고, 만나는 모든 사람에게 반갑게 인사를 하는 것이었습니다.

그뿐만이 아닙니다. 정호는 선생님에게 드릴 말씀이 있을 때면 조용히 선생님 책상으로 다가가 "선생님, 잠깐만요…."라고 공손하게 말을 꺼냈습니다. 그리고 선생님께 칭찬이라도 듣게 되면 정말 쾌활하게 "정말 고맙습니다!"라고 말했습니다.

정호는 다른 학생들에게도 같은 태도로 대했습니다. 정호의 반에는 같은 반 아이들보다 두 살이 더 많고 말을 못하는 여학생이 한 명 있었습니다. 어느 날 휴식시간, 정호가 학교계단에서 빨간 공을 하나 들고 왔습니다. 정호는 말을 못하는 소녀에게 다가가 공 잡는 법을 천천히 가르쳐주었습니다. 그러고는 다른 학생에게 공을 던졌고, 그렇게 셋이 공 던지기 놀이를 시작했습니다. 그 소녀가 공을 받을 때마다 정호는 "좋았어! 정말 잘한다!"라고 말했습니다. 그러자 옆에 있던 학생도 정호를 따라 말하기 시작했습니다. 얼마 지나지 않아 그 소녀와 함께 하는 공놀이는 같은 반 학생들의 일상적인 놀이가 되었습니다. 정호의 행동은 다른 학생들에게로 번져나갔습니다. 곧 아이들은 서로를 칭찬하고 "미안한데…" 등과 같은 예의바른 말을 하게 되었습니다. 정말 놀라운 일이지요.

어느 날 담임선생님이 정호에게 살짝 다가가 귀에 대고 속삭였습니다. "선생님은 너에 대한 비밀 한 가지를 알고 있단다." 그러자 정호의 눈동자가 반짝였습니다. "너는 정말 예의바르고 멋진 아이야." 정호는 모두에게 친숙한 미소로 얼굴이 환해지면서 머리를 들고 말했습니다. "정말 감사합니다, 선생님! 하지만 그건 비밀이 아닌 걸요."

뉴턴이 발견한 세 가지 운동법칙 중 제3법칙은 바로 '작용과 반작용' 법칙입니다. 정원 호스를 틀면, 물이 내뿜어 나오는(작용) 동시에 같은 힘이 뒤로 잡아당기게(반작용) 됩니다. 그래서 꽉 잡지 않으면 호스를 놓치게 되지요. 인간의 행동에도 뉴턴의 법칙을 적용할 수 있습니다. 여러분이 누군가를 밀어내면, 그 사람 또한 여러분을 밀어낼 것입니다. 여러분이 다른 사람을 존중하고 예의바르게 대하면, 같은 방식으로 대우받을 것입니다. 그렇게 되면 여러분은 자기 자신을 더욱 좋아하게 될 것입니다. 존중하는 것도 기분 좋은 일이지만, 존중 받으면 더욱 기분이 좋답니다. 그렇다면, 과연 진정한 존중의 의미는 무엇일까요?

- 좋은 예절을 사용하는 것: 공손하고 예의바른 태도로 사람을 대하고, 말할 때는 부드러운 목소리와 예의바른 몸짓을 사용합니다.
- 배려: 자기보다 나이가 많건 적건, 지위가 높건 낮건 상관없이 모든 사람을 한결같이 배려해줍니다.
- 차이를 인정하는 것: 다른 사람의 희망사항, 필요, 생각, 믿음, 관습, 유산 등을 존중하고, 자신과 다르다고 해도 인정하고 존중해줍니다.
- 생명의 소중함을 아는 것: 동·식물과 지구환경을 보살피고 아낍니다.

나는 직원들을 만날 때마다 그들의 가슴에
'나는 존중받고 싶다'라고 씌어진 목걸이를 달고 있다고 생각하고
그들을 대한다.
– 메리 케이 애시

존중은 관계에 관한 것입니다. 즉 우리가 아는 사람, 모르는 사람, 우리 사회, 문화, 정부, 신이나 초월적인 힘과의 관계에서 나오는 것입니다. 또한 우리가 살고 있는 지구와 이 지구를 공유하고 있는 생물들과의 관계에 대한 것이기도 하고, 자기 자신과의 관계를 의미하기도 합니다.

자기 자신을 존중할 줄 아는 사람은 다른 사람을 존중하기도 쉽습니다. 스스로를 존중하면 자신의 가치를 낮추지 않습니다. 자신의 몸과 마음을 돌보고 술이나 담배 같은 약물에 의존하지도 않습니다. 언제나

육체적·정신적·감정적으로 건강하려고 최선을 다하지요.

어떤 사람들은 거친 행동과 협박, 힘을 사용하여 억지로 존중을 받아내기도 합니다. 겉으로는 '복종'하는 것처럼 보일지 몰라도, 그건 존중과는 아무런 상관이 없습니다. 누군가를 존중한다는 것은 그 사람을 존경하고 좋아하는 것입니다. 인상이나 빡 쓰고 주먹을 휘두르며 남을 협박하는 사람을 좋아할 사람이 어디 있겠습니까? 혹시 여러분이 그런 협박을 하고 있다면, 도움을 받아야 합니다. 존중을 얻을 수 있는 다른 좋은 방법이 얼마든지 많이 있답니다.

"날 존경하는 게 네 신상에 좋을걸. 그렇지 않으면 존경할 수밖에 없도록 만들어주겠어!"

정중하게 항의하는 법

다른 사람을 존중한다는 것이 항상 다른 사람의 의견을 따르라는 의미는 아닙니다. 자신의 생각과 의견을 말할 수 있어야 합니다. 이를 '단호함'이라고 합니다.

선생님이 여러분을 '똘똘이'라고 부릅니다. 선생님은 재미로 그렇게 부르시지만 여러분은 왠지 창피한 기분이 듭니다. 이런 문제를 어떻게 풀어야 할까요?

주의를 집중시킨다

먼저 문제가 되는 그 사람이 자신의 이야기를 듣도록 해야 합니다. 수업이 끝나기를 기다려 선생님을 찾아가 "죄송하지만, 저한테 신경 쓰이는 문제가 좀 있는데 말씀드려도 될까요?"라고 여쭤봅니다. 선생님이 너무 바빠서 당장 이야기할 시간이 없다고 하시면, 언제가 좋을지 물어봅니다.

빨리, 간단하게, 짧게

선생님께 말씀드리는 것을 차일피일 미루다보면, 끝내 아무 말도 할 수 없게 됩니다. 너무 화가 나서 말도 할 수 없을 정도가 아니라면, 가능한 한 빨리 말씀드리는 것이 좋습니다. 너무 화가 난다면 진정될 때까지 기다리세요. 자신의 문제를 이야기할 때는 머뭇거리지 말고 최대한 간결하고 짧게 말합니다.

구체적인 행동에 집중한다

신경 쓰이게 하는 그 사람의 '행동'에 초점을 맞춰야 합니다. 그 사람에 대한 감정에 몰입되면 곤란합니다. 선생님에게 화가 났더라도 목소리나 몸짓을 통해 화난 감정이 드러나지 않도록 주의해야 합니다. 간단히 이렇게 말해보세요. "저는 '똘똘이'라고 불리는 것이 정말 싫어요."

나에게 미치는 영향을 말한다

그 사람의 행동으로 인해 겪게 된 문제와 자신의 감정을 이해시키도록 해야 합니다. "칭찬의 뜻으로 그렇게 부르시는 건 알아요. 하지만 반 친구들 앞에서 그렇게 부르시면 창피하단 말예요. 얼마 전에는 친구들이 복도에서 나를 '똘똘이!'라고 부르며 놀린 적도 있었습니다."

응답을 기다린다

이 경우에 선생님은 "이런, 선생님이 미처 몰랐구나." 내지는 "미안하구나. 당황하게 할 뜻은 전혀 없었단다."라고 말씀하실지도 모릅니다.

당당하게 요구한다

그 문제에 대한 해결책을 제시하세요. "앞으로는 '똘똘이'라고 부르지 말아주셨으면 해요. 아니면, 적어도 다른 사람들 앞에서는 그렇게 부르지 말아주세요." 선생님은 분명 동의해주실 것입니다.

그런데 만약 선생님이 여러분의 요구를 들어주시지 않는다면? 부모님이나 상담선생님에게 이 문제를 의논해보세요. 여러분은 존중받을 권리가 있습니다.

만약 나라면 이럴 때 어떻게 할까?

하나 어머니가 당신의 방문 앞에 서서 "방이 아주 난장판이구나! 당장 방 청소해라."라고 하신다. 그렇지만 지금 당신은 내일까지 해야 하는 중요한 숙제를 하고 있는 중이어서 방을 청소할 시간이 없다. 어머니에게 단호하면서도 공손하게 말할 수 있는 방법은 무엇이겠는가?

둘 친구들과 공원을 산책하는 중이다. 그런데 한 친구가 손에 들고 마시던 사이다 캔을 그냥 공원 바닥에 버렸다. 당신은 뭐라고 말할 수 있겠는가? 어떤 행동을 할 수 있을까? 그 친구에게 환경을 존중해야 한다고 어떻게 말할 수 있을까?

셋 당신은 뒤뜰에 있는 의자에 앉아 책 읽기를 좋아한다. 그런데 당신이 뒤뜰에 있을 때면 옆집 할머니가 자꾸만 담장 너머로 말을 거신다. 당신은 할머니와 말하고 싶지 않고, 그냥 혼자 조용히 책을 읽고 싶다. 어떻게 정중하면서도 단호하게 말할 수 있을까?

넷 친구가 생일파티에 당신을 초대했다. 그런데 파티장소에 가보니 누군가가 맥주상자를 가지고 왔다. 하지만 그 파티에 있는 모두가 미성년자라 원칙적으로는 술을 마실 수 없다. 자, 부모님 몰래 맥주를 마실 수 있는 절호의 기회. 당신은 맥주를 마시겠는가? 미성년 음주 금지법이 문제가 될까? 결정을 내리는 데 '자기를 존중하는 마음'이 어떤 영향을 미치겠는가?

존중을 실천하기 위한 활동

1. 무례한 말 목록

스스로에게 던질 수 있는 무례한 단어나 말들의 목록을 만들자. 간혹 자신을 '바보'나 '멍청이', '여드름 박사' 같은 나쁜 이름으로 부를 때가 있는가? 혹은 다음과 같이 자신을 비하하는가? "난 능력부족이야. 그 일을 할 수가 없다고.", "어차피 하다가 중간에 포기할 거야." 목록을 다 만들고 나면 구기고, 갈기갈기 찢어버리고, 밟아버리고, 던져버리자. 다시는 그런 단어나 말들을 쓰지 않겠다고 약속한다. 대신 칭찬과 격려, 축하의 말들로 바꾼다.

2. 네티켓

수백만 명의 사람들이 인터넷을 통해 검색하고 채팅하고 이메일을 사용한다. 이제는 '네티켓'을 지키는 것이 아주 중요하다. 인터넷에서 유행하는 단어와 그것이 네티켓에 미치는 영향을 조사해본다.

3. 요즘 젊은이

요즘 젊은이들은 사치를 좋아한다. 버릇도 없고 권위를 무시하고 다른 사람들을 존중할 줄도 모른다. 어린이들은 아주 안하무인이다. 어른이 방에 들어와도 일어나지 않는다. 부모님 말도 듣지 않고, 손님 앞에서 떠들고, 게걸스럽게 먹는데다 선생님을 괴롭히기까지 한다.

위의 글이 언제 쓰였는지, 누가 썼을지 추측해보자. 해답은 294쪽 아랫부분에 거꾸로 인쇄되어 있다. 정답을 확인한 후 다음의 질문들에 대해 생각해보자.

- 언제 이 글이 쓰였는지 알게 되었을 때, 놀랐는가? 그렇다면 왜 놀랐는가? 놀라지 않았다면 왜 그런가?
- 당신에게 어떤 의미를 갖는가?

4. 식탁예절 배우기

앞으로는 집에서뿐만 아니라 중요한 사람을 만나는 '사회적인' 의미의 식사를 해야 할 때가 있을 것이다. 그때를 대비하여 정중한 식사예절에 대한 책을 찾아서 읽어보자. 가족과 함께하는 식사시간에, 배운 것을 연습한다. 어느 정도 준비가 되었을 때, 친구들이나 선생님을 초대하여 실행해본다. 가족과 친구, 선생님의 평가를 듣고 잘못된 것은 고친다.

5. '존중의 법칙' 브레인스토밍

가족이나 학급, 동아리의 구성원이 모여서 그룹 내에서 준수해야 할 '존중의 법칙'에는 어떤 것들이 있는지 자유롭게 적는다. 어떤 이견이나 평가, 비평도 없이 모든 생각을 적는다. 그리고 난 후 그 생각들에 대한

정답) 젊은이들의 행동에 대한 비판은 이 쓰여진 것은 2700년 전이다. 시기는 …… 놀랍게도 이 글은 잘 사람이 쓴 것이 아니라, 그 이름을 오늘날 우리가 존경하는 철학자이다.

찬반토론을 벌인다. 그 중 10가지를 뽑고, 그 10가지 존중의 법칙을 어겼을 경우의 결과에 대해 또 한 번 브레인스토밍 한다. '존중의 법칙'과 '법칙을 어겼을 경우의 결과'를 도표로 만든다. 표를 보기 좋게 꾸며서 모두가 볼 수 있는 곳에 걸어둔다.

6. 그림 그리기

서로 다른 입장에 서 있는 두 사람을 보여주는 그림을 그린다. 부모님과 자녀, 선생님과 학생, 두 친구, 아이와 노인, 고객과 점원 등이 있을 수 있다. 첫번째 그림에서는 한 사람 이상이 무례하게 행동하는 상황을 보여준다. 두번째 그림에는 서로 존중하며 행동하는 모습을 보여준다.

7. 스포츠 예절

스포츠에서 예절이 어떤 역할을 하는지 조사한다. 어떤 행동이 '훌륭한' 스포츠 예절이고, '나쁜' 스포츠 예절인가? 스포츠 예절과 일반적인 예절을 어떻게 비교할 수 있는가? 이에 대한 자료를 작성하여 조사한 내용을 함께 나눈다.

8. '편견 없는 용어 찾기' 게임

A팀과 B팀으로 나누고 게임 진행자를 뽑고, 스톱워치를 준비한다. 먼저 게임 진행자는 편견이 들어간 단어나 말(차별적이거나 부정적인 느낌을 주는 말)과 편견이 없는 대체용어 목록을 만든다.

편견이 들어간 용어	편견이 없는 용어
여직원	직원
여선생님	선생님
스튜어디스, 스튜어드	승무원
웨이터, 웨이트리스	종업원
장님	시각장애인
지진아	정신지체인
딴따라	연예인

민족, 인종, 종교, 연령, 생각, 믿음, 직업 등 다양한 배경을 가진 집단에 대한 편견이 들어간 말과 편견이 없는 말을 포함시킨다. 게임을 하기 위해 진행자는 A팀에 편견이 들어간 용어를 말해 주고 5~10초 안에 편견 없는 대체용어를 대도록 한다. 스톱워치를 사용하여 시간제한을 둔다. A팀이 답을 구하면 1점을 얻고, 답을 찾지 못하면 B팀에게 기회가 돌아간다. B팀이 답을 찾는다면 2점을 얻는다. 최대 24문제까지 풀고, 끝에 더 많은 점수를 낸 팀이 승리한다.

CHAPTER 20

지혜 : '아는 것'이 전부는 아니다

지성·학습·지식·이해·직관·상식·평생학습

> 행운이 찾아오는 데는 지혜가 필요하지 않다. 그러나 행운을 붙잡을 때에는
> 지혜가 필요하다.　　　　　　　　　　　　　　　 – '탈무드' 중에서

지혜란 단순히 살아온 시간이나 살면서 쌓아온 지식을 의미하는 것이 아닙니다. 전 세계를 여행하거나 머릿속에 백과사전을 집어넣을 수도 있지만, 그렇다고 지혜로워지는 것은 아닙니다. 지혜롭다는 것은 자신이 한 것, 본 것, 들은 것, 가본 곳, 알게 된 것과 같은 모든 경험들을 모아 매일의 삶 속에 적용시킬 수 있는 '의미'를 만들어내는 것을 의미합니다.

지혜란 지식과 경험을 분별력 있게 사용하는 것입니다. 지혜로워지는 길은 끝이 없는 여정으로, 평생 동안 배워나가야 할 것입니다. 현명한 사람은 새로운 지식과 경험, 탐구해야 할 새로운 길에 언제나 마음의 문을 활짝 열어놓습니다. 지혜에는 한계나 경계가 없습니다. 지혜롭다면 사고를 두려워하지도 않을 것입니다. 자신이 사고를 받아들일 것인지 거부할 것인지 판단할 수 있다는 것을 알고 있기 때문입니다.

라이트 형제는 하늘을 날기로 결심했습니다. 하지만 사람들은 그들

을 비웃고 조롱했습니다. "신께서 사람이 날기를 바라셨다면, 진작에 날개를 주셨을 거야."라고 말하기도 했습니다. 하늘을 나는 것도 모자라 우주탐험까지 하고 있는 이 시대에는 믿기가 어렵겠지만, 당시에는 정말 그랬습니다.

하지만 오늘날이라고 해서 사정이 아주 다르지는 않습니다. 아직도 사람들은 몽상가들을 비웃습니다. 철없는 상상에 불과하다면서 말입니다. 어떤 사람들은 알지 못하는 것을 두려워합니다. 지식이 크게 도약하면 얼마나 큰 발전을 이루게 되는지 모르는 사람들입니다. 지식을 절대로 두려워하지 마세요. 사람들이 지식을 나쁜 목적에 사용하는 것이 해로운 것이지, 지식 자체는 나쁜 것이 아니기 때문입니다. 지식을 어떻게 사용할 것인지에 대한 바른 판단을 하는 것은 지혜의 일부입니다.

여러분도 '지혜롭다'고 불리는 사람들을 알고 있을 것입니다. 알베르트 슈바이처, 모한다스 간디, 석가, 예수, 헬렌 켈러, 테레사 수녀, 달라이 라마…. 심지어 '심슨 가족'의 리사 심슨처럼, 가공의 인물 중에서도 현명하다고 볼 수 있는 사람이 있습니다. 하지만 주의하세요. 지혜롭다는 것은, 단순히 재치 있게 말을 잘하는 사람이나 아는 체하는 사람, 잘난 체하는 사람, 경솔한 사람(바트 심슨 같은 인물이 가장 대표적인 예가 되겠네요)이 되는 것과는 다르답니다.

여러분에게는 '지혜롭다'는 것이 무엇을 의미합니까? 여러분의 정의와 다른 사람의 정의가 다를 수도 있습니다. 주위 사람들에게 물어보세요.

지혜로 가는 15가지 길

1. 경험을 통해 배운다

여기에는 좋았던 경험, 나빴던 경험 모두가 해당됩니다. 나쁜 경험을 통해 겪은 아픔과 실수는 곧 스승과 같습니다. 실수를 통해서 해서는 안 될 일들을 배우고 해야 할 일을 발견할 수 있습니다. 아픔을 통해서는 인내력과 관용, 보호, 다른 사람과 함께 나누는 법을 배울 수 있지요. 자신에게 일어난 일과 한 일들을 되새겨보세요. 자신이 한 선택과 그 결과에 대해 책임을 져야 합니다.

지혜는 교과서가 아닌 인간의 삶 속에서 경험을 통해 만들어진다.
– 모리스 라파엘 코헨

2. 끊임없이 정신을 계발한다

학교를 졸업한다고 해서 배움이 끝나는 것이 아닙니다. 지혜로운 사람들은 평생 동안 배웁니다. 새로운 정보에 열려 있고 언제나 '배우는 자세'를 유지합니다. 지식과 사상, 문화를 추구하고 '아무도 가지 않은 길'로 과감히 떠나는 사람들입니다. 우리의 정신에는 엄청난 잠재력이 숨어 있습니다. 여러분의 정신세계를 넓히는 일을 절대로 두려워하지 마세요.

배우고자 하는 것은 나이와 아무런 상관이 없다.

배우려 하는 한 그 사람은 젊은이다.

- 로절린 앨로

3. 자신의 건강을 돌본다

건강을 유지하는 일은 중요합니다. 잘 먹고, 충분히 자고, 운동하고, 청결한 몸을 유지하고, 흡연이나 음주 같은 해로운 습관을 멀리합니다. 신체뿐만 아니라 마음도 사랑의 보살핌이 필요합니다. 정신, 마음, 영혼, 무엇이라고 부르건 상관없습니다. 명상이나 기도, 봉사, 휴식 등으로 정신을 살찌우는 시간을 가져보세요.

4. 무엇이 되고 싶은지 파악한다

여러분이 관심을 가지고 있는 것은 무엇입니까? 여러분의 재능은?

자기 자신을 안다는 것은 자신의 한계를 인정하고 받아들인다는 것을 의미합니다. 축구를 좋아하지 않는다면 축구를 잘 못할 것이고, 축구 팀에 들어가지 못한다고 해서 죄책감을 느낄 필요도 없을 것입니다. 하지만 축구를 좋아하는데도 잘 하지 못한다면, 축구를 잘 하기 위해 무엇을 해야 하는지 파악하고 익히도록 하세요. 필요하다면 도움을 구하고 연습, 연습, 또 연습합니다.

5. 자기의 가치에 대해 자신감을 갖는다

다른 사람이 인정해주기를 기대하지 마세요. 자신의 힘은 내부에서 뿜어져 나오는 것입니다. 다른 사람 때문이 아니라, 스스로 시작하세요.

6. 다른 사람들과 관계를 쌓는다

다른 사람들과의 관계는 나 자신과 어떻게 관계를 맺고 있는가에 달려 있습니다. 자기 자신을 인정하고 올바르게 인식할 때 다른 사람에게도 그렇게 할 수 있으니까요. 살면서 만나게 되는 많은 사람들과 마음을 열고 가까워지세요. 그리고 그들로부터 기꺼이 배우십시오. 그들 모두 지혜가 풍부하다는 사실을 알게 될 것입니다.

7. 세계와 관계를 쌓는다

자연에 있는 모든 것들은 오케스트라같이 함께 음악을 만들어냅니다. 지혜로운 사람들은 기후, 동물, 지구상의 생물들과 함께 자연의 리듬을 따릅니다. 자연과 함께 나누고 조화를 이루고 함께 하는 법을 배우세요. 즉 이유 없이 비비탄으로 새를 쏘지 말라는 것입니다. 동물과 주변에 있는 다른 생물들을 존중해야 합니다.

8. 직관을 기른다

직관력이 있으면 감정, 믿음이 생기고 자신에게 필요한 것, 다른 사람의 도움이 필요한 것이 무엇인지도 알 수 있습니다. 직관을 기르기 위한 방법 중 하나는, 다른 사람들이 어떻게 느끼는지 상상해보는 것입니다. 항상 다른 사람의 입장에서 생각해보는 것이지요.

9. 상식을 사용한다

특별한 계산을 하지 않아도 이미 알고 있는 사실들을 가리켜 '상식'이라고 합니다. '일반적인 지혜'라고 할 수 있습니다. 상식은 복잡하거나 심오한 것이 아닙니다. 움직이는 차 앞으로 뛰어들어서는 안 되고, 비가 오면 창문을 닫아야 하는 것이 상식의 예입니다. 자기가 괴롭힘을 당하거나 나쁜 말을 듣기가 싫다면, 다른 사람 역시 그렇다는 것 또한 상식입니다.

10. 공정함과 진실에 근거한다

다른 사람들과 생각에 관대해지세요. 다른 사람을 판단하면 안 됩니다. 자신의 의견을 결정하기 전에 가능한 한 많은 정보를 모아야 합니다.

11. '큰 그림'을 그린다

퍼즐조각을 맞출 때 전체 그림을 상상해보면 각 퍼즐 조각이 어느 부분에 들어가야 하는지 더 쉽게 파악할 수 있습니다. '큰 그림'을 그려

보면 예상치 못한 일이 일어났을 때 적절하게 대응할 수 있게 됩니다. 폭풍이 불어 닥치기 전에 미리 준비해둘 수 있는 것입니다.

12. 유연하게 잘 받아들인다

우리들의 할아버지 세대가 젊었을 때에는 평생 한 가지 일에 종사했습니다. 그러나 요즘은 평생 직업을 여러 번 바꾸는 경우가 많습니다. 앞으로는 새로운 지식을 배우고 변화하고 성장하는 사람이 성공을 거머쥘 것입니다. 새로운 생각에 자신을 활짝 열어두세요.

13. 하고 싶은 것을 참을 줄 안다

자동차를 운전하고, 외박을 하고, 독립을 하는 등 갖고 싶은 것, 하고 싶은 것을 충분히 나이가 들 때까지 기다릴 필요가 있습니다. 기다릴 줄 모르는 아이는 물건을 훔치거나 학교를 그만두거나 가출을 해버릴 수도 있습니다. 어른들도 자신이 원하는 것을 잘 조절하지 못하면 능력도 모자라면서 덜컥 집을 사버릴 수도 있습니다. 열심히 일하고, 기술을 쌓고, 적당한 시기가 올 때까지 기다릴 줄 안다면, 언젠가 원하는 것을 모두 얻을 수 있습니다. 바로 이것이 지혜입니다.

14. 어리석어 보일지라도 위험을 감수할 줄 아는 용기를 갖는다

어떤 사물이나 사건을 볼 때, 다른 각도에서 바라보고 이미 통용되는 사상이나 일반적인 견해에 도전할 수 있는 용기가 필요합니다. 15세기까지만 해도 '지구는 둥글다'는 말은 낭설로 여겨졌습니다. 사람들은 배를 타고 서쪽으로만 항해하다보면 곧 낭떠러지로 떨어지고 말 거라고 믿었던 것입니다. 하지만 콜럼버스는 당시의 고정관념에 정면으로 도전했고, 신대륙을 발견해냈습니다.

위험이 없다면 보상받을 기회도 없다.
- 리처드 뱅스

15. 주고받는다

지혜로운 사람들은 다른 사람의 도움을 받을 줄 압니다. 삶이라는 사다리를 오를 때는 다른 사람의 손을 잡아줄 줄도 알고 잡을 줄도 알아야 합니다.

만약 나라면 이럴 때 어떻게 할까?

하나 당신은 열네 살짜리 아들을 둔 부모다. 그런데 최근 아들이 수업을 빼먹고 밤늦게 집에 돌아온다. 집에서는 방문을 닫고 자기 방에 콕 틀어박혀서 나오지 않는다. 그리고 침울해하고 화를 잘 낸다. 어떻게 하는 것이 지혜롭게 대처하는 것일까?

둘 절친한 친구의 아버지가 다치셔서 당분간 일을 하실 수 없게 되었다. 친구는 가고 싶었던 대학에 합격했지만, 친구의 아버지는 자신이 회복될 때까지 친구가 일을 해서 가족을 먹여 살리기를 원하신다. 친구는 당신에게 어떻게 하면 좋을지 물어온다. 그 친구는 대학에 가야 하는가(장학금을 충분히 받았다), 아버지가 다시 일하실 때까지 학업을 미뤄야 하는가? 친구는 장학금을 놓치는 것이 싫지만, 가족도

도와야 한다고 생각한다. 친구에게 해줄 수 있는 가장 지혜로운 조언은 무엇일까?

셋 당신의 부모님은 너무 엄격하시다. "방과 후에는 어디 들르지 말고 바로 집으로 돌아와서 적어도 두 시간 이상은 숙제하고 공부해야 한다. TV는 우리가 허락하는 것만 볼 수 있어. 컴퓨터 게임도 한 시간 이상은 안 된다. 참, 그 친구는 질이 좋지 않아 보이더구나. 같이 어울리지 말도록 하려무나." 부모님의 말씀을 듣자니 당신은 점점 친구들과 어울리지 못하게 되고, 친구들은 당신을 '마마보이'라며 놀리기 시작한다. 어느 날 친구들이 금요일 밤에 같이 영화를 보러 가자고 했다. 하지만 부모님은 이번에도 허락하지 않으실 게 뻔하다. 친구들은 부모님 몰래 창문으로 빠져나오라고 부추긴다. 당신이 할 수 있는 가장 지혜로운 행동은 무엇인가? 부모님의 바람과 친구들과의 우정을 동시에 지킬 수 있는 방법은 무엇인가? 어떻게 하면 부모님의 완고함을 누그러뜨릴 수 있을까?

넷 큰 언니(누나)는 항상 당신을 괴롭힌다. 어느 날인가 언니가 부모님의 차를 허락도 없이 가지고 나갔다가 흠집을 냈다. 그런데 당신더러 자전거를 타다가 실수로 흠집을 냈다고 말해달라고 부탁한다. 그러면서 앞으로는 절대 괴롭히지 않겠다고 약속한다. 당신과 언니, 부모님 모두에게 가장 좋은 현명한 방법은 무엇인가?

지혜로움을 기르기 위한 활동

1. 나이와 지혜의 상관관계에 대한 시 쓰기

나이 든 사람들은 언제나 젊은 사람들보다 더 현명한가? 지혜는 무엇을 의미하는가? 지혜에 대한 당신의 생각을 담아 아름다운 시를 써본다.

2. '지식 VS 지혜'에 대한 토론

지식과 지혜 중 어느 것이 더 중요한지 토론해보자. 무엇이 먼저인가? 둘 중 어느 한 가지 없이 다른 한 가지만을 선택할 수 있는가? 어느 하나가 다른 하나보다 확실히 중요할 때가 있는가? 있다면 언제이며, 그 이유는 무엇인가?

3. 알베르트 아인슈타인의 뇌

1980년대, 한 뇌 연구가가 아인슈타인의 뇌 일부분을 면밀히 연구한 결과, 아인슈타인의 뇌에 있는 신경세포 하나 당 교세포의 수가 일반인에 비해 많다는 사실을 발견했다. 교세포는 신경세포들 간의 정보처리를 도와주는 것으로, 교세포가 많다는 이야기는 곧 신경세포 하나하나가 활발하게 활동하여 뇌기능이 좋아진다는 뜻이다. 아인슈타인은 사후에 뇌가 연구대상이 된 최초의 과학자다. 아인슈타인의 뇌에 대한 여러 가지 연구결과를 조사하여 발표해보자.

4. 아테네 그리기

그리스 신화에 나오는 지혜의 여신 아테네에 대한 그림이나 조형물을 만들어본다. 그리스 인들은 아테네를 어떤 식으로 믿었나? 그리스 신화에서 아테네 여신의 역할은 무엇인가? 아테네를 주인공으로 하는 회화, 조각, 모자이크 등의 다른 예술 분야에 대해 조사해본다.

5. 지혜의 상징

전 세계 다양한 문화권에서 사용되는 지혜의 상징을 도표로 작성해본다. 개미, 학, 코끼리, 고슴도치, 연꽃, 올빼미, 진주, 나무가 지혜의 상징인 문화권을 알아보고, 각각의 상징들이 왜 지혜를 나타내게 되었는지 간략한 설명을 단다.

6. 지혜와 번영의 관계

많은 나라와 문화권에서 역사적으로 지혜로운 사람을 어떻게 대우했는지 알아본다. 지혜와 지식을 존중하는 것과 나라나 문화권이 번영하는 것에는 관계가 있는가? 고대 이집트나 고대 그리스, 중세, 르네상스 시대, 나치 독일 등의 예를 찾아보자.

7. 어른의 지혜를 엿보는 인터뷰

가족 중 어른을 인터뷰한다. 할아버지나 이모, 삼촌 등 나이 드신 분과 함께 앉아 얘기를 나눈다. 이런 분들과 멀리 떨어져 산다면 편지를 쓴다. 그리고 자신과 함께 나누었으면 하는 지혜에 대해 여쭈어본다. 어떤 조언을 해주실 것 같은가? 그 분들이 삶에서 배운 가장 중요한 교훈은 무엇이었나?

8. 지혜에 대한 문구 수집

존경하는 작가가 쓴 책이나 인용문을 모아놓은 책, 그 밖에 지혜에 대해 알려주는 인용구에는 무엇이 있는지 조사한다. 자신이 수집한 문구를 쓰고 예쁘게 꾸미서 책이나 만화로 엮어낼 수 있을 것이다. 혹은 마음에 와 닿는 문구를 선택한 후 포스터 형식으로 꾸미며 액자에 넣고 학교나 집에 걸어둔다.

9. 노래에 담긴 지혜

우리나라의 민요나 대중가요 가사 중에 지혜를 담은 내용이 있는지 알아본다. 지혜롭다고 생각되는 작곡가나 가수나 있는가? 그렇게 생각하는 근거는 무엇인가?

10. '누가 더 지혜로운가' 게임

두 팀으로 나누고, 세 명의 심판을 정한다. 심판 한 명이 아래에 주어진 딜레마 상황 중 하나를 읽는다. 새로운 상황을 만들어도 좋다. 각 팀은 그 상황에서 지혜로운 해결책을 2분 안에 찾는다. 각 팀은 자신들의 의견을 세 명의 심판에게 제출하고, 심판들은 어떤 것이 가장 지혜로운 방법인지 의논하여 결정한다. 가장 지혜로운 의견을 냈다고 결정된 팀은 2점을 얻는다. 두 팀의 해결책에 대한 심판들의 의견이 분분하다면 양 팀 모두 2점을 얻는다. 10~15분 정도 게임을 진행한다.

딜레마 1: 당신은 두 아이의 부모다. 두 아이 모두 아주 경쟁심이 강하고 질투도 많은데, 지금 둘 다 피아노 레슨을 받고 싶어 한다. 하지만 두 아이 모두에게 피아노 레슨을 받게 해줄 만한 여건이 못 된다.

딜레마 2: 이웃에 사는 아이들이 자꾸만 친한 척한다. 하지만 그 아이들이 다른 친구들을 괴롭히는 것을 많이 봐왔다. 도무지 그 아이들과 친해지고 싶지 않다.

딜레마 3: 당신은 시내버스 운전기사다. 승객 두 명이 다투기 시작하다가 한 명이 갑자기 칼을 꺼내들었다.

딜레마 4: 이웃 할아버지와 당신은 좋은 친구다. 그런데 할아버지의 자녀들이 지금 집을 팔고 새 아파트로 이사하길 원하고 있다고 한다. 할아버지는 자녀들이 원하는 대로 해주고 싶지만 한편 지금 살고 계신 집을 사랑하신다.

딜레마 5: 어느 날 아침, 학교에 가다가 이웃집 창문에 연기가 피어오르는 것을 보았다. 연기는 2층 침실에서 새어나오고 있었다.

딜레마 6: 친구 두 명이 항상 싸운다. 당신은 그 사이에서 난처해지기 십상이다. 당신은 그 친구들 둘 다 좋아하는데, 그들은 당신더러 둘 중 하나를 선택하라고 다그친다.

딜레마 7: 당신은 외교관인데, 두 나라 사이를 평화롭게 중재하라는 지시를 받았다. 그 두 나라는 전통적으로 계속 싸워왔다.

세계를 누빌 아름다운 10대들에게

한동안 유럽에 머무르며 크게 깨달은 점이 있었습니다. 바로 '건강한 시민은 하루아침에 생기는 것이 아니다'라는 사실입니다. 오랜 역사를 거쳐 유럽인의 몸에 밴 질서의식, 도덕성, 여유, 배려 등을 보며, 우리나라 사람들이 '세계화'라는 거대한 흐름에 적응하는 데 어려움을 겪는 건 어쩔 수 없는 현실이라는 생각이 들었습니다. 여태껏 경제발전에 온 힘을 기울여온 탓에, 우리나라 어른들은 세계화 시대에 걸맞은 시민의 덕목을 갖추지 못했고, 그런 교육도 받지 못했기 때문입니다. 하지만 세계를 누비며 활동하게 될 우리 아이들에게는 이런 덕목을 꼭 가르쳐야겠다는 생각을 했지요.

세계화는 차치하고라도, 우리나라의 인성교육 현실을 한번 둘러볼까요? 폭력이 버젓이 존재하고, 자신과 다르다는 이유로 '범생, 찐따, 왕따'라 부르며 친구를 따돌리는 학교 교실. 그럼에도 폭력과 따돌림이 왜 나쁜 것인지 인식하거나 올바르게 행동하겠다는 용기를 갖지 못한 아이들. 좁게는 저를 비롯한 부모들, 넓게는 우리나라 교육의 잘못이겠지요.

모든 부모가 그렇듯이 '성적만 우수한 아이보다는 성품이 바른 아이로 키워야지.' 하고 생각하지만, 저 또한 그런 교육을 받아본 적이 없기에 무엇을 어떻게 가르쳐야 할지 막막할 뿐입니다. '학생의 본분은 공부'라는 인식이 뇌리에 깊이 박혀 있기 때문일까요. 바른 성품도 중요하지만 부모로서 아이의 성적이 신경 쓰이는 것 또한 어쩔 수 없더군요. 안 그래도 예민한 청소년에게, 부모의 쓴 소리 한 마디 한 마디는 모두 '잔소리'로 들리기 십상이겠지요.

그런 면에서 이 책은 저에게나 우리 아이들 모두에게 커다란 선물이 되었습니다. 이 책은 세계화를 위해 자신을 준비하고, 건강한 시민으로 성장하기 위해 10대들이 계발해야 할 20가지 인성을 소개하고 있습니다. 고루한 도덕 교과서처럼 일방적으로 가르침을 '주는' 책이 아닙니다. 개념에 대한 설명과 더불어 감동스러운 인용문, 깊이 생각해보아야 할 문제들, 스스로 응용해볼 수 있는 다양한 수행활동까지 따라가다 보면, 여러분은 인성계발이라는 것이 그리 답답하고 따분한 것이 아니라는 사실을 알게 될 것입니다. 이 책에 실린 체크리스트들을 작성하면서 여러분 스스로를 돌아볼 수도 있고, 수행활동을 훑어보고 실행해보면서 다양한 학습방법까지 익힐 수 있으니, 한 마디로 '일석이조'라 할 수 있겠지요.

이 책의 서두에서도 나왔듯이, 여러분은 그 자체로 강하고 멋진 존재입니다. 이 책을 밑거름으로 삼아, 당당하고 세련된 세계 속의 건강한 시민으로, 따뜻한 마음과 올바른 판단력으로 다른 사람의 사랑과 신뢰를 받는 아름다운 인물로 성장하기를 바랍니다.

– 옮긴이 안기순

감사의 글

이 책의 탄생에 도움을 준 사람들에게

우선 대담하고 재능이 풍부한 발행자, 주디 갤브레이스Judi Galbraith에게, 또한 이 책을 탄생시키기 위해 노고를 아끼지 않았던 프리 스피리트Free Spirit의 모든 직원에게 감사와 사랑을 보냅니다. 부지런한 편집자로 안전망 역할을 담당해준 파멜라 에스펄랜드Pamela Espeland에게 특별히 감사합니다. 이 책에 생명의 숨결을 불어넣은 친구입니다.

유타 주 교육청의 인성교육 담당자인 크리스티 핀크Kristie Fink에게 항상 마음의 빚을 지고 있습니다. 그는 인성교육의 진정한 의미를 추구하며 살아가는 사람입니다.

또한 참고서적을 연구하는 데 유용한 역할을 담당해준 솔트레이크 카운티 도서관의 캐럴린 캠벨Carolyn Campbell과 자넬 매튜스Janelle Mattheus, 솔트레이크 시립 도서관의 메리 화이트Mary White와 팸 새들러Pam Sadler에게도 감사의 말을 전합니다.

유용한 사례를 발굴하도록 도와준 사람들과 자신의 지식을 나누어주었던 많은 사람들에게 감사합니다. 레나타 흐론Renata Hron(히타치

Hitachi 재단), 재키 스콧Jackie Scott, 마르크 챔버스Marc Chambers, 캐럴 레이드 Carol Reid, 도나 프리드먼Donna Friedman, 캐럴 버넷Carol Burnett, 인디애나 상공회의소, 버드 엘리스Bud Ellis, 톰 그런Tom Green, 에밀리 마르티네즈Emily Martinez, 파멜라 블룸Pamela Bloom, 미국 펜싱 연합회, 트리쉬 웨이드Trish Wade, 비비안 메이어스Vivian Meiers, 네바 J. 프라티코Neva J. Pratico, 글로리아 존스Gloria Jones, 환경서약상을 받은 부슈Busch 유원지 등입니다.

정보를 나누어주고 시간을 할애해주었던 많은 개인, 단체, 기관, 에이전시 등에 감사를 표합니다. 미국 법무부, 미국 변호사협회, 법 관련 교육단체, 톰 에르텔Tom Oertel, 유타 주립대학 법대 도서관, 트레이시 고드윈Tracy Godwin(청소년 법정), 미국 특허청, 미국 보건부, 미국 관리예산 사무소, 미국 보건과 인적봉사부, 적십자, 케어Care, NASA 등입니다.

전문기술과 지원을 베풀어준 많은 교육전문가에게도 감사합니다. 인성교육연합회, 국립봉사회, 메릴랜드 학생봉사연합회 등입니다.

인명사전

- E.M. 포스터E.M. Foster(1879~1970) : 영국의 작가이자 비평가. 대표작으로는 《A Passage to India》,《Howards End》가 있다.
- 고야Francisco Jose de Goya(1746~1828) : 스페인의 화가·판화가. 근대회화의 창시자다.
- 넬슨 만델라Nelson Mandela(1918~) : 남아프리카의 대통령. 흑인해방운동의 지도자. 1993년 노벨평화상을 수상했다.
- 닐 암스트롱Neil Armstrong(1930~) : 1969년 7월 20일 아폴로 11호로 인류사상 최초로 달 착륙에 성공한 미국의 우주비행사
- 달라이 라마Dalai Lama(1935~) : 티벳의 종교적인 지도자. '달라이 라마'란 살아 있는 관세음보살이라는 뜻이다.
- 살바도르 달리Salvador Dali(1904~1989) : 에스파냐의 초현실주의 화가
- 대장금(大長今) : 조선 중종 때의 의녀. 본명은 서장금이나 천민 신분으로 어의녀가 되면서 대장금으로 불렸다. 국내에서는 대장금을 주인공으로 한 TV 드라마로 방영되어 커다란 인기를 끌었다.
- 더글러스 맥아더Douglas McArthur(1880~1964) : 6·25 당시 UN군의 최고사령관으로 인천상륙작전을 성공적으로 지휘하였다. '노병은 죽지 않는다. 다만 사라질 뿐이다.'라는 유명한 말을 남겼다.
- 데일 카네기Dale Carnegie(1988~1955) : 데일 카네기 연구소 설립자. 인간관계, 연설, 성공론의 대표주자로 꼽힌다.
- 도널드 H. 맥개논Donald H. McGannon : 미국도시연맹으로부터 기회균등상을 수

상한 메리어트 경영진의 일원

- 도미에Daumier(1808~1879) : 프랑스의 화가·판화가
- 돌로레스 후에르타Dolores Huerta : 미국의 인권 운동가
- 디팩 초프라Deepak Chopra(1947~) : 요가와 명상센터를 운영하는 강사이자 저술활동도 활발한 미국작가
- 랠프 칸토어Ralph Cantor : 《존중의 시간Days of Respect》이라는 책의 저자
- 로버트 F. 베넷Robert F. Bennett : 미국 국회의원
- 로베르 브레송Robert Bresson : 프랑스 영화감독. 주요 작품으로 '무셰트', '당나귀 발타자르', '사형수 탈출하다' 등이 있다.
- 로사 파크스Rosa Parks : 1955년 미국 앨라배마 주에서 일어난 흑인들의 버스 보이콧 사건의 발단이 된 흑인 할머니
- 로절린 앨로Rosalyn S. Yalow(1921~) : 미국의 의학자. 1977년 노벨 의학·생리학상을 수상했다.
- 르네 데카르트Ren Descartes(1596~1650) : 프랑스의 철학자·수학자·물리학자. '나는 생각한다. 고로 나는 존재한다'라는 인식론으로 근대철학의 아버지라고 불린다.
- 리사 심슨Lisa Simpsons : 미국의 유명한 TV 애니메이션인 '심슨가족'의 둘째아이. 아이답지 않게 조숙하고 현명한 캐릭터다.
- 리처드 E. 버드Richard E. Byrd(1888~1957) : 초대 남극 개척대장을 지낸 미국의 해군제독
- 린 듀발Lynn Duvall : 변해가는 세상을 살아가기 위한 《우리의 다름을 존중하자 Respecting our differences》라는 책의 저자
- 마거릿 풀러Margaret Fuller : 미국의 여성작가. 1840년, 에머슨과 함께 초월주의 동인지 〈다이얼〉을 창간한 바 있다.
- 마르쿠스 리키니우스 크라수스Marcus Licinius Crassus(BC 115~BC 53) : 로마공화정 말기의 정치가·장군
- 마리아 매니스Marya Mannes(1904~1990) : 〈보그〉, 〈뉴요커〉, 〈글래머〉 등의 패션 잡지 기자로 활약하고 여러 편의 소설을 발표하기도 한 미국의 대표적인 작가이자 기자, 비평가

- 마리안 앤더슨Marian Anderson(1902~1993) : 미국의 흑인성악가
- 마틴 루터 킹 주니어Martin Luther King Jr.(1929~1968) : 노벨평화상을 수상한 미국의 침례교 흑인목사·신학박사
- 말콤XMalcolm X(1925~1965) : 미국 흑인해방운동의 급진파 지도자
- 메리 케이 애시Mary Kay Ash : 화장품회사인 메리케이코스메틱의 창업자
- 메리 크로울리Mary Crowley : 인테리어 및 선물용품을 주로 취급하는 기업의 창업자
- 메리 타일러 무어Mary Tyler Moore(1936~) : 미국의 영화배우 겸 유명 토크쇼 진행자
- 모린 캐롤Maureen Carol : 고고학자
- 모한다스 간디Mohandas Gandhi(1869~1948) : '마하트마(위대한 혼, 큰 성인)'라고 불린 인도 건국의 아버지
- 몰리 하스켈Molly Haskell : 대표적인 여성주의 영화 비평가
- 무하마드 알리Muhammad Ali(1942~) : '나비처럼 날아서 벌처럼 쏜다'로 유명한 전 헤비급 챔피언 권투선수. 80년대부터 심한 후유증으로 생긴 파킨슨병에도 불구하고 여러 저서를 남기고 사회활동을 벌이고 있다.
- 뭉크Munch(1863~1944) : 노르웨이의 화가. '절규'라는 작품이 유명하다.
- 미겔 데 세르반테스Miguel de Cervantes(1547~1616) : 에스파냐의 소설가·극작가·시인. 불후의 명작 《돈키호테》의 작가다.
- 미하일 고르바초프Mikhail Gorbachev(1931~) : 옛 소련 공산당서기장, 대통령
- 바바라 그리쯔티 해리슨Barbara Grizzuti Harrison(1934~2002) : 이탈리아계 미국 작가
- 반 데르 바이덴Van der Weyden(1399~1464) : 벨기에 브뤼셀의 화가
- 버트런드 러셀Bertrand Russell(1872~1970) : 영국의 철학자·수학자·논리학자·사회평론가·저술가. 1950년 노벨문학상을 수상했다.
- 베토벤Beethoven, Ludwig van(1770~1827) : 독일의 고전파 작곡가. '영웅 교향곡', '운명 교향곡', '월광 소나타' 등으로 매우 친숙하다.
- 벤저민 프랭클린Benjamin Franklin(1706~1790) : 미국의 정치가·사상가·과학자. 그의 수첩활용 방식을 모방한 '프랭클린 다이어리'는 성공하는 사람들의 필수

품으로 인식되고 있다.

- 부처, 석가모니Buddha(BC 563~BC 483): 불교의 창시자
- 빅토르 프란클Victor Frankl(1905~1907): 《죽음의 수용소에서》의 저자이자 세계 적인 권위의 정신과 의사
- 산티아고 라몬 이 카할Santiago Ramon y Cajal(1852~1934): 스페인의 신경해부조 직학자. 1906년 노벨생리의학상을 수상했다.
- 샬럿 브론테Charlotte Bront(1816~1855): 《제인에어》의 작가.《폭풍의 언덕》의 작 가인 에밀리 브론테와는 자매지간이다.
- 세종대왕(世宗大王, 1397~1450): 조선 제4대 왕. 집현전을 만들어 한글을 창 제한 왕이다.
- 셰익스피어William Shakespeare(1564~1616): 세계 연극사상 최대의 극작가이며 영국 문학사를 장식하는 대시인. '로미오와 줄리엣', '맥베드', '햄릿' 등 우리에게 친숙한 수많은 희곡과 시를 남겼다.
- 수전 B. 앤서니Susan B. Anthony(1820~1906): 미국의 여성 사회개혁자
- 스티븐 리콕Stephen Leacock(1869~1944): 캐나다의 유머소설가 겸 경제학자
- 스티븐 킹Stephen King(1947~): 미국 공포소설 작가
- 스티븐 호킹Stephen Hawking(1942~): 특이점(特異點) 정리, 블랙홀 증발, 양자 우주론(量子宇宙論) 등 현대물리학에 3개의 혁명적 이론을 제시한 천체물리학 자
- 아나이스 닌Anais Nin(1903~1977): 미국 작가. 소설 '북회귀선'은 그녀의 이야기 를 바탕으로 한 것이다.
- 아델 데이비스Adelle Davis(1904~1974): 미국의 영양학자
- 아드리엔느 리치Adrienne Rich(1929~): 《더 이상 어머니는 없다》의 작가
- 아웅산 수지Aung San Suu Kyi(1945~): 미얀마의 독립운동 지도자인 아웅산의 딸로 민주화운동가
- 아이작 뉴턴Isaac Newton(1642~1727): 영국의 물리학자·천문학자·수학자. 근대 과학이론의 선구자로, 만유인력의 법칙, 관성의 법칙, 가속도의 법칙, 작용-반 작용의 법칙을 발견했다.
- 안나 프로이트Anna Freud(1895~1982): 지그문트 프로이트의 딸로, 아버지의 뒤

를 이어 유명한 아동심리학자가 되었다.

- 안네 프랑크Anne Frank(1929~1945): '안네의 일기'로 유명한 나치 치하의 독일에서 태어난 유대인 소녀
- 알렉산더 솔제니친Alaxander Soljhenitsyn(1918~): 옛 소련의 반체제작가로, 1970년 노벨문학상을 받았다
- 알렉산더 해밀턴Alexander Hamilton(1755~1804): 미국의 정치가
- 알베르트 슈바이처Albert Schweitzer(1875~1965): 가난과 질병으로 난무한 아프리카대륙에서 병원을 설립하는 등 의료봉사를 시작으로, 목사와 대학강사, 그리고 파이프오르간 연주가로 활약하였다.
- 알베르트 아인슈타인Albert Einstein(1879~1955): 미국의 이론물리학자. 상대성이론을 발표하여 1921년 노벨물리학상을 수상하였다.
- 앤드루 잭슨Andrew Jackson(1767~1845): 미국의 제7대 대통령
- 앤 랜더스Ann Landers(1918~2002): 세계적으로 유명했던 인생 상담 칼럼니스트
- 앤 모로 린드버그Anne Morrow Lindbergh(1907~2001): 미국의 작가. 대서양 단독횡단 비행을 한 찰스 아우구스투스 린드버그Charles Augustus Lindbergh의 부인이다.
- 앤 브래드스트리트Anne Bradstreet(1912~1972): 대영제국 식민지 시절 최초로 주목받은 미국 최고의 여류시인
- 앨런 셰퍼드Alan Shepard(1923~1998): 미국인 최초의 우주비행사. 아폴로 14호의 선장.
- 에리카 종Erica Jong(1942~): 《섹스와 빵과 장미》 등의 여성 성해방을 그린 소설로 유명한 미국의 여류소설가 · 시인
- 에릭 호퍼Eric Hoffer(1902~1983): 노동자 출신의 미국 철학자 · 사상가. 사회질서에 관한 저작으로 명성을 얻었으며, 항상 사회의 가장 낮은 곳에 몸을 둔 채 독자적인 사상을 구축하였다.
- 에밀리 디킨슨Emily Dickinson(1830~1886): 미국의 시인. 현대시와 비슷한 경향인 디킨슨의 시는 20세기 이미지즘의 전파와 형이상과 시인에 대한 재평가에 따라 높이 평가되고 있다.

- 에이브러햄 링컨Abraham Lincoln(1809~1865) : 미국의 16대 대통령
- 엔리코 카루소Enrico Caruso(1873~1921) : 이탈리아의 테너 가수. 20세기 초 오 페라의 황금시대를 구축하였다.
- 엘리너 루스벨트Eleanor Roosevelt(1884~1962) : 프랭클린 루스벨트 대통령의 아 내로 처음 명성을 얻었지만, 후에는 사회에서 소외되고 불평등한 대우를 받는 사람들을 위해 활동했던 여성으로 기억되고 있다.
- 엘리자베스2세Queen Elizabeth II(1926~) : 윈저왕가의 조지 6세의 장녀로, 1952 년 여왕에 즉위하여 현재에 이르고 있다.
- 엘리자베스 케이디 스탠튼Elizabeth Cady Stanton(1815~1902) : 미국의 여권운동가. 미국 최초로 여권집회를 주도하는 등, 여성의 법률적 지위를 향상시키고자 노력 하였다.
- 예수Jesus Christ(BC 4~AD 30) : 기독교의 창시자. 갈릴리의 나사렛에서 태어나, 세례 요한에게 세례를 받고 선교활동을 시작하였다. 그 후 십자가형에 처해지기 까지 인류에게 사랑과 용서의 의미를 가르치기 위해 평생을 헌신하였다.
- 오그 만디노Og Mandino(1923~1996) : 유명한 성인동화 집필가. 주요 작품으로 는《세계 제일의 위대한 상인》,《아카바의 선물》등이 있다.
- 오프라 윈프리Oprah Gail Winfrey(1954~) : 방송인. '오프라 윈프리 쇼'의 진행자 로 유명하다.
- 유타 헤이건Uta Hagen(919~2004) : 미국의 연극배우
- 윌리스 리드Willis Reed(1942~) : 미국의 프로농구선수. NBA역대 최고선수 50 인 중 한 명이다.
- 윌리엄 블레이크William Blake(1757~1827) : 영국의 시인이자 화가. 초월적, 신비 적 세계에 심취한 특이한 낭만주의 시풍으로, 가장 위대한 낭만주의 시인 가운 데 한 사람으로 꼽힌다.
- 월트 디즈니Walt Disney(1901~1966) : 미국의 만화 영화 제작자. '백설공주', '피 노키오' 등 수많은 만화영화를 제작하였다.
- 이디스 워튼Edith Wharton(1862~1937) :《순수의 시대》로 퓰리처상을 수상한 작 가
- 조셉 캠벨Joseph Campbell(1904~1987) : 세계적인 비교신화학자

- 조지 워싱턴George Washington(1732~1799)： 미국 초대 대통령
- 존 글렌John Glenn(1932~)： 007 시리즈의 영화감독
- 줄리어스 어빙Julius Erving(1950~)： 미국의 농구선수. 1980년대 초 NBA를 대표했던 선수로서, 1980년과 1981년 MVP를 차지했다.
- 전유성(1949~)： 한국의 유명 코미디언이자 저자, 사업가. 번뜩이는 아이디어로 여러 분야에 영향력을 미치고 있다.
- 지그문트 프로이트Sigmund Freud(1856~1939)： 오스트리아의 신경과 의사, 정신분석의 창시자다.
- 지아코모 푸치니Giacomo Puccini(1843~1921)： 이탈리아의 오페라 작곡가
- 짐 캐리Jim Carrey(1962~)： 미국의 영화배우. '마스크'와 '트루먼쇼' 등의 숱한 화제작에 주연배우로 출연하였다.
- 찰스 굿이어Charles Goodyear(1800~1860)： 미국의 발명가
- 찰스 대로우Charles Darrow(1889~1967)： 모노폴리 게임(보드게임의 일종)을 만든 사람
- 치마부에Cimabue(1240~1302)： 이탈리아의 피렌체화파의 시조. 주요작품으로는 《그리스도 책형》이 있다.
- 푸블리우스 테렌티우스 아페르Publius Terentius Afer(BC 185~159)： 고대 로마 희극작가. 주요저서로는 《안드로스에서 온 아가씨 Andria》가 있다.
- 폴라 P. 브라운리Paula P. Brownlee(1935~)： 전(前) 미국대학협회 회장.
- 프라 안젤리코Fra Angelico(1400~1455)： 이탈리아의 화가, 도미니크수도회 수도사. 밝고 맑은 분위기의 종교화를 주로 그렸다. '그리스도 강탄(降誕)', '수태교회' 등의 작품이 있다.
- 프랭크 캐프라Frank Capra(1897~1991)： 미국의 영화 감독 주요작품으로는 '어느 날 밤에 생긴 일', '스미스, 워싱턴에 가다' 등이 있다.
- 프리드리히 폰 실러Friedrich von Shiller(1759~1805)： 독일의 시인·극작가·역사가. 《군도》라는 웅장한 작품으로 유명하다.
- 프톨레마이오스Ptolemy(85~165)： 그리스의 천문학자·수학자·지리학자
- 플로렌스 나이팅게일Florence Nightingale(1820~1910)： 영국의 간호사, 병원·의료 제도의 개혁자로, '백의의 천사'라는 간호사의 화신이 되었다.

- 피에르 테일라르 드 샤르댕Pierre Teilhard de Chardin(1881~1955): 프랑스의 신학자·고고학자·인류학자
- 피카소Picasso(1881~1973): 프랑스의 입체파 화가. '아비뇽의 아가씨들', '게르니카' 등의 작품이 전해진다.
- 칼 융Carl Jung(1875~1961): 스위스의 정신과 의사이자 분석심리학의 창시자
- 퀴리Marie Curie 부인(1867~1934): 프랑스의 물리학자·화학자. 노벨물리학상과 노벨화학상을 수상했다.
- 크리스토퍼 콜럼버스Christopher Columbus(1451~1506): 아메리카 대륙을 발견한 이탈리아 출신의 탐험가
- 크리스티나 볼드윈Christina Baldwin: 《일곱 가지 속삭임》의 작가. 영적인 주제에 대해 강연과 교육을 한다.
- 클래런스 대로우Clarence Darrow(1857~1938): 미국의 변호사. 소위 '원숭이 재판'에서 기독교 근본주의의 모순을 보여준 것으로 유명하다.
- 테레사Teresa(1910~1997): 인도에서 활동한 박애주의자·수녀회장. 요한 23세 평화상과 노벨평화상을 받은 바 있다.
- 토머스 에디슨Thomas Edison(1847~1931): 미국의 발명가. 1,300건이 넘는 특허를 얻어 최후의 발명왕이라 불린다.
- 토머스 J. 왓슨Thomas J. Watson(1914~1993): 미국의 기업가. 부친이 설립한 IBM을 국제적인 그룹으로 성장시켰다.
- 토머스 제퍼슨Thomas Jefferson(1743~1826): 미국의 3대 대통령
- 톨스토이Lev Nikolaevich Tolstoi(1828~1910): 러시아의 소설가이자 사상가.《전쟁과 평화》,《안나 카레리나》 등의 작품이 있다.
- 한 수인(素英, 1917~): 중국계 작가. 중국인 아버지와 영국인 어머니 사이에 태어나 미국과 영국 등지에서 활약했다. 주요작품으로는 《A Many Splendoured Thing》 등이 있다.
- 허버트 험프리Hubert Humphrey(1971~1978): 1965년부터 1969년 사이 미국의 부통령
- 허준(許浚, 1546~1615): 조선 중기의 의학자.《동의보감東醫寶鑑》으로 유명하다.

- 헬렌 켈러Helen Keller(1880~1968) : 미국의 맹농아 저술가·사회사업가.
- 히치콕Alfred Hitchcock(1899~1980) : 영국출신의 미국 영화감독. 심리적 불안감을 교묘하게 유도하는 독자적인 연출방법으로 스릴러영화의 장르를 확립하였다. '싸이코', '현기증' 이외에 많은 유명작품이 있다.